U0455801

江苏省金陵科技著作出版基金

微政务信息公开：
模型构建与实证研究

朱晓峰　张　卫　叶许婷
黄晓婷　程　琳　著

南京大学出版社

图书在版编目(CIP)数据

　　微政务信息公开：模型构建与实证研究 / 朱晓峰等
著. —南京：南京大学出版社，2023.2
　　ISBN 978 - 7 - 305 - 26207 - 4

　　Ⅰ.①微…　Ⅱ.①朱…　Ⅲ.①电子政务—研究　Ⅳ.
①D035—39

　　中国版本图书馆 CIP 数据核字(2022)第 214690 号

出版发行　南京大学出版社
社　　址　南京市汉口路 22 号　　　邮　　编　210093
出 版 人　金鑫荣
书　　名　**微政务信息公开:模型构建与实证研究**
著　　者　朱晓峰　张　卫　叶许婷　黄晓婷　程　琳
责任编辑　巩奚若
照　　排　南京开卷文化传媒有限公司
印　　刷　南京人文印务有限公司
开　　本　718 mm×960 mm　1/16　印张 20.25　字数 305 千
版　　次　2023 年 2 月第 1 版　2023 年 2 月第 1 次印刷
ISBN 978 - 7 - 305 - 26207 - 4
定　　价　98.00 元

网　　址:http://www.njupco.com
官方微博:http://weibo.com/njupco
官方微信号:njupress
销售咨询热线:(025)83594756

前　　言

政务微博、政务微信已经成为政务信息公开的重要平台，微政务信息公开的价值已经得到社会和学术界的普遍认可。构建微政务信息公开模型并进行实证研究，有助于探索微政务信息公开的新模式，进而建立一套能够有效指导微政务信息公开的策略与建议。

本书是国家社科基金项目"公平关切视角下微政务信息公开的动力机制与创新模式研究"（项目批准号：15BTQ052）的最终成果。在完成这个项目的过程中，我们发表了一系列的文章。基于这些已有的研究成果，本书把微政务信息公开模型与实证研究聚焦在相关主体之间（管理者与供给者、供给者与供给者、供给者与使用者）的共生演化，以及公开质量的监管与激励，并以此为线索构架了本书的框架。

本书的第一章微政务信息公开概述，首先介绍了微政务信息公开的起源背景、发展现状以及在实践中的具体应用，在此基础上借助知识图谱对近期国内外相关研究进行回溯与分析，并针对已有研究中发现的重点与存在的不足，从共生与优化两个视角为微政务信息公开建立研究框架。第二章微政务信息公开共生演化的稳定性分析，针对微政务信息公开的管理者、供给者和使用者之间的共生关系，构建三者间的生态学 Logistic 方程，分析微政务信息公开共生关系平衡状态的稳定性，揭示微政务信息公开共生系统的演化过程，进而指导微政务信息公开共生关系的发展。第三章基于 Logistic 增长曲线的微政务信息公开共生演化分析，在种群视角的基础上分析微政务信息公开的共生演化过程,验证种群的增长情况、共生模式以及稳定性。第四章基于 Logistic 方程与 Markov 模型的微政务信息公开公众参与行为分析,揭示公众对微政务信息资源的参与度水平。第五章微政务信息公开质量监管分析,借助演化博弈探索了微政务信息公开的管理者、供给者和使用者之间的动态演化过程;针对上、下级政府间信息的不对称,通过委托代理模型探索了微政务信息公开主体之间的激励机制,为优化各级政府间信息传输提供参考。第六章微政务信息公开质量激励分析,依托 Cobb-Douglas 函数,展开对微政务信息公开主体(上级政府与下级政府)的分析,进而探寻主体行为对微政务信息公开质量的作用机制,构建多任务目标下的微政务信息公开质量优化的激励模型。第七章微政务信息公开模式构建,通过优化个体、促进合作、协同共进,构建微政务信息公开新模式——基于单方进阶的优化规范模式和基于多方互惠的合作共赢模式。第八章结束语总结了全书已有研究的内容和主要观点。

本书由朱晓峰、张卫、叶许婷、黄晓婷、程琳执笔完成,具体分工与贡献如下:第一章由张卫(1.1～1.2)、朱晓峰(1.3)撰写,第二章由张卫(2.1)、朱晓峰(2.2)、黄晓婷(2.3～2.4)撰写,第三章由张卫(3.1、3.3～3.5)、朱晓峰(3.2)撰写,第四章由张卫(4.1、4.3～4.5)、朱晓峰(4.2)撰写,第五章由黄晓婷(5.1～5.2)、叶许婷(5.3～5.4)撰写,第六章由叶许婷(6.1～6.4)、程琳(6.2)撰写,第七章由朱晓峰(7.1～7.2)、张卫(7.2)撰写,结束语由朱晓峰撰写。本书的结构与框架由朱晓峰和张卫讨论共同构筑;全书由朱晓峰审阅并进行了细致的修改,张卫也为本书的审阅做了大量的工作。本书是国家社科基金项目成果,虽然执笔人仅有五人,但它来自集体的智慧。项目参与人前后有十数人,经常的专题讨论为执笔者提供了素材、激发了灵感。整个课题组组成人员有:朱晓峰、张琳、陆敬筠、胡桓、赵柳榕、吴志祥、崔露方、程琳、叶许婷、张卫、冯韬、黄晓婷等。

在本项目的立项与进行过程中,我们得到了来自多方的帮助和支持,在此特别感谢他们。感谢项目的评审专家,他们对项目申请书提出的宝贵意见使我们的研究方向和重点更加明确;感谢南京工业大学科学研究部刘碧云部长和经济与管理学院王冀宁院长的关心、指导和督促;感谢南京工业大学"数据管理与知识服务"社科研究基地、"大数据应用与信息服务"社科创新团队的支持与资助;感谢我们在本书撰写过程中引用文献的作者们,他们的成果给了我们很多启迪;感谢家人的悉心照顾,使我得以不断进步。

在本书出版前夕,得知有幸入选江苏省金陵科技著作出版基金,表明本书的内容得到了相关部门的认可和肯定,在此表示感谢。最后,还要感谢南京大学出版社的吴汀主任和巩奚若编辑,他们为本书的编辑与出版付出了大量的辛劳,才使本书得以出版。

朱晓峰

2022 年 6 月 26 日于南京

目　　录

第一章　微政务信息公开概述

　　微政务信息公开源于"微政务"，微政务指的是在电子政务 2.0 模式下，中国政府所推出的以"微博＋微信"为主要信息公开平台的公共管理方式，而微政务信息公开则是在微政务信息公开平台下由政府部门驱动的政务数据、信息以及资源的开放方式。随着数字媒体的持续兴起与微政务用户的不断增多，微政务信息公开逐渐在社会管理、引导新闻舆论、倾听民众呼声、树立政府形象、群众政治参与等方面起到愈发积极的作用。然而，微政务信息公开在伴随社会发展的 9 个年头里，鲜有学者对微政务信息公开展开全面、系统、细致的分析，更鲜有学者针对微政务信息公开的重点与不足建立科学完整的数学模型进行深入研究。而这些，在"互联网＋政务"时代是政府信息资源得到全方位利用的基石，同时也是引导传统政府改革，营造和谐民政关系，维持国家长治久安的重要保证。

　　本章首先介绍了微政务信息公开的起源背景、发展现状，以及在实践中的具体应用。在此基础上，借助知识图谱对近期国内外相关研究进行回溯与分析，并针对已有研究中发现的重点与存在的不足，从共生与优化两个视角为微政务信息公开建立研究框架。

1.1　微政务信息公开的背景与现状

　　微政务信息公开是政府战略性资源在移动互联时代发挥传播效能的

重要方式。随着社交媒体对政府信息公开的持续推动①,公众对政府新型治理模式的思想观念与社会认同感不断提升,微政务信息公开也因此得到长足发展并在实践中取得广泛应用。本节将分别从起源背景、发展现状两个方面对微政务信息公开进行概述。

1.1.1 微政务信息公开的起源背景

微政务信息公开的兴起源于诸多背景要素,其中得到学界广泛认可的主要包括政府信息公开背景②、电子政务背景③以及社交媒体背景④。因此,需要分别从上述三个背景入手,简要阐述三者对微政务信息公开的推动意义。

(一) 政府信息公开背景

政府信息公开一般是指国家行政机关及时、准确地开放在履行政府行政职能过程中所制作或者获取的,并以一定形式记录、保存的政府信息资源。众所周知,社会80%的信息掌握在政府手中⑤,其不仅是政府提供信息服务的重要来源,同时也是公众了解并监督政府行为的必要途径,这在当今信息时代无疑是一笔巨大财富,而如何利用好这笔"财富",最大限度地发挥政府信息资源的效能进而服务公众,是一直以来广受关注的焦

① 谢丽娜. 政务社交媒体中用户信息获取影响因素研究述评 [J]. 图书情报工作,2015,59 (19):113 - 121.

② 李鹏,西宝. 微博政务:政府微博客的信息公开服务 [J]. 情报理论与实践,2013,36 (02):44 - 47.

③ Yoon H Y, Kim J, Khan G F, et al. From e-government to social government: twitter use by Korea's central government [J]. Online Information Review, 2014, 38 (1): 95 - 113.

④ 张晓娟,李沐妍. 政务社交媒体文件的管理模式研究 [J]. 信息资源管理学报,2018,8 (03):45 - 53.

⑤ 陶希东. 西方发达城市政府数据开放的经验与启示 [J]. 城市发展研究,2016,23 (09):30 - 32.

点。然而,传统的政府信息公开方式(政府公报、政府网站、新闻发布会以及报刊、广播、电视等),无法适应信息公开的发展趋势,暴露出诸多问题。

• 信息公开主动性匮乏

在政府公开信息的过程中,政府的主观能动性对信息公开起到举足轻重的作用。传统的政府信息公开方式往往会使政府一方缺乏公开信息的主动性,主要表现在以下几个方面:首先,由于政府信息的特殊性质,其与信息保密之间通常会产生矛盾,故诸多政府部门对稍敏感的政府信息,因缺少汇报、咨询、调研以及查证等过程,均不予公开,这极大程度阻塞了许多对公众有用的关键信息。其次,政府部门对于时政或者社会热点事件缺乏参与性,对于关键问题不发声、不回应、不表态,纵使发表声明,内容也大多空洞,难以使人信服,这反映了某些政府部门在面向公众的过程中缺乏社会责任感。最后,政府网站作为互联网在政府信息公开中的应用方式,并未起到较好效果。这是因为传统的政府网站存在信息更新较慢、公布文件较为陈旧等问题,未能充分发挥政府信息公开网络平台的作用。

• 信息公开速度较慢

在很多时候,政府信息公开都具备很强的时效性,这是因为突发事件通常会在第一时间引发社会公众的广泛关注并形成强烈的社会反响。例如地震、台风、暴雨、高温、冷空气等自然类信息,需要气象部门及时反应,从而维护公众生命与财产安全;又如在引发广大公众关注的社会事件中,政府的权威作用关系到公众舆论导向与对事件本身价值判断。因此,政府部门需要对诸如突发类事件发表声明信息,做出应急响应[①]。然而,无论是政府公报、新闻发布会还是政府网站,其在对突发信息的公开上都存在诸多短板,表现为信息公开速度滞后,这就使得传统信息公开方式在快

① 王佳敏,吴鹏,沈思. 突发事件中意见领袖对网民的情感影响建模研究[J]. 情报杂志,2018,37(09):120-126.

速信息公开上面临障碍。

• 信息公开互动性较差

政府信息公开在一定程度上扮演的是公共服务者的角色,因此政府部门在信息公开中与公众的互动性就成为衡量政府服务力的重要指标①。但是,传统的政府信息公开大多秉持的是"单向告知"模式,也就是说,在政府信息公开的整个周期内的主体对象只有政府一方,公众作为信息接收方并未实际有效地参与到信息公开的过程中,这就导致了公众对于政府信息公开的参与度较低,对于政府信息公开难以形成正确的价值观念,而政府与公众间互动的缺失也导致难以在二者间构建真正有效的双向反馈机制。

• 信息公开协调性不足

政府信息公开协调性的不足,主要表现在上下级政府或同级政府之间缺乏信息公开管理部门科学合理的规划和部署,这使得各级行政机关在信息公开方面各自为政②,相互之间缺少协调和配合。此外,在很多时候由于时间或者地域的不对称,各级政府之间的交流也产生了诸多阻碍;信息是否公开、公开的范围、公开的方式、公开的程序等,均没有统一的标准与调度,不同单位之间存在着很大差别,有时甚至相互矛盾。

不难发现,政府信息公开传统模式存在着诸多不足,为了有效克服政府在传统信息公开中存在的诸如主动性匮乏、速度慢、互动性差以及协调性低等问题,新型社会治理模式——微政务信息公开孕育而生。

---

① Rodriguez-Hoyos A, Estrada-Jimenez J, Urquiza-Aguiar L, et al. [IEEE 2018 Fifth International Conference on eDemocracy & eGovernment (ICEDEG) -Ambato (2018. 4. 4 – 2018. 4. 6)] 2018 International Conference on eDemocracy & eGovernment (ICEDEG) -Digital Hyper-Transparency: Leading e-Government Against Privacy [C] // International Conference on Edemocracy & Egovernment. 2018: 263 – 268.

② 赫郑飞, 文宏. 在国家治理体系现代化建设中反思和发展行政学——中国行政管理学会第十一届行政哲学研讨会综述 [J]. 中国行政管理, 2017 (11): 154 – 156.

微政务信息公开是基于"微博＋微信"的政府信息公开方式。首先，考虑到无论政府行政人员抑或普通公众，网络交流平台对他们来说都具备一定的普适性，加上新型公开方式所带来的便利以及趣味，政府官微能够随着网络技术的发展迅速走热，驱使其弥补了传统信息公开过程中主动性不足，使得政府官微能够更为主动积极地开放信息。

其次，伴随着大数据、云计算等技术的不断推进，移动互联已经在新时代成为连接世界的主要形式，而得益于此，微政务信息公开的速度也呈几何级数增长。过去，纸质刊物往往都会存在一定的时间滞后性，这也使得政府信息资源的传播速度受到局限。当下，及时到达的微政务信息使得政府在应对各项社会突发事件时，具备了进行应急工作的可能。

再次，由于微政务信息公开依托于微信、微博等社交媒体平台展开工作，这使得微政务信息公开本身具备了很强的网络交互性。公众能够通过点赞、评论、回复、私信以及转发等社会化行为与政府官微进行实时交互，而传统的单向政府信息公开模式也逐渐演变成以公众为核心的政府—公众双向信息沟通模式，为公众更好地发掘了政府信息价值。

最后，当微政务信息公开基于互联网时，无论上级政府还是同级政府均置身于同个平台之中，这就使得过去由于时间或地域限制无法进行实时协调的行政部门，如今只需通过简单的转发、私信和@便可轻松获得即时信息。此外，各级政府的官微之间能够通过网络平台的交互，充分实施有效的同级或上下级监督，有效提高政府信息公开的运营水平。

（二）电子政务背景

电子政务是指我国行政机关在现代化信息技术的背景下，对自身的组织结构和业务流程进行优化重组，同时聚焦于如何更好地提供政府服务、鼓励公民参与和促进治理的过程①。电子政务的发展有助于政府办公实现电子化、自动化、网络化,政府能够使用互联网快捷、廉价的通信手段,让公众迅速了解政府各级行政机关的组成、职能、流程以及各项政策法规,增加政府办事执法的透明度,并自觉接受公众的监督。② 时下,电子政务已经成为我国行政系统内部的重要作业形式,其对传统政府发展的价值主要表现在以下几个方面。

- **行政成本的下降与效率的提高**

信息技术在行政工作中的应用,必然会促使政府行政成本的下降与效率的提高。③ 电子政务开启了无纸化办公的先河,使得传统的公文文件、不同区域部门的会议也随着电子文件与网络会议的兴起而得到有效改进。针对过去上下级部门与同级部门之间信息不对称的困境,电子政务的发展提供了很好的解决办法,数字技术的优势使得不同部门之间的信息传递效率得到了显著的提升。更进一步,这也使得各级政府之间的合作交流、对业务流程的优化以及跨部门协同办公成为可能。

- **公共管理职能向公共服务职能的转变**

公共管理与公共服务在政府职能中向来是相辅相成的。随着政府信息化的推进,公众在电子政务中扮演着愈发重要的角色,这也引导"管理型"政府逐渐向"服务型"政府转变④。在电子政务的大环境下,政府机构可以利用数字网络为公众、企业与社会组织提供多种在线服务(如教育培

---

① 杨雅芬. 电子政务知识体系框架研究 [J]. 中国图书馆学报,2015,41 (02):29 - 40.

② Wesselink S F O, Stoopendaal A, Erasmus V, et al. Government supervision on quality of smoking-cessation counselling in midwifery practices: a qualitative exploration [J]. Bmc Health Services Research, 2017, 17 (1):270.

③ 叶鑫,董路安,宋禺. 基于大数据与知识的"互联网＋政务服务"云平台的构建与服务策略研究 [J]. 情报杂志,2018,37 (02):154 - 160＋153.

④ 万立军,罗廷. 基于知识图谱的我国政府信息公开研究热点透析 [J]. 图书情报工作,2015,59 (S2):122 - 127.

训、就业服务、电子医疗服务、社会保险服务、公民电子税务、电子证件服务等),增强了为社会公众提供服务的能力。

- **政府信息的公开与信息资源的有效利用**

在电子政务的推动下,政府信息公开的发展步伐也大大加快。自《中华人民共和国政府信息公开条例》实施以来,我国各级政府的网站纷纷设置了"信息公开"栏目。信息公开的方式主要包括主动公开与依申请公开,其中,前者强调政府网站的主动意识,后者强调公众对信息资源的使用需求。随着政府信息资源的积累,政策制度、宏观经济、人口信息、地理信息、环境信息、应急管理信息以及各行业的数据库与知识库相继建设与开发利用,不但为政府决策提供了支持,也为科教、卫生等非营利组织以及公民个人的利用、企业的增值开发利用提供了便利的条件,从而提高了社会信息的利用水平①。

综上,电子政务在提升行政效率、营造政府服务型职能、公开与利用政府信息等方面取得了重大进展,继而形成了以微政务为代表的电子政务 2.0 服务模式。

微政务是处理政府内部事务的综合系统,其范围除了包括政府机关内部的行政事务以外,还包括立法、司法部门以及其他一些公共组织的管理事务(检务、审务、社区事务),当这些传统的政府部门发挥网络技术的优势时,微政务进一步提高了政府的行政效率。

微政务的兴起反映了服务型政府的内涵,以公众为核心的政务模式已经在政府的日常服务中取得了广泛应用。如以"朋友圈"为代表的社区微政务信息公开平台,其通过建立社区—居委会(党支部)—网格—院落(楼栋)四级微政务信息公开平台,实现政务服务的全方面、全天候、全覆盖,居民只需要扫二维码,关注社区微政务信息公开平台,便

---

① 王芳,赖茂生. 我国电子政务发展现状与对策研究 [J]. 电子政务,2009(08):51-57.

可享受社区便捷的微政务服务。

微政务信息公开已经成为"互联网＋政务"时代政府信息公开的新型表现形式。相较于传统的政府信息公开，微政务信息公开在公开范围、信息传输速度以及对公众的服务力等方面都取得了长足的进展。其中，对于公众参与的体现尤为明显，这是因为社交媒体的融入大大增加了公众对政府信息公开的社会参与感，这也使得微政务信息公开在搭建政府与公众间桥梁的过程中起到了至关重要的作用。

（三）社交媒体背景

社交媒体是公众分享意见、见解、经验和观点的工具和平台，同时也是传播信息、维系关系和表达观点的重要渠道[①]，现阶段主要包括 Twitter、Facebook、Google＋、微信等社交软件、社交网站、微博、博客、论坛、社区等。随着 Web 2.0 的不断推进，网络用户行为的社会化也得以兴起，信息发布、点赞、转发、评论、回复、私信、关注、收藏等社会化行为使得网络世界更加联通。时下，社交媒体的贡献主要体现在以下几个方面。

• 传统媒体的升级转型

过去，报刊、通信、广播、电视等媒体形式是公众主要的信息获取渠道，这些渠道本身具有非常严密的结构与严谨的管理体制。但是，由于其传输速度滞后、缺少与公众有效交流、媒体资源单一与不对称等问题，难以适应网络时代社会发展的趋势，加上公众越来越倾向在线上开展丰富的交互活动，这使得传统媒体在社会化浪潮下必须不断升级转型。以社交媒体为代表的新媒体迅速崛起，伴随着微博、微信等各类社交媒体软件的诞生，大众变成了信息的生产者、消费者、沟通者以及传输者[②]。这些，

---

① 刘鲁川，李旭，张冰倩. 基于扎根理论的社交媒体用户倦怠与消极使用研究［J］. 情报理论与实践，2017，40（12）：100－106.
② 汪潇潇. 互联网＋趋势下新媒体发展研究［J］. 传播力研究，2017，1（06）：148.

正驱使着公众们以自媒体的表现方式享受新媒体带来的便利。

• 媒体资源的融合

媒体的融合包括内容与渠道两个方面①。内容的融合是指将传统媒体的优质内容数字化、网络化,对内容适当地处理后,用新媒体的传播渠道与全新的报道方式呈现出来。渠道融合是指在大数据时代,新媒体运用互联网、移动互联网以及物联网等新兴渠道传播信息,其中网络渠道是主要通道,海量、即时的信息都是通过网络媒体发布。

• 信息传播速度的加快

随着 Twitter、Facebook、博客、移动互联网、大数据、云计算、物联网、5G、智能手机等信息技术的深化与技术应用的普及,网络公众达到一定的数量级,能够实现大规模的同时在线,这使得社交媒体信息传输的及时性得到了大幅度提升。公众能够在最短的时间内实现信息的生产、发布、转载和反馈。②此外,社交媒体能够使信息在一天 24 小时都处于更新的状态,例如微博、Facebook 信息均可以随时发布,而且没有时间和数量的限制,这从很大程度上解决了信息滞后的问题,也大大提高了信息的传播效率。

• 公众间互动性的提高

相较于传统媒体,社交媒体的交互性得到了显著提升。在传统媒体时代,公众通常只是媒体资源的被动接受者,而在社会化网络背景下的新媒体时代,公众不仅是媒体资源的接受者,同时也是媒体资源的生产者与传播者。换言之,在互联网的数字技术下,社交媒体更加强调与公众之间的交互。此外,移动互联网的普及更进一步地增强了媒体与公众之间的即时交流能力,公众通过社交媒体发布、转载、评论、回复信息,并将自己

---

① 张苏秋,顾江. 大数据时代传统媒体与新媒体融合的特征、动力与路径 [J]. 现代经济探讨,2015 (11): 50‐54.

② 方兴东,张静,张笑容. 即时网络时代的传播机制与网络治理 [J]. 现代传播 (中国传媒大学学报),2011 (05): 64‐69.

的所见所闻及时上传到网络媒体平台，与其他受众进行实时交流互动①。

综上，社交媒体已经逐渐成为弥补传统媒体不足的新型媒体方式，许多原本依托于传统媒体的工作得到了快速转型，这也为微政务信息公开的兴起注入了强大动力。首先，过去政府信息公开的主要方式包括报刊、记者会、广播、电视等，这些媒体方式虽然管理方式比较严谨，但往往存在滞后性，且所耗费的人力、物力、财力成本较大，无法与公众建立适当的沟通桥梁。而社交媒体的即时性、低成本、互动性等特点，恰好能解决上述问题，这就使得以微博、微信为主的社交媒体成为政府公开信息的时代发展产物。

其次，社交媒体的资源融合优势为微政务信息公开提供了巨大的便利。社交媒体对内容的融合使得政府官微所开放的微政务信息具备了多元表达形式，如纯文字博客、图片形式博客、视频形式博客等，其中博客内容的数字链接更成为政府官微之间资源关联以及融合的重要方式。此外，渠道融合使得微政务信息能够在不同的数字渠道进行传播，包括但不限于政府官网、地方卫视、网络报刊、微博认证账号、微信公众号以及其他APP订阅号等，这些渠道的同步传播使得微政务信息公开得到了更广泛的传播性。

再次，社交媒体能够使得微政务信息公开的速度得到大幅度提升。随着5G技术的稳定，移动互联网已经在数据传输的速度上具备很强的保证。微博与微信作为时下国内运营状况处于前列的社交媒体，已经基本完成了对用户网络社区的构建与即时通信的实现，这使得过去依赖传统媒体的政府信息公开方式，能够完全基于微博与微信的已有技术，完成

---

① Manetti G, Bellucci M, Bagnoli L. Stakeholder engagement and public information through social media: a study of canadian and american public transportation agencies [J]. American Review of Public Administration, 2016, 47 (8).

对信息资源的实时开放,继而保证微政务信息公开的效率。

最后,社交媒体使得微政务信息公开与公众间的互动性大大加强。众所周知,过去在政府信息公开的工作中,政府网站是政府与公众进行网络交流的重要方式。然而长期以来,这种单向服务模式已经无法满足公众对政府表达态度、观点以及反馈的需求,公众对政府开放的信息有进一步参与的意愿,由此催生了以公众参与为主导的微政务信息公开。受惠于社交网络的公众基础以及互动方式,政府得以通过开通微博账号与公众号,形成以政府官微为代表的信息公开媒介。同时,政府官微能够通过信息发布、评论、回复、转发、@等方式,有效地与公众进行交互,使得公众能够更加广泛地参与微政务信息。

综合本小节的内容可知,微政务信息公开是政府信息公开、电子政务以及社交媒体在新时代交融的产物,同时也是对三者取长补短、拓展深化的结果。所以,微政务信息公开将在原有的背景的基础上,紧密契合时代发展趋势,在信息公开的各个阶段发挥职能。

1.1.2　微政务信息公开的发展现状

(一) 政策推动

微政务信息公开在我国的发展离不开政策的大力支持。自 2009 年政务微博与政务微信相继问世以来,党中央、国务院在多次会议、文件中强调了对我国"互联网＋政务"的建设要求。近年来,伴随着移动互联网的进一步发展,微政务信息公开又迎来了新一波部署。

2016 年,对各政府机关重大舆情的回应成为政务信息发布建设重点[①]。2月,《关于全面推进政务公开工作的意见》提出:"在应对重大突发

---

① 陈世英,黄宸,陈强,等. 突发事件中地方政务微博群信息发布策略研究——以"8·12"天津港特大火灾爆炸事故为例 [J]. 情报杂志,2016,35 (12):28-33.

事件及社会热点事件时不失声、不缺位。"11月，国办印发《〈关于全面推进政务公开工作的意见〉实施细则》，对重大舆情回应的时间要求从"24小时内举行新闻发布会"，提速到"5小时内发声"。2016年12月7日，国务院总理李克强主持召开国务院常务会议，通过《"十三五"国家信息化规划》，明确未来将实施"互联网＋政务服务"等信息惠民工程。作为"互联网＋政务服务"的先行者，政务微博经过几年的发展，已经成为亿万群众的"方便之门"。从以前民众需要跑腿办理的"现场政务"，到需要联网的"上网政务"，再到如今打开手机就可以获得的"移动政务"，政务服务的发展经历了质的变革。

　　2017年，国家对"互联网＋政务"的部署更趋完善①。1月份，《关于促进移动互联网健康有序发展的意见》提出要推动各级党政机关积极运用移动新媒体发布政务信息，提高信息公开、公共服务和社会治理水平。3月，国务院办公厅又发布《2017年政务公开工作要点》，首次对政务新媒体提出包括做好在政府网站集中发布、利用新媒体主动推送、加强政策宣讲等在内的工作要求，指出要积极通过网络、新媒体直播等向社会公开。5月，国务院办公厅政府信息与政务公开办公室发布了《关于进一步做好政务新媒体工作的通知》，要求各个政务新媒体要继续加强平台建设，做好内容发布、强化引导回应、加强审核管理、建立协同机制、完善考核监督，健全政务新媒体考核评价体系。10月，习近平总书记在十九大报告中提出要打造共建共治共享的社会治理格局，要加强社会治理制度建设，完善党委领导、政府负责、社会协同、公众参与、法治保障的社会治理体制，提高社会治理社会化、法治化、智能化、专业化水平，加强社区治理体系建设，推动社会治理重心向基层下移，发挥社会组织作用，实现政府治理和社会调节、居民自治良性互动。

---

　　①　国务院办公厅印发《"互联网＋政务服务"技术体系建设指南》［J］. 电子政务，2017（02）：116.

2018 年,微政务信息公开迎来新一轮优化治理①。3 月,《深化党和国家机构改革方案》对各个机构职能重新部署,随机构改革应运而生的新的政务微博获得网友关注。4 月份,《2018 年政务公开工作要点》首次提出,对政务新媒体运营管理实行"关停整合"机制。微博据此迅速行动,利用网友举报、主动巡查等方式,对 12.9 万余条微博采取了屏蔽、删除等处置措施,其中涉及不少政务微博。同月,生态环境部办公厅发布《关于环保系统官方微博、微信公众号存在"零发稿"或久未更新情况的通报》,这是 2013 年以来,中央部委一级发出的聚焦政务新媒体运营管理和整顿的第一份正式通报,剑指政务新媒体运行中"只建不管"的问题。12 月,国务院办公厅印发《国务院办公厅关于推进政务新媒体健康有序发展的意见》,提出要积极运用政务新媒体传播党和政府的声音,做大、做强正面宣传,巩固、拓展主流舆论阵地;畅通政务新媒体互动渠道,听民意、聚民智、解民忧、凝民心,走好网上群众路线,引导公众依法有序参与公共管理、公共服务,共创社会治理新模式;强化政务新媒体办事服务功能,围绕利企便民,聚合办事入口,优化用户体验,推动更多事项"掌上办"。

(二)平台发展

• 整体规模庞大

微政务账号的数量是衡量微政务信息公开的重要指标。2009 年 11 月,国内首个政务微博账号"微博云南"开通,随后全国首个政务微信"中山青年"问世,并于 2012 年 8 月 13 日正式进行实名认证。各级政府部门高度重视政务微信的建设和运营,政务微信数量得到快速增长,影响力日益提升。在 2010 年"微博元年"之后,2011 年,国内政务账号呈现爆发式

---

① 周晔,孟俊. 面向政务微博的社会治理建模与实证研究 [J]. 现代情报,2018,38(07):47-53.

增长,在新浪网、腾讯网、人民网、新华网等四个主要平台认证的党政机构账号数为 32358 个;2012 年,步入快速发展阶段,数量突破 11.3 万;2013 年,党政机构的账号总数达到 18.3 万个;2014 年达到了政务机构账号增长数量的最高峰,党政机构的账号数量达到 27.7 万个;2015 年呈逐渐放缓增长趋势。截至 2018 年 6 月,经过新浪认证的政务微博数量已经达到 17.58 万个,其中,2018 年政务微博的总粉丝数量已经达到 29 亿,总阅读量达到 1523 亿次[1]。不难发现,在历经 10 年发展后,微政务信息公开已具备十分庞大的渠道规模。

• 信息跨媒体公开

过去,政府信息公开的媒介单一,而微政务信息公开在此问题上取得了长足的进步。时下,公众能够运用包括手机、笔记本电脑、平板电脑、PDA(个人数字助理)、RFID(射频标签)和 GPS(全球定位系统)终端等在内的工具,通过登录微信平台、新浪微博、腾讯微博等数字平台,方便快捷地接受微政务信息。此外,政府机构紧追新媒体技术,对政务新媒体外延扩大的热情持续高涨,政务头条号、短视频号和网络有声电台等亦广受欢迎。截至 2018 年 6 月,各级党政机关共开通政务头条号账号 74934 个,较 2017 年年底增加 4040 个。截至 2018 年 9 月 11 日,全国已有 2795 家党政机构入驻抖音平台,开通政务抖音号。[2] 再者,政务网络电台、政务 APP 集群"新华龙掌媒"等,在传递政务信息方面亦发挥着作用。政务新媒体不仅扩张了政务信息的传播渠道,更重要的是,新媒体自带的高科技与平视视角为政务信息的传播带来更多元、更有效的形式(比如网络直播、漫画、动画、沙画、短视频、互动游戏、移动直播和 VR 等)与更通俗的话语风格。这些媒体与已有的政务公开方式进行深度结合,使得跨媒体微政务信息公开为公众提供了更好的服务模式。

---

[1] 陈婷,陈文春. 基于用户体验的便民类政务微博质量提升策略 [J]. 管理观察,2019(02):92-94+97.

[2] 张青. 政务新媒体拥抱短视频 [N]. 山西日报,2019-01-08(009).

• 公众参与不断加深

随着微政务信息公开的不断发展,过去以政府网站为代表的单向服务模式已经无法满足公众对政府表达态度、观点以及反馈意见的需求,继而催生出了以公众参与为主导的政府官微模式。2019 年 4 月 16 日,"平安北京"对巴黎圣母院大火后出现的诈骗行为发表严正声明,单条信息覆盖 1.05 亿人,公众点赞 8.71 万次,评论 1.02 万次,转发 1.15 万次;4 月 15 日,市场监管部门对"利之星"立案调查,责成其尽快退车、退款,单条信息覆盖约 9670 万余人次,公众点赞 1.61 万次,评论 1.63 万次,转发 4828 次;4 月 11 日,共青团中央就国旗、国徽的版权问题对视觉中国影像公司提出质疑,单条信息覆盖约 15 亿人次,公众点赞 22.26 万次,评论 10.8 万次,转发 9.08 万次;4 月 2 日,"中华人民共和国应急管理部"公布凉山森林火灾牺牲英雄名单,单条信息覆盖 2.55 亿人,公众点赞 2.38 万次,评论 3173 次,转发 1.5 万次;3 月 15 日,"温江区市场监督管理"通报成都七中实验学校食堂食材第一批检测结果,单条信息覆盖 6925 万人,公众点赞 7520 次,评论 2.27 万次,转发 1.65 万次。① 不难发现,点赞、评论与转发等行为的不断扩大,反映了公众对微政务信息公开的参与度也在不断加深。

(三) 实践应用

近年来,微政务信息公开的推动政策以及平台发展有效促进了政务公开在实践中的应用,这也使得微政务信息公开在运营能力、政务服务以及信息公开等方面取得长足的进步。

• 运营能力

微政务从内容到形式上灵活多样地开展线上宣传活动,打破以往固

---

① 政务新媒体榜单权威发布官方账号. 政务风云榜 [EB/OL]. (2019 - 04 - 23) [2019 - 04 - 23]. https://weibo.com/zhengwubang? is_hot=1# _rnd15560 16873815.

定模式，以更加生动形象的方式推广话题，进一步地朝新媒体多样化运营。"@中国警方在线"（原"@公安部打四黑除四害"）携手王源，宣扬交通安全，暖心策划获大量关注，粉丝群体自愿转发，形成二次传播；"@中国铁路"携手鹿晗，一起见证改革开放40年中国铁路的巨变，响应"中国制造"号召，展现中国力量。"@共青团中央"发起的♯请给他们一分钟♯纪念活动，"@武汉地铁运营""@微博政务""@新浪湖北""@微博交通"联手打造2018武汉地铁嘉年华活动，以及"@最高人民检察院"制作"季检察长邀你视频通话"互动H5，邀请网友关注最高人民检察院工作报等脑洞大开的趣味话题与公益策划，也收获到了不俗的反馈。此外，微政务的策划运营能力也在持续提高，宣传载体从单一的图文视频拓展到全媒体、融媒体、浸媒体，打破了以往政府信息公开工作的沉闷套路，实现了有声有影有形、入耳入脑入心。《诗词大会》热播之际，"@中国大学生在线"和"@微言教育"推出线上"飞花令"，激发了网络"最文艺互动"；"@中央气象台"开展"我给台风起名字"活动，引发了全民的热情参与，网友纷纷贡献自己的智慧，热情为台风命名；十九大期间，"@环保部发布""@中国气象局""@国资小新""@健康中国"等各部委官微与系统内各层级官微以及其他行业官微、媒体、企业，进行全方位、立体化的联动，全行业共襄盛举，在政务微博舞台上造就了异彩纷呈的十九大报道盛况。

- **政务服务**

微政务致力于提升矩阵联动能力，加强线上线下紧密联系，高效地发挥联动政务服务能力。从国家层面上来说，"@湖南公安"联合各政务微博完成了16次跨国救助行动，政务微博携手国家机关共同发力，保证我国公民人身安全，彰显了我国综合实力，树立了国家形象。"@上铁资讯""@定远公安在线"及时发博，通报高铁火情；"@马鞍山发布"为群众修电梯、修水管、修不平之路，晒"僵尸微博"、晒"慵懒散"、晒服务之心，真诚、及时的服务得到了网友的广泛称赞，充分体现了官微矩阵协同的重要意义。在政务O2O服务方面，"@湖南公安在线"通过微博联动，10次解决跨境求助事件，5 次解救传销被困人员；"@新疆检察"与"@塔城检察分院""@和丰检察院"三级联动，2.5 小时内帮助网友解决经营受阻问题。以上这些例子表明，越来越多的政务微博不仅着眼于"大事"，更努力充当随时响应网民诉求的"贴身助手"，利用自身平台和联动资源，及时连接求助者与具体职能部门，为群众提供高效率、多种类、个性化的帮助。

● **信息公开**

微政务进一步形成科学的网络舆情引导机制，主动、及时、公开、高效地公开信息，并通过反馈舆情进展情况提升信息时效性和便捷性，不断巩固自身公信力。针对舆论广泛关注的"汤兰兰案"，"@黑龙江省高级人民法院"公开发博回应，"@中国长安网"独家采访黑龙江高院，并发布头条文章回应 8 大质疑，让案件回归到法制本身，彰显司法权威；"杭州保姆纵火案"一审庭审中，杭州中院"@杭法观微"发布 7 条情况通报，让网友及时、全面了解案件调查进展、庭审过程等权威内容。当面对公众的质疑，政务微博迅速调查，敢于承担，不姑息违规违法行为，呈现公平、透明的执政能力。在全民关注的"山东于欢案"二审庭审中，"@山东高法"吸取之前办案及审讯流程不够透明的经验，通过文字、图片、视频等方式对庭审现场进行全程微博直播，将案件细节和审判流程全面向公众呈现，用公开促进公正，维护了自身的公信力和权威性；面对网友指出的微博配图错误，"@国防部发布"毫不回避，主动向公众道歉，以雷厉风行、处事果断的作风体现了中国军队的风采，以正视错误、勇于担当的态度赢得了网民的好评；"上海警察粗暴执法"事件引起高度关注，"@警民直通车-上海"发布通告表示当事民警"粗暴执法，行为错误"，这种不闪不躲、正视事实、坦承错误的态度，让涉事警方在舆论旋涡中保持了公信力。

综上，本节首先从政府信息公开、电子政务以及社交媒体三个角度入手，系统阐述了微政务信息公开的起源背景，随后分别从推动政策、平台发展和实践应用三个方面剖析了微政务信息公开的发展现状。这些研究，为准确理解微政务信息公开的由来与发展提供了理论依据。

1.2 微政务信息公开相关研究工作

为了更全面、系统地剖析近年来国内外在微政务信息公开领域所取得的研究成果,本节借助知识图谱从多个角度对微政务信息公开展开文献计量。近年来,知识图谱被广泛地应用于科学文献计量领域,并成为探测学科研究前沿和发展动态的一种有效可行的方法①。因此,本节借助Citespace V 软件绘制知识图谱,以 Web of Science 核心合集和中国知网核心期刊数据库为数据来源,梳理近十年国内外微政务信息公开的研究热点和发展脉络。在 WOS 数据库中,以"e-government + social media""electronic government + social media""public service + social media"以及"information disclosure + social media"为主题词进行检索,在CNKI 数据库中,以"微政务""政务微博"和"政务微信"为主题词进行检索,检索时间为 2022 年 6 月 13 日,时区跨度为 2012～2021 年。通过清洗和整理检索结果,得到 WOS 数据库论文 2818 篇和 CNKI 数据库论文835 篇。

1.2.1 微政务信息公开的研究概况

本节基于时间和空间整理分析近十年国内外微政务信息公开相关文献,如图 1-1 所示,国内外微政务信息公开均历经早期快速发展,文献发表量日益增多,国内外文献数量基本保持在同一水平线。然而,在经过 3年迅速增长后,国内外研究呈两极发展趋势——国外迎来新的一波成果产出,而国内研究数量进一步下降。由此看来,微政务信息公开研究经历了从规模发展到质量结构优化,对于我国来说,保持对微政务信息公开的

①　龚堂华. 国际视阈下的清廉问题学术研究文献计量分析［J］. 情报学报,2016,35 (03):275-283.

研究关注度,并且从更多的角度深入探究,对微政务信息公开的发展将大有裨益。

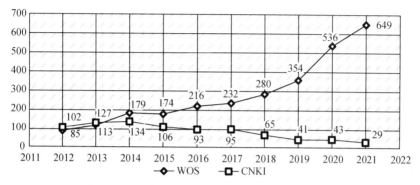

图 1 - 1　国内外微政务信息公开研究时间分布图

进一步,从全球地区科研产出的维度分析微政务信息公开的研究文献,探索领域研究在全球各个国家内的数量分布,具体如图 1 - 2 所示。

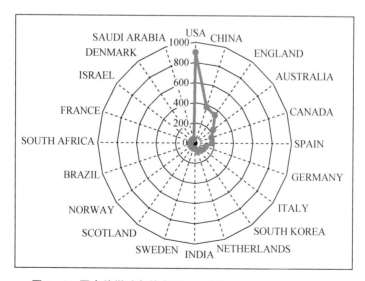

图 1 - 2　国内外微政务信息公开研究空间分布图(基于 WOS)

由图 1 - 2 可知,世界范围内有关于微政务信息公开的研究主要分布于美洲、欧洲以及亚洲。其中美国文献占有量达到 29.02%,是微政务信息公开研究领域的领军者,中国(12.14%)、英国(11.08%)也是该领域的突出贡献者。目前,国内的微政务信息公开尚未在学术界形成规模化、层级化、体系化的研究成果,这也反映出其背后的发展潜力与研究价值。

1.2.2 微政务信息公开的研究热点

对高频关键词网络图的分析,有助于探索领域内热点的交互与关联。[①] 如图1-3、图1-4所示,各圆环标识为高共被引文献聚类节点,表示微政务信息公开的热点,节点颜色、厚度、大小分别反映研究年代、被引次数和研究数量。本节将通过对国内外微政务信息公开的相关研究进行共现网络分析,揭示微政务信息公开近年来的研究热点。

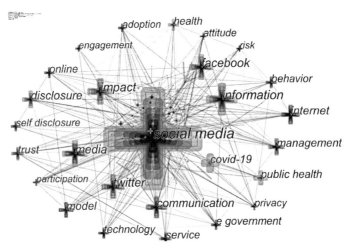

图1-3 国外微政务信息公开研究热点(基于WOS)

① 朱晓峰,崔露方,陆敬筠. 国内外政府信息公开研究的脉络、流派与趋势——基于WOS与CNKI期刊论文的计量与可视化[J]. 现代情报,2016,36(10):141-148.

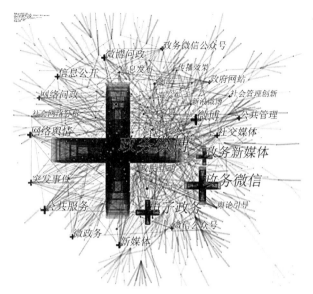

图 1－4　国内微政务信息公开研究热点(基于 CNKI)

S. Zhang 等、X. Hao 等和 R. Díaz-Díaz 等认为,国外微政务信息公开已形成系统研究①②③。由 WOS 研究热点网络分布(图 1－3)可知,研究热点集中在 social media(社交媒体)、disclosure(公开)和 Facebook。X. Gao 和 J. Lee 探索了社交媒体对电子政务不同服务的适应性④;X. Ma 和 J. Yates 提出了社交媒体对灾难或紧急事件向公众传递的优化方

①　Zhang S, Feick R. Understanding public opinions from geosocial media [J]. 2016,5 (6):74.

②　Hao X, Zheng D, Zeng Q, et al. How to strengthen the social media interactivity of e-government [J]. Online Information Review, 2016, 40 (1): 79 – 96.

③　Díaz-Díaz R, Pérez-González D. Implementation of social media concepts for e-Government: case study of a social media tool for value co-creation and citizen participation [M]. IGI Global, 2016.

④　Gao X, Lee J. E-government services and social media adoption: experience of small local governments in Nebraska state [J]. Government Information Quarterly, 2017, 34 (4): 627 – 634.

案①。进一步分析发现,国外微政务信息公开更关注社交媒体对信息公开的作用,正如 S. P. Philpot 等探讨了艾滋病毒感染者如何使用、为什么使用以及使用何种策略的社交媒体,以作为公开披露艾滋病毒阳性状况的一种手段②。

　　白建磊等对国内外政务微博研究进行理论梳理与前景展望③;于晶等、崔金栋等和刘晓娟等对政务微博的功能、影响因素等进行实证分析,结果表明国内微政务信息公开的研究也初见规模④⑤⑥。由 CNKI 研究热点网络分布(图 1 - 4)可知,研究热点聚焦在"政务微博""政务微信"和"电子政务"。国内微政务信息公开研究更重视微博、微信的社交作用,例如陈娟等探究了政务微博对辟谣信息传播效果的影响要素⑦;吴小君等梳理了政务微博信息发布的方式与特点⑧;师硕等根据框架理论,以不同时间发生的两起特大安全事故为例,通过对政务微博与政府网站文本进

---

　　① Ma X, Yates J. Multi-network multi-message social media message dissemination problem for emergency communication [J]. Computers & Industrial Engineering, 2017, 113 (11): 256 - 268.

　　② Philpot S P, Murphy D, Prestage G, et al. Using social media as a platform to publicly disclose HIV status among people living with HIV: control, identity, informing public dialogue [J]. Sociology of Health & Illness, 2022.

　　③ 白建磊,张梦霞. 国内外政务微博研究的回顾与展望 [J]. 图书情报知识, 2017 (03): 95 - 107.

　　④ 于晶,付雪松. 政务微博的功能定位与传播策略研究——以"上海发布"为例 [J]. 图书情报工作, 2013, 57 (S1): 251 - 255.

　　⑤ 崔金栋,孙遥遥,郑鹊,杜文强,王欣. 我国政务微博社会网络特征对比分析实证研究 [J]. 情报科学, 2016, 34 (12): 120 - 126.

　　⑥ 刘晓娟,王昊贤,肖雪,董鑫鑫. 基于微博特征的政务微博影响因素研究 [J]. 情报杂志, 2013, 32 (12): 35 - 41.

　　⑦ 陈娟,刘燕平,邓胜利. 政务微博辟谣信息传播效果的影响因素研究 [J]. 情报科学, 2018, 36 (01): 91 - 95.

　　⑧ 吴小君,龚捷. 我国政务微博的信息发布方式、特点和策略分析——以"@平安南粤"为例 [J]. 情报理论与实践, 2013, 36 (09): 88 - 90.

行编码与统计,分析了政府网络话语的特征①。

对于主题词的计量指标,可挖掘的视角能够扩展到频次(Freq)、中介中心性(Centrality)、年代(Year)以及半衰期(Half-life)等。其中,频次是指主题词出现的次数;中介中心性代表主题词在整个共现网络关系中媒介者的能力强度②;半衰期则是用来描述引文(文献)老化程度,半衰期越大,显示引文的有效价值越大。本文统计所得 WOS 主题词的相关指标的数据,具体如表1-1所示。

表 1-1　国外微政务信息公开主题数据统计(基于 WOS)

主题词 (Term)	频次 (Freq)	中介中心性 (Centrality)	半衰期 (Half-life)	年代 (Year)
social media	973	0.39	7	2012
information	297	0.16	7	2012
Twitter	246	0.15	7	2012
Facebook	246	0.1	6	2013
impact	245	0.08	7	2012
media	242	0.23	7	2012
communication	213	0.26	7	2012
Internet	213	0.19	6	2012
e-government	184	0.21	6	2012
disclosure	179	0.09	7	2012

由表1-1可知,从主题词出现频次的角度来说,social media(973)、information(297)、Twitter(246)、Facebook(246)、Internet(213)为核心主题,说明使用诸如 Facebook 等社交媒体进行网络政务行为研究较为典

---

① 师硕,王国华. 突发事件情境下的政府网络话语研究——以两起特大安全事故为例 [J/OL]. 情报杂志:1 - 7 [2022 - 06 - 14]. http://kns. cnki. net/ kcms/detail/61. 1167. G3. 20220506. 1306. 002. html.

② 顾理平,范海潮. 网络隐私问题十年研究的学术场域——基于 CiteSpace 可视化科学知识图谱分析(2008—2017)[J]. 新闻与传播研究,2018,25 (12):57 - 73.

型,如 N. Ocak 等基于政府社交媒体(Facebook)从可用性的角度(公民、用户对 Web 内容的效率、有效性和满意度)考察了土耳其地方政府的社交媒体服务水平①;T. Photiadis 等通过 Second Life 和 Facebook 确定自我披露行为,从而调查了突出的情感体验,并为了解和如何增强在线幸福感提供见解②。从中心性的角度来看,social media(0.39)、communication(0.26)、e-government(0.21)、impact(0.08)、Facebook(0.1)等属于高中心性研究主题,说明社交媒体给传统政务带来较大的影响,如 N. Depaula 等基于内容分析法,对 Facebook 信息进行分析,探讨了地方政府部门在社交媒体平台上的常见沟通模式,并与公共关系的卓越理论相结合,形成印象管理③。从半衰期的角度来说,具有较长时间影响价值的研究主题多集中于 information(7)、impact(7)等,说明对微政务影响的管理更能够经得起时间的考验,如 B. W. Wirtz 等基于 Delone & McLean 信息系统成功模型、资源观点和信息控制理论进行实证检验,为改进电子政务门户网站在信息、服务和交互管理方面的表现提供了直接的建议④。从年代视角来说,高频关键词大多分布在 2012 年,包含最多主题(social media、Internet、Facebook),可知 2012 年是国外微政务信息公开研究发展的核心年。

---

① Ocak N. Usability in local e-government: analysis of turkish metropolitan municipality Facebook [J]. International Journal of Public Administration in the Digital Age, 2016, 3 (1): 53 - 69.

② Photiadis T, Papa V. 'What's up with ur emotions?' Untangling emotional user experience on Second Life and Facebook [J]. Behaviour & Information Technology, 2022: 1 - 14.

③ Depaula N, Dincelli E. An empirical analysis of local government social media communication: models of e-government interactivity and public relations [C] // International Digital Government Research Conference on Digital Government Research. ACM, 2016. 384 - 356.

④ Wirtz B W, Mory L, Piehler R, et al. E-government: a citizen relationship marketing analysis (IRPN-D-16-00005) [J]. International Review on Public and Nonprofit Marketing, 2017, 14 (2): 149 - 178.

对 CNKI 主题进行指标计量,如表 1 - 2 所示。

表 1 - 2 国内微政务信息公开主题数据统计(基于 CNKI)

主题词 (Term)	频次 (Freq)	中介中心性 (Centrality)	半衰期 (Half-life)	年代 (Year)
政务微博	500	0.76	2	2012
政务微信	147	0.35	3	2013
电子政务	96	0.21	2	2012
政务新媒体	68	0.37	3	2015
公共服务	32	0.05	3	2012
信息公开	27	0.01	3	2012
新媒体	25	0.03	4	2012
微博问政	25	0.02	1	2012
微政务	24	0.02	3	2014
网络舆情	23	0.1	2	2012

由表 2 - 2 可知,无论是从主题词频次、中心性抑或半衰期角度来说,政务微博(500、0.76、2)、政务微信(147、0.35、3)、电子政务(96、0.21、2)均位列前三,说明政务微博与政务微信在电子政务领域已取得广泛应用,如赵国洪指出在移动互联网和微博迅猛发展的环境下,政府可借助微博平台的优势,让政府网站的信息公开、政民互动和在线办事三大功能通过微博予以实现,构建以政务微博为平台的政务模式①;安璐等构建政务微博舆情引导能力评价指标体系,对突发事件情境下的舆情引导能力进行成熟度诊断,揭示影响舆情引导效果的关键因素,致力于帮助政府提升舆情引导能力成熟度,避免网络舆情危机②。从年代视角来说,高频关键词大

---

① 赵国洪,杨情,许志新.移动互联网下政府网站微博化的可行性分析 [J].电子政务,2013 (11):56 - 62.

② 安璐,吴一丹.突发事件情境下政务微博的舆情引导能力成熟度诊断模型 [J].情报理论与实践,2022,45 (05):133 - 141.

多分布在 2011~2013 年,而 2015 年的政务新媒体的兴起源于"两微一端"(微博、微信以及客户端)的发展,如侯周楚将"两微一端"信息服务平台应用于旅游微平台,为当地旅游业的发展提供了新的契机①。

1.2.3 微政务信息公开的研究流派

国内外微政务信息公开领域的不同热点会形成相应的研究流派,对高频关键词进行聚类有助于对核心流派的研究,具体如图 1-5、图 1-6 所示。

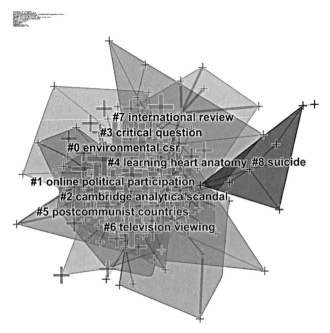

图 1-5 国外微政务信息公开研究流派(基于 WOS)

① 侯周楚."一带一路"背景下甘肃旅游微平台研究现状 [J]. 新闻研究导刊, 2015, 6 (23): 132.

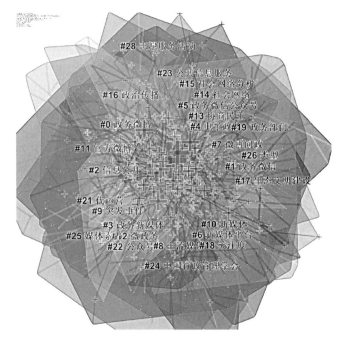

图 1-6　国内微政务信息公开研究流派(基于 CNKI)

由图 1-5 可知,国外微政务信息公开核心流派主要包含以下几个方面:social network site(社交网络网站)、service development(服务发展)、television viewing(电视观看)等,说明国外微政务信息公开的研究流派聚焦于信息公开管理工作①②③。

---

①　Yang E B，Lee M A，Park Y S. Effects of test item disclosure on medical licensing examination [J]. Advances in Health Sciences Education Theory &Practice，2018，23 (2)：265-274.

②　Hostiuc S，Molnar A J，Moldoveanu A，et al. Patient autonomy and disclosure of material information about hospital-acquired infections. [J]. Infect Drug Resist，2018，11 (03)：369-375.

③　Cheon S，Park H J，Chae Y，et al. Does different information disclosure on placebo control affect blinding and trial outcomes? a case study of participant information leaflets of randomized placebo-controlled trials of acupuncture：[J]. Bmc Medical Research Methodology，2018，18 (01)：13.

国内微政务信息公开的核心流派主要包含微政务、突发事件、新媒体、政治传播、传播效果、社会治理等,说明国内微政务信息公开的研究流派侧重于社会管理模式①②、舆情传导机制③④以及微政务服务水平⑤⑥。

1.2.4 微政务信息公开的研究前沿

关键词突发性图谱展示了某一主题或者文献被引频次在一时间段内出现的突增或突减情况,通过绘制重点关键词突显图谱能够较好地把握研究前沿。因此,本文就 WOS 和 CNKI 数据库选取重点关键词强度最强的主题词各 10 个绘制图谱,以窥探微政务领域前沿。

由图 1-7 可知,国外微政务信息公开研究的重点突显词集中于 e-government(13.5)、web 20(4.9)、organization(2.5)以及 self-disclosure(6.0)。其中,"web 20"突显出了网络的优势,如 M. Padeiro 等研究了在第一波 COVID-19 大流行期间影响地方政府电子信息披露的因素⑦。"organization"的突现表示微政务信息公开在组织社区应用上取得了显著成效,如 E. Kaliva 等在电子政务和政策建模中开发一个用于在线社区

---

① 杜杨沁,霍有光,锁志海. 政务微博微观社会网络结构实证分析——基于结构洞理论视角 [J]. 情报杂志,2013,32 (05):25-31.

② 梁丽. 政务微博助力推进政府信息深入公开探析 [J]. 情报资料工作,2014 (05):69-73.

③ 杜洪涛,王君泽,李婕. 基于多案例的突发事件网络舆情演化模式研究 [J]. 情报学报,2017,36 (10):1038-1049.

④ 李立煊,曾润喜. 网络舆情治理的主体参与满意度评估体系研究 [J]. 情报科学,2017,35 (01):106-109.

⑤ 汤志伟,易可,韩啸,张会平. 医疗卫生政务微博服务内容优化研究——基于中国 21 个省会城市的数据 [J]. 情报杂志,2015,34 (08):199-203.

⑥ 石婧,周蓉,李婷. 政务服务"双微联动"模式研究——基于上海市政务微博与政务微信的文本分析 [J]. 电子政务,2016 (02):50-59.

⑦ Padeiro M, Bueno-Larraz B, Freitas Â. Local governments' use of social media during the COVID-19 pandemic:the case of Portugal [J]. Government information quarterly,2021,38 (4):101620.

建设和协作的领域模型,为在线政策文献搜索提供了新思路①。而"self-disclosure"则反映了微政务信息公开促进公众自我公开长足发展,尤其近年来引人注目的公共卫生等问题,如 R. Armstrong 等介绍地方政府公共卫生决策知识翻译干预的设计与实施方案,对在临床和卫生服务环境下知识翻译策略具有一定指导意义②。

Keywords	Year	Strength	Begin	End	2012~2021
e-government	2012	13.5536	2012	2016	
television	2012	6.7501	2012	2016	
self-disclosure	2012	5.9681	2012	2015	
policy	2012	5.4694	2012	2015	
prevention	2012	5.4694	2012	2015	
web 20	2012	4.8941	2012	2013	
access	2012	4.3744	2012	2014	
challenge	2012	3.6687	2012	2013	
politics	2012	2.904	2012	2014	
organization	2012	2.4824	2012	2015	

图 1-7　国外微政务信息公开研究前沿(基于 WOS)

由图 1-8 可知,国内微政务信息公开研究的重点突显词集中于微博问政(6.0)、微博(3.3)、微博平台(2.9)以及社会管理创新(3.2)。其中,微博问政与社会管理创新具有较大探讨价值,反映微政务开创了以微博为代表的社会治理新格局,如沈亚平等指出,利用和引导微博载体以实现信

① Kaliva E, Panopoulou E, Tambouris E, et al. A domain model for online community building and collaboration in eGovernment and policy modelling [J]. Transforming Government: People, Process and Policy, 2013, 7 (01): 109-136.

② Armstrong R, Waters E, Dobbins M, et al. Knowledge translation strategies to improve the use of evidence in public health decision making in local government: intervention design and implementation plan [J]. Implementation Science, 2013, 8 (01): 121.

息时代政府管理的改革与完善,能够为政府决策提供重要支撑①;而后者则体现出网民作为原先的被动接受者正在逐渐发挥自身主体优势,如张会平等从主体特征和信息内容两个维度构建影响网民诉求政府回应度的研究模型,提出提升网民诉求的政府回应度是增强网络空间治理能力的关键环节②。

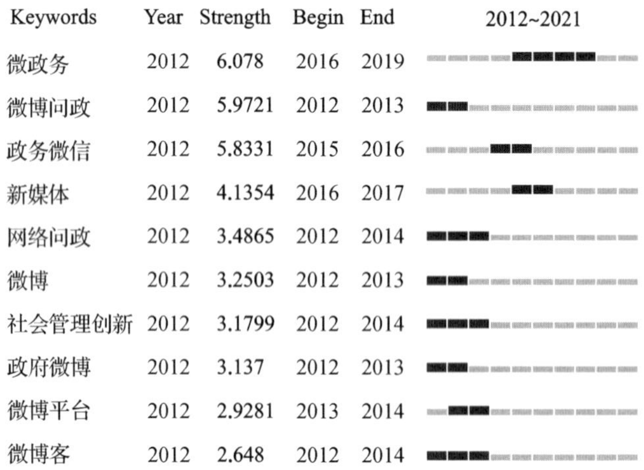

Keywords	Year	Strength	Begin	End	2012~2021
微政务	2012	6.078	2016	2019	
微博问政	2012	5.9721	2012	2013	
政务微信	2012	5.8331	2015	2016	
新媒体	2012	4.1354	2016	2017	
网络问政	2012	3.4865	2012	2014	
微博	2012	3.2503	2012	2013	
社会管理创新	2012	3.1799	2012	2014	
政府微博	2012	3.137	2012	2013	
微博平台	2012	2.9281	2013	2014	
微博客	2012	2.648	2012	2014	

图 1-8 国内微政务信息公开研究前沿(基于 CNKI)

1.2.5 微政务信息公开的研究趋势

微政务信息公开的研究趋势包括两个方面,其一是主题词的演化轨迹,其二是知识群的演化轨迹。前者反映的是研究热点随时间变化的趋势,后者则反映的是各研究流派内在知识群随时间演化的轨迹。

---

① 沈亚平,董向芸. 微博问政对于政府管理的价值与功能分析 [J]. 南开学报 (哲学社会科学版),2012 (03):134-140.

② 张会平,邓凯,郭宁,杨国富. 主体特征和信息内容对网民诉求政府回应度的影响研究 [J]. 现代情报,2017,37 (11):17-21.

(一) 微政务信息公开主题变迁轨迹

主题变迁轨迹反映了不同时区内研究热点的分布与学术主题的演化趋势。为了进一步梳理学科发展脉络,一般将已有研究按早、中、近三个阶段进行划分。

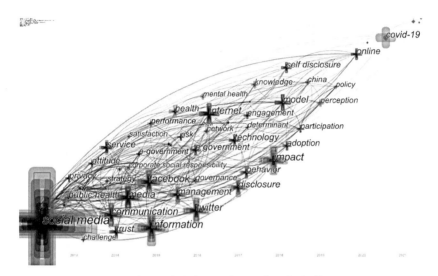

图 1 - 9　国外微政务信息公开主题词变迁轨迹(基于 WOS)

国外早期主题词主要包含 disclosure(公开)、Internet(互联网)、communication(交流)、health(健康)和 management(管理),说明研究主题主要聚焦于网络信息管理与医疗健康信息公开。K. Cahill 研究了温哥华图书馆网络社交媒体的用户活跃度,并提出了进一步管理社区信息的展望[①];A. Mostaghimi、B. H. Crotty 提出在数字化时代如何合理地运用社交媒体公开医疗信息[②];L. Boyer 等分析了法国当局对心理健

①　Cahill K. Going social at Vancouver Public Library: what the virtual branch did next [J]. Program, 2011, 45 (03): 259 - 278.
②　Mostaghimi A, Crotty B H. Professionalism in the digital age [J]. Annals of Internal Medicine, 2011, 154 (08): 560 - 2.

康问题的调查,结果显示心理健康问题已经成为主要社会功能缺陷之一①。

中期主题词主要包含 e-government(电子政务)、social media(社交媒体)、social network(社交网络)和 trust(信任),说明研究主题转移到电子政务的兴起与随之而来公众对社交媒体的信任问题。如 R. Joseph 采用内容分析法,研究美国 100 个电子政务网站和相关社会媒体账户,评估州政府门户网站和州长如何使用社交媒体,并总结出社交媒体的内在风险②;H. Y. Yoon 等调查了韩国政府推出的网络社交媒体互动战略,研究结果表明政府的战略并不一定能激发公众对政府社会媒体活动的参与,却加强了政府之间相互作用③;O. Oh、M. Agrawal 和 H. R. Rao 通过 2008 年孟买恐怖袭击事件、2010 年丰田召回事件、2012 年西雅图咖啡馆枪击事件指出,社交媒体(Twitter)已成为传播社会谣言和危机信息的主要工具④。

近期主题词主要包含 COVID-19(新冠)、sentiment analysis(情感分析)、online(网上)、policy(政策)和 sustainability(可持续发展),说明研究主题变迁到政策指导下信息公开的优化发展上。如 M. P. R. Bolívar 以西班牙政府电子政务政策发展为例,提出社交媒体对公共服务持续发展

---

① Boyer L, Murcia A, Belzeaux R, et al. Psychometric properties of the Activities Daily Life Scale(ADL) [J]. Encephale-revue De Psychiatrie Clinique Biologique Et Therapeutique, 2010, 36(05):408 - 416.

② Joseph R. E-Government meets social media: realities and risks [J]. IT Professional, 2012, 14(06):9 - 15.

③ Yoon H Y, Kim J, Khan G F, et al. From e-government to social government: Twitter use by Korea's central government [J]. Online Information Review, 2014, 38(01):95 - 113.

④ Oh O, Agrawal M, Rao H R. Community intelligence and social media services: a rumor theoretic analysis of tweets during social crises [J]. Mis Quarterly, 2013, 37(02):407 - 426.

的重要性[①];Sandoval-Almazan R.和J. R. Gil-Garcia通过开放政府评估模型从整体角度理解政府信息公开[②];R. Ayachi等利用公众简介、社会媒体数据库、公民反馈数据库和服务数据库,设计新型框架的政府网站,改善公众使用政府门户网站的质量体验[③];X. Lei等调查产后妈妈如何在社交媒体上进行自我表露获得社会支持,以有效改善抑郁情绪[④];A. Chen等使用多级回归分析新浪微博上有关COVID-19的705条求助帖子,并检查了发

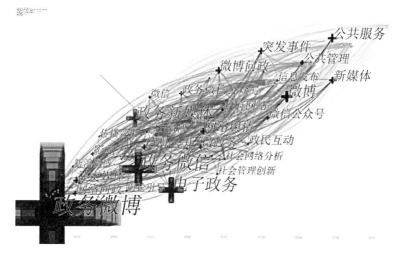

图1-10 国内微政务信息公开主题词变迁轨迹(基于CNKI)

① Bolívar M P R. Governance models for the delivery of public services through the Web 2.0 technologies: a political view in large spanish municipalities [J]. Social Science Computer Review, 2015, 35 (02): 203 - 225.

② Sandoval-Almazan R, Gil-Garcia J R. Toward an integrative assessment of open government: Proposing conceptual lenses and practical components [J]. Journal of Organizational Computing & Electronic Commerce, 2016, 26 (1 - 2): 170 - 192.

③ Ayachi R, Boukhris I, Mellouli S, et al. Proactive and reactive e-government services recommendation [J]. Universal Access in the Information Society, 2016, 15 (04): 681 - 697.

④ Lei X, Wu H, Deng Z, et al. Self-disclosure, social support and postpartum depressive mood in online social networks: a social penetration theory perspective [J]. Information Technology & People, 2022.

件人、内容和环境因素,调查是什么让求助消息深入社交媒体网络①。

国内早期主题词主要包含政务微博、微博问政和社会管理创新,说明研究主题主要聚焦于新型社交媒介对社会管理创新的作用上。如杨峰从利益显现、突发预警、矛盾疏通等三个方面阐述了社会管理中政务微博的应用②;赵国洪、陈创前从微博基本信息、使用状况、问政互动状况三个方面对新浪 624 个政务微博进行跟踪考察,探讨我国当前"微博问政"存在的问题与发展方向③。中期主题词主要包含政务微信、电子政务和网络舆情,说明研究主题转移到网络舆情的传播机制。如郑小雪、陈福集从知识管理的角度提出政府应对网络舆情问题的理论和方法④;肖飞以雅安地震为例,分析不同的政务微博在发布介质不一的舆情信息时,反馈出不同的服务模式⑤;杨娟娟等分析了在公共安全突发事件中网络舆情的传播与扩散规律⑥。近期主题词主要包含服务力、公平偏好和影响因素,说明研究主题变迁到微政务的公众服务水平和公平偏好上。如王学军和王子琦提出公共价值是公民价值偏好和政府建构价值的交集,并以此为据构建了服务于公共价值的政府绩效改进模型⑦;冯韬等基于公平关切,试

① Chen A, Ng A, Xi Y, et al. What makes an online help-seeking message go far during the COVID-19 crisis in mainland China? a multilevel regression analysis [J]. Digital Health,2022,8:20552076221085061.

② 杨峰. 社会管理创新视野下的政务微博实践探索 [J]. 电子政务,2012 (06):17-21.

③ 赵国洪,陈创前. "微博问政"现象的实证研究——基于新浪微博的分析 [J].图书情报工作,2012,56 (06):51-55.

④ 郑小雪,陈福集. 面向网络舆情创建政务流的知识管理模型研究 [J]. 图书情报知识,2013 (05):106-114.

⑤ 肖飞. 公共危机事件中政务微博的舆情信息工作理念与策略探析——以雅安地震为例 [J]. 图书情报工作,2014,58 (01):44-47.

⑥ 杨娟娟,杨兰蓉,曾润喜,张韦. 公共安全事件中政务微博网络舆情传播规律研究:——基于"上海发布"的实证 [J]. 情报杂志,2013,32 (09):11-15.

⑦ 王学军,王子琦. 政民互动、公共价值与政府绩效改进——基于北上广政务微博的实证分析 [J]. 公共管理学报,2017,14 (03):31-43.

图最优化微政务信息公开行为表现,统筹协调参与各方利益协调水平以调动内部积极性[①];金晓玲等从冲动行为的视角引入认知情绪理论,构建微博原创信息分享行为的理论模型,为政府应急管理决策和微博运营提供启示[②]。近两年,新冠肺炎疫情、媒体深度融合逐渐受到关注。刘晓娟和王晨琳以政务微博为研究平台,选取新冠肺炎疫情事件为典型案例,聚焦病例信息公开及评论数据,使用内容分析法提取信息公开特征,基于SnowNLP 模型计算社会情绪,结合焦点诉求分析舆情演化趋势[③]。吕晓峰和刘明洋探索了县级融媒体中心在新冠肺炎疫情期间所发挥的县域治理职能,包括在县域治理现代化进程中发挥着权威信息发布平台、主流舆论发声平台、县域治理政务平台和县域民生服务平台四方面作用[④]。

(二) 微政务信息公开知识群变迁轨迹

微政务信息公开研究流派的内在知识群反映了不同时区内研究流派内涵的演化历程,即聚类开始出现(该聚类的第一篇参考文献)、聚类成果增多或者聚类趋冷。本节对已有的研究流派进行深入研究,得到聚类以及聚类子知识群的发展脉络(图 1 - 11)。

由图 1 - 11 可知,国外近年来微政务信息公开的相关研究大致形成了 11 个知识群,其中一些知识群于特定年限逐渐趋冷(实线渐进为虚线),而热点知识群(实线)始终保持火热,如 television viewing(电视观

---

①　冯韬,石倩,朱晓峰,等. 公平关切视角下的微政务信息公开行为研究 [J]. 情报理论与实践,2017,40 (07):23 - 27.
②　金晓玲,房园,周中允. 探究微博用户原创信息分享行为——基于冲动行为视角 [J]. 情报学报,2016,35 (07):739 - 748.
③　刘晓娟,王晨琳. 基于政务微博的信息公开与舆情演化研究——以新冠肺炎病例信息为例 [J]. 情报理论与实践,2021,44 (02):57 - 63.
④　吕晓峰,刘明洋. 治理现代化视野下县级舆论场与县级融媒体中心建设 [J]. 中国出版,2021 (16):42 - 46.

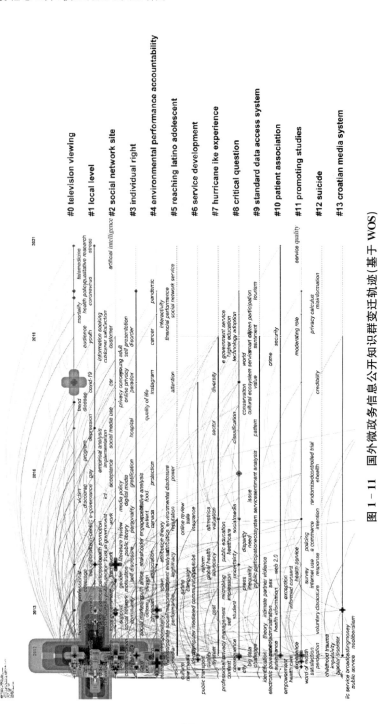

图 1 – 11　国外微政务信息公开知识群变迁轨迹 (基于 WOS)

#0 television viewing
#1 local level
#2 social network site
#3 individual right
#4 environmental performance accountability
#5 reaching latino adolescent
#6 service development
#7 hurricane ike experience
#8 critical question
#9 standard data access system
#10 patient association
#11 promoting studies
#12 suicide
#13 croatian media system

看）、local level（社会等级）。其中，微政务信息公开在中等收入国家大多聚焦于年轻对象，通过有效监督社会发展改善生活质量，如 D. Charlotte 通过研究发现，为了解决青少年的健康问题，在 74 个低收入和中等收入国家增加对青少年卫生服务干预所需的额外资源，能够降低 10 至 19 岁人群的死亡率和发病率①。在大数据时代，以网络媒介为载体的信息公开作用愈来愈大，将引领未来发展潮流，如 Y. Euijoo 从韩国政府、社会网络和博客收集了公共农业食品大数据，分析了消费者购买农产品数据，探讨了电子政务门户下提供综合农业食品信息的服务现状②。此外，微政务信息的处理对策集中应用于公众健康与大众风险意识上，如 A. Tursunbayeva 等试图从四个国际研究数据库和灰色文献中调查公共部门卫生组织，并对相关证据进行获取、分类、评价和综合，就公众对于安全卫生知识的应用提供了基于社会媒体电子政务使用方法的思路和建议③。

由图 1 - 12 可知，国内近年来微政务信息公开的相关研究大致形成了 10 个知识群，核心知识群有"突发事件""社交媒体"以及"政务新媒体"等。其中，突发事件在微政务研究的价值体现在舆情引导上，如梅松和曾润喜运用大数据网络信息分析技术，通过线下事件信息和线上舆情信息的有效对接，实现媒体机构、社会化组织、专家智库等多方信息治理的全面协作④。此外，社交媒体有效推动了政府与公众之间的交流，如顾洁等

①　Charlotte D, Jane F, Karin S, et al. Resource needs for adolescent friendly health services: estimates for 74 low and middle-income countries [J]. PLoS ONE, 2012, 7 (12): 1 - 11.

②　Euijoo Y, Sunggoo Y, Yunhwa K, et al. E-Government portal for providing integrated agrifood information based on Big Data Analysis. [J]. Journal of Agricultural Informatics, 2015, 6 (04): 108 - 114.

③　Tursunbayeva A, Franco M, Pagliari C. Use of social media for e-Government in the public health sector: a systematic review of published studies [J]. Government Information Quarterly, 2017, 34 (02): 270 - 282.

④　梅松，曾润喜. 基于信息驱动的网络突发事件应急处置体系研究 [J]. 情报理论与实践，2017, 40 (03): 30 - 34.

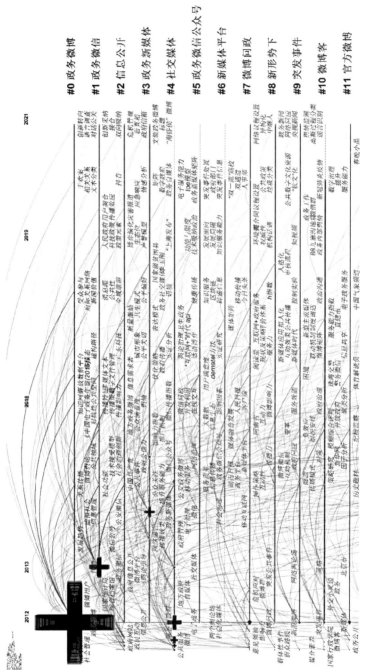

图 1-12 国内微政务信息公开知识群变迁轨迹(基于 CNKI)

#0 政务微博
#1 政务微信
#2 信息公开
#3 政务新媒体
#4 社交媒体
#5 政务微信公众号
#6 新媒体平台
#7 微博问政
#8 新形势下
#9 突发事件
#10 微博客
#11 官方微博

指出通过政务媒体促进公民有序参与政治活动,对于公众的信息选择和参与实践仍然具有指导意义①。随着微博平台的兴起,各省市政务微博逐渐开通相应账号,响应微政务信息公开的发展诉求,如孟川瑾和卢靖结合新公共服务理论,以"问政银川"为例,在总结案例的基础上,总结出政务微博运行机制框架②。

1.3 微政务信息公开研究框架

本节将在前文对微政务信息公开文献计量的基础上,总结出微政务信息公开当下研究的重点以及存在的不足之处,并针对微政务信息公开已有的不足,提出本书即将开展的工作。

1.3.1 微政务信息公开的重点与不足

通过对近十年微政务信息公开相关文献的梳理,从不同计量视角挖掘微政务信息公开的重点与不足(表1-3)。

表1-3 国内外微政务信息公开计量总结

计量视角	国 外	国 内
时间脉络	起步较早,发展较平缓,中途有所波动,但整体依旧呈上升趋势	起步较晚,于2011年开始飞涨,2014年开始弱化,未来将继续下降
空间分布	主要分布于美洲和欧洲,其中美国与英国研究成果显著	仅次于美国与英国,位列亚洲国家首席

---

① 顾洁,闵素芹,詹骞. 社交媒体时代的公民政治参与:以新闻价值与政务微博受众参与互动关系为例 [J]. 国际新闻界,2018,40(04):50-75.
② 孟川瑾,卢靖. 基于新公共服务的政务微博运行机制——"@问政银川"案例研究 [J]. 电子政务,2016(04):45-53.

计量视角	国　外	国　内
研究热点	社交媒体、互联网、Facebook、Twitter、信息、影响、管理	政务微博、政务微信、电子政务、政务新媒体、公共服务、网络舆情、微博问政
研究流派	♯管理公开、♯可持续性、♯医疗、♯健康政策、♯社会认知模式、♯社会网络	♯微政务、♯突发事件、♯媒体融合、♯政治传播、♯传播效果、♯微博问政
研究前沿	社交媒体、互联网、社区、信任、行为、隐私、健康信息、观点、监督	官员微博、社会管理创新、微博问政、微博客、意见领袖、微博平台、网民
主题演化	早期:公开、互联网、交流、健康 中期:电子政务、社交媒体、社会网络 近期:网上、政策、可持续发展	早期:政务微博、微博问政和社会管理创新 中期:政务微信、电子政务和网络舆情 近期:微政务、服务力和信息共享
知识群演化	中等收入国家:生活质量、监督、青少年行为、健康预防、提高、两性健康 社会认知模式:网络交流、信息公开、大数据、信息管理、信任、自我公开 处理对策:健康服务、预防知识、风险因素、公众教育、意识、情绪、食品	突发事件:舆论引导、媒体、信息发布、舆论生态、传播、公信力、负效应 社交媒体:政民互动、公共服务舆论场、公众信任、电子治理、"互联网＋"时代、 开通:政务公开、微博平台、平安北京、江苏、辽宁省、银川市、互动力、服务力

　　由表1-3可知,从文献计量各角度的关键词可以看出,一方面,无论研究热点中的社交媒体、互联网、公共服务,研究流派中的社会网络、媒体融合,研究前沿中的监督、微博问政、意见领袖,抑或研究轨迹中的交流、信息共享、政民互动,都说明了从整体协同角度研究微政务信息公开的现实意义;而另一方面,研究热点中的影响、管理、微博问政,研究流派中的管理公开、传播效果,研究前沿中的信任、行为、监督、社会管理创新,抑或研究轨迹中的监督、生活质量、监督、公信力、负效应、电子治理等,都说明了从信息公开质量优化的角度研究微政务信息公开的必然趋势。综合以

上两点不难发现,微政务信息公开的研究重点将摆脱传统政府信息公开的桎梏,协同各方主体发展、优化的现实表征。然而,当下学者对上述两个角度的探索尚显不足,这是因为已有研究或只拘泥于理论阐述政府信息传递机制①②③,或只从政府、公众单方面角度出发探索微政务信息公开④⑤⑥,鲜有从各方协同发展角度考虑利益均衡,更鲜有研究微政务公开信息的质量优化历程。因此,本书将分别从共生和优化两个视角入手,透过共生视角探索微政务信息公开的管理者、供给者与使用者之间互惠互利、协同发展的现状,透过优化视角剖析微政务信息公开中质量监管与质量激励的行为过程,进而为如何优化政府开放信息的质量提供参考。

1.3.2　微政务信息公开共生演化与质量优化的界定

本节将针对微政务信息公开重点以及已有研究存在的不足之处,分别从共生演化与质量优化两个视角界定微政务信息公开。

---

①　Chatwin M, Arku G, Cleave E. Defining subnational open government: does local context influence policy and practice? [J]. Policy Sciences, 2019 (04): 1 - 29.

②　Lacy D, Niou E M S, Paolino P, et al. Measuring preferences for divided government: some americans want divided government and vote to create it [J]. Political Behavior, 2019, 41 (01): 79 - 103.

③　黄伟群, 曹雨佳. 政府信息公开保密审查制度多国比较研究 [J]. 图书情报工作, 2014, 58 (23): 47 - 53.

④　Pu J, University Y N. Research on government information disclosure based on Internet platform [J]. Wireless Internet Technology, 2017 (12): 34 - 35.

⑤　Zhang N, Zhao X, Zhang Z, et al. What factors drive open innovation in China's public sector? A case study of official document exchange via microblogging (ODEM) in Haining [J]. Government Information Quarterly, 2017, 34 (1): 126 - 133.

⑥　陈娟, 董悦, 耿骞, 潘京华. 以信息需求匹配为视角的政府信息公开效果评价 [J]. 图书情报工作, 2017, 61 (24): 13 - 23.

(一) 微政务信息公开共生与共生演化关系的界定

微政务信息公开是基于微博与微信的线上政务信息公开方式,其共生关系指的是微政务信息公开的各方主体在一定环境内协同发展、共同依存的现象①,包括共生单元、共生环境、共生模式(共生三要素②)及共生演化。

• **微政务信息公开共生单元与共生环境**

微政务信息公开的共生单元包括政府、微政务信息公开平台(如腾讯和新浪)、公众;共生环境包括实体共生环境和虚拟共生环境。共生单元与共生环境之间紧密联系,形成一定的组合状态,代表着微政务信息公开共生体的发展程度。

微政务信息公开共生单元:政府、微政务信息公开平台、公众是微政务信息公开的基本单位。其中,政府掌握了社会80%以上的信息资源③;微政务信息公开平台是信息公开的媒介与载体;公众是信息公开的直接参与者,它们彼此关系紧密、共同依存、互有益处,形成了共生关系(图1-13)。

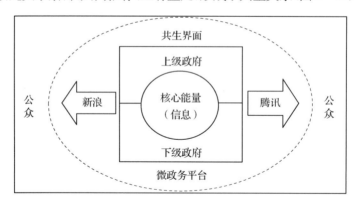

图1-13 微政务信息公开共生单元分析

---

① 袁纯清. 共生理论:兼论小型经济 [M]. 北京:经济科学出版社,1998.

② 胡艳玲,高长元,张树臣. 大数据联盟数据资源共享关系及建模分析 [J]. 情报理论与实践,2018,41 (10):28-33.

③ 金仁仙. 社会经济制度化发展——以韩国《社会企业育成法》为视角 [J]. 科学学与科学技术管理,2016,37 (01):38-45.

由图1-13可知,微政务信息公开共生单元有上级政府、下级政府、新浪、腾讯和公众。作为共生介质,新浪和腾讯是政府与公众之间的信息传递方式和机制,一起营造了共生体的共生界面(微博和微信的网站平台、APP)。政府掌控信息,并根据内部的不同层级对信息进行划分,各级政府将其信息传递给微博平台和微信平台,两家平台根据自身软件的功能对信息进行处理,最后将信息公开给公众。

微政务信息公开共生环境:微政务信息公开共生环境分为实体环境与虚拟环境。实体环境指的是国家经济、政治、技术以及社会环境[①],而虚拟环境则是指微政务信息公开的内在动因,即获取社会公信力。政府需要通过信息公开提高社会公信力,强化自身的行政效率;微政务信息公开平台的内在动因是扩大用户群。新浪和腾讯凭借各自推出的软件,依托政府公开的信息吸引更多用户,推广自身的品牌价值;公众的内在动因是对信息的需求。政府掌握的信息与公众的生存紧密关联,公众需要获取政府公开的信息来满足自身的需要。

• 微政务信息公开共生模式与共生演化

微政务信息公开的共生模式分为组织共生模式与行为共生模式。其中,组织共生模式包括点共生、间歇共生、连续共生以及一体化共生,反映对象间相互作用、结合的方式[②③],而行为共生模式则有非共生、寄生、偏利共生以及互惠共生,主要统筹共生单元间的利益分配[④]。由于本文核心聚焦于微政务信息公开行为主体的利益得失问题,故只对行为共生模

---

① 陈浩,基于共生视角的第三方支付企业发展研究 [D]. 南京工业大学,2016.

② 司尚奇,曹振全,冯锋. 研究机构和企业共生机理研究——基于共生理论与框架 [J]. 科学学与科学技术管理,2009,30 (06):15-19.

③ 孙晓华,秦川. 基于共生理论的产业链纵向关系治理模式——美国、欧洲和日本汽车产业的比较及借鉴 [J]. 经济学家,2012 (03):95-102.

④ 秦峰,符荣鑫,杨小华. 情报共生的机理与实现策略研究 [J]. 图书情报工作,2018,62 (09):28-35.

式进行探讨,下文所述共生模式也均指行为共生模式。

非共生模式:非共生模式是指微政务信息公开的各方主体相互孤立,各方无内在贡献意愿,出于利己主义的共生单元不存在合作共生关系。

寄生模式:寄生指的是指微政务信息公开各方主体的任一方寄居于他方生存,由一方损耗自身能量单向提供给另一方,且不会产生新能量的增值。

偏利共生模式:偏利共生是对微政务信息公开各方主体中的任一方有利而对他方无害的共生模式,此模式会产生新能量的增值,但收益的分配只惠及偏利一方,他方无损益。

互惠共生模式:互惠共生模式是微政务信息公开各方主体获利的共生模式,分为非对称互惠共生模式和对称互惠共生模式。根据收益分配原则,当各方获益不均时,微政务信息公开形成非对称互惠共生;当各方获益均衡时,微政务信息公开形成对称互惠共生模式。对称互惠共生是利益均衡分配的理想共生模式。

· 微政务信息公开共生演化

微政务信息公开的共生演化是指共生模式演化的过程,即各方主体不断优化利益分配以塑造更合理的共生关系的过程,具体如图 1 - 14 所示。

图 1 - 14 微政务信息公开共生演化过程

由图 1 - 14 可知,微政务信息公开共生演化过程为:非共生(微政务信息公开无利益关系)到寄生(微政务信息公开的单方获益、另一方损利)到偏利共生(单方获益、另一方不损利)到非对称互惠共生(双方均获益,但分配不均衡)最后到对称互惠共生(双方均获益,且分配均衡)。首先,政务公开的各单元从零和博弈走向正和博弈,并开始产生新利益;随后获利方由单方变为多方,产生的利益相互流通,但流通的利益值互不相等;共生体进一步优化分工,利益分配均匀,利益对称性流通,最终达成对称互惠共生,此时政府、微政务信息公开平台、公众利益分配均匀,共生关系维持稳定。

综上可知,微政务信息公开的共生关系能够体现各共生单元(政府、微政务信息公开平台、公众)在一定共生环境内(实体、虚拟)的共生模式(相互作用方式),更能够反映微政务信息公开共生演化的社会现实(各行为主体协同发展)。因此,本书将以共生演化作为核心之一,结合共生三要素分析微政务信息公开的共生关系。

(二) 微政务信息公开质量优化的界定

所谓微政务信息公开的质量优化,是指政府在面向公众或内部作业时,通过优化外部开放信息或优化内部传递信息提升政务服务效率的过程。从微政务信息公开主体间(管理者、供给者、使用者)的关系来说,微政务信息公开的质量优化存在被动优化与主动优化两种方式。从被动意义来说,微政务信息公开的质量监管是促使质量优化的代表形式;而从主动意义上来说,微政务信息公开的质量激励是促使质量优化的主要方式。

• 微政务信息公开的质量监管

监管,即监督管理。由于监管本身具有监督的意义,故对于被监管对象来说,是否公开信息、何时公开信息、公开信息数量多少等,都成为衡量微政务信息公开质量水平的重要指标。因此,被监管对象需要在以上指标的监督之下,被动地公开微政务信息,提供政务服务。继而可以认为,微政务信息公开的质量监管就是指微政务信息公开的管理者对供给者实施有效的监督,进而优化使用者信息质量的过程(图1-15)。

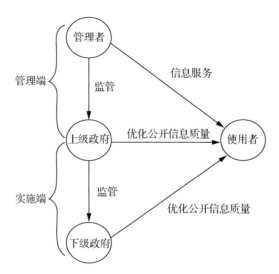

图 1-15 微政务信息公开质量监管

如图 1-15 所示,微政务信息公开质量监管的主体主要包括以管理者、上级政府和下级政府为代表的供给者以及使用者公众。其中,管理者在管理端履行对上级政府的监管职能,同时对公众提供信息服务;上级政府主要起到的作用是监管下级政府的信息公开行为,尽量满足其要求,最终建立一个良性循环的政府信息公开模式。在上级政府监管的过程中,一方面,上级政府行使自身的监管职权,具体包括对下级政府是否实施信息公开行为进行监管,如果下级政府实施信息公开行为,则继续奖励与支持并辅助其实施信息公开行为,对不实施信息公开行为的下级政府给予一定惩罚,对已实施信息公开下级政府的行为质量进行监管,依照其努力程度对其进行一定的激励;另一方面,下级政府也可以根据上级政府发出的监管信号(即实施监管行为的程度强弱,可以表现为对不实施信息公开行为和信息公开行为质量差的下级政府的惩罚大小等),选择自身行为,换言之,下级政府在实施端接收到上级政府的监管信号,也优化了公开信息的质量。上述种种,完全符合现实中上级政府行使监管职能和下级政府根据监管信号调整自身行为的事实。因此,对微政务信息公开进行质量监管能够被动地优化公开信息的质量。

•微政务信息公开的质量激励

激励,是指在信息不对称条件下,委托人立足于代理人的偏好,设计恰当、合理的奖惩形式和工作环境,基于特定的行为规范或方法,引导、规范代理人的行为,增强其积极工作的意愿,进而推动其实现委托人所期望的最终目标的过程。[①] 在微政务信息公开的过程中,上下级政府之间存在着这种委托代理关系:上级政府或者中央政府委托下级政府或者地方政府履行政府信息公开的职能,并通过科学的激励机制使得下级政府或者地方政府能够主动地进行信息公开。同时,对激励机制的优化也能够进一步优化微政务信息公开的质量,进而形成主动型质量优化。因此,激励是一个激发行为人动机的连锁过程,且归根究底是发挥激励作用的多种要素组合,其组合形态如图1-16所示。

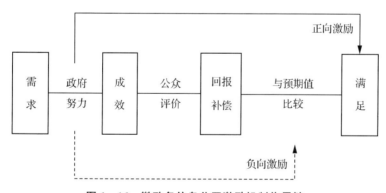

图1-16　微政务信息公开激励机制作用链

基于图1-16可知,政府对于激励的需求推动了激励机制的产生,如果下级政府得到的回报补偿(包括精神补偿与物质补偿)符合其预期,下

---

① 李增泉.激励机制与企业绩效——一项基于上市公司的实证研究[J].会计研究,2000,21(1):24-30.

级政府将愿意投入更多的努力,以更积极的态度去完成下一个目标,此时,下级政府期望与上级政府目标间的关联将得到加强。反之,如图中虚线箭头所示,当上级政府成员投入大量努力却未见成效,下级政府预期高而上级政府评价低,回报补偿与上级政府评价脱节,或者下级政府自身对激励预期值过高时,皆将对下级政府的行为产生负向激励作用。因此,上级政府基于自身已有的资源,应选择在一定程度上正向干预和影响对下级政府的激励过程,实现下级政府与上级政府的双赢。细化来讲,正向的上级政府激励行为涉及多种方式,例如创造一个鼓励创新、倡导突破的宽松自由的氛围,抑或是构建恰当、合理的评价体系或激励契约。此外,竞争机制的优化、学习系统的更新,皆能有效地促进上级政府形成富有创造力的大环境。

综上,激励机制是指上级政府通过组合多种要素,从物质、精神等方面刺激下级政府,激发其内在动力,以期实现双赢的制度[①]。总而言之,一套公平、科学、有效的激励机制,将是稳定、可预测、可信赖的,它能进一步激发上级政府及下级政府的潜力,使其通过最少的努力、损耗实现总体效益的最大化,进而优化微政务信息公开质量。

1.3.3 共生演化与质量优化的研究方法

在确定本书的研究视角后,接下来需要针对研究视角选取合适的研究方法。本小节将分别从共生演化与质量优化的已有研究中选取适当模型作为本书研究模型。

(一) 共生演化的研究方法

在共生演化的已有研究中,Logistic 方程作为种群生态学的核心模

---

① 吕长江,赵宇恒. 国有企业管理者激励效应研究——基于管理者权力的解释 [J]. 管理世界,2008,24 (11):99-109.

型,能够揭示种群间共生模式的演化规律①,其方程平衡点的求解能够表示共生演化的稳定状态,Logistic 增长曲线能够结合共生模式反映种群共生演化的过程②,通过种群密度量化利益均衡水平能够反映不同种群对象在共生系统内协同发展的现实。通过对已有文献梳理,Logistic 方程代表性研究如表 1-4 所示。

表 1-4 共生演化文献梳理

研究角度	代表学者	研究内容
种群间共生模式演化	田帅辉等(2018)	利用 Logistic 方程研究电子商务与快递种群之间的共生模式,并通过共生模型研究两者之间的演化关系
	孙冰(2017)	基于质参量兼容的扩展 Logistic 方程构建了同一企业内软件产品种群间共生模式的理论模型,判定和总结了不同发展阶段 QQ 和微信间的共生模式和演化规律③
Logistic 增长曲线	吴勇民等(2014)	基于产业视角考察了金融产业和高新技术产业之间的共生演化关系,构建金融产业与高新技术产业共生演化 Logistic 方程,结合种群增长曲线实证产业发展现状④
	庞博慧(2012)	从共生视角研究生产服务业与制造业的互动发展,基于生态学种群 Logistic 共生演化曲线,分析了生产服务业与制造业互动阶段,并通过实证计算检验特征表现⑤

① 张怀志,武友德. 基于 Logistic 模型的城市群落共生演化与均衡 [J]. 生态经济,2016,32 (12):73-76.
② 石亚娟. 我国网络零售平台系统内部共生关系的演变 [J]. 商业经济研究,2016 (04):67-69.
③ 孙冰. 同一企业内软件产品间共生模式的模型建构与实证研究——基于质参量兼容的扩展 Logistic 模型 [J]. 管理评论,2017,29 (05):153-164.
④ 吴勇民,纪玉山,吕永刚. 金融产业与高新技术产业的共生演化研究——来自中国的经验证据 [J]. 经济学家,2014 (07):82-92.
⑤ 庞博慧. 中国生产服务业与制造业共生演化模型实证研究 [J]. 中国管理科学,2012,20 (02):176-183.

研究角度	代表学者	研究内容
稳定性分析	谢桂生等 (2016)	基于组织网络内部关系的动态演化和组织规模变化问题,运用 Logistic 方程对种群之间的共生稳定性进行比较研究①
	叶斌等 (2015)	基于 Logistic 方程建立区域创新网络的竞争与合作共生演化模型,计算共生演化模型的平衡点及其稳定性条件②
利益分配	张群祥等 (2017)	通过 Logistic 方程的构建和相平面法的应用,探究农户和龙头企业间不同的共生行为模式和动态利益演化过程③
	石亚娟 (2016)	采用 Logistic 方程探索我国网络零售平台系统内部共生演变关系,通过种群密度指标的计算对比不同阶段的共生作用系数,分析网络零售平台、第三方支付和快递业的共生演化过程④

由表 1-4 可知,"种群间共生模式演化"的相关研究一般利用 Logistic 方程将研究主体映射为种群对象,进而定量地探讨共生模式的演化规律;"Logistic 增长曲线"的相关研究通常运用 Logistic 增长曲线揭示种群间共生演化的不同发展状态;"稳定性分析"的相关研究则求解 Logistic 方程不同共生模式下的平衡点,通过方程的稳定性分析指导种群共生演化的稳步发展;"利益分配"的相关研究则偏向于将 Logistic 方

---

① 谢桂生,朱绍涛. 基于 Logistic 模型的组织种群共生演化稳定性 [J]. 北京工业大学学报, 2016, 42 (02): 315-320.

② 叶斌,陈丽玉. 区域创新网络的共生演化仿真研究 [J]. 中国软科学, 2015 (04): 86-94.

③ 张群祥,朱程昊,严响. 农户和龙头企业共生模式演化机制研究——基于生态位理论 [J]. 科技管理研究, 2017, 37 (08): 201-209.

④ 石亚娟. 我国网络零售平台系统内部共生关系的演变 [J]. 商业经济研究, 2016 (04): 67-69.

程中种群密度水平作为利益衡量标准,通过量化利益分配映射共生演化的发展水平。

(二) 质量优化的研究方法

就质量优化的研究而言,演化博弈与委托代理在学界已有较多应用,为解决微政务信息公开的质量监管问题与质量激励问题提供了参考。

• 演化博弈的方法应用

演化博弈理论整合了理性经济学和演化生物学的思想,是博弈理论分析和动态演化过程分析的结合,该模型不再假设博弈双方都是完全理性的个体,认为人都是通过试错达到博弈均衡的,它的核心概念是"演化稳定策略"和"复制动态方程"。

近年来,学者们通过演化博弈对监管取得了较为广泛的应用。如曹霞等运用演化博弈理论和 MATLAB 软件仿真分析政府规制对新能源汽车产业的影响,研究发现中强度的监管力度可以促进新能源汽车产业健康有序发展,低强度的监管力度会打乱市场秩序,而高强度的监管力度则会抑制新能源汽车产业的发展。[①] 刘伟等构建了一个包括网络借贷平台、金融监管机构和投资者的网络借贷市场参与主体的三方行为策略演化博弈模型,从演化博弈的角度分析了网络借贷平台、金融监管机构和投资者的策略选择对网络借贷市场运行的影响,研究发现当金融监管机构采取"严格监管"措施时,惩罚值越高,网络借贷平台越倾向于选择"自律"的行为策略;随着投资者投资额度的增加,网络借贷平台选择"自律"行为策略的概率逐渐降低。[②] 徐莹等在雾霾问题日趋严重的背景下,针对城市低碳交通建设问题,考虑第三方公众的监督作用,构建政府监管部门与

---

① 曹霞,邢泽宇,张路蓬. 政府规制下新能源汽车产业发展的演化博弈分析 [J]. 管理评论,2018,30 (09):82 - 96.
② 刘伟,夏立秋. 网络借贷市场参与主体行为策略的演化博弈均衡分析——基于三方博弈的视角 [J]. 中国管理科学,2018,26 (05):169 - 177.

交通企业的演化博弈模型,并分析了监管成功率、第三方举报率对政府策略选择的影响,发现交通企业低碳策略的实施受到政府监管力度、查处成功率以及第三方举报率的影响。在不同情势下,政府部门可以通过理性决策和策略选择,有效遏制企业非低碳的违规行为,为城市低碳交通体系的建设提供参考建议。①

由此可知,演化博弈能够为如何解决质量监管问题提供指导。在微政务信息公开中,由于信息的不对称、推理判断能力的局限性,以及周围环境的动态变化,管理者和供给者都是有限理性的个体,彼此之间的博弈是一个动态演化的过程。这就使得演化博弈能够在质量监管中取得较好的应用,故而本书将引入演化博弈模型对微政务信息公开的质量优化进行探索。

• 委托代理的方法应用

自 1976 年 M. C. Jensen 等系统地提出委托代理理论以来,该理论就已成为组织与战略管理研究领域中最重要的理论之一,并在公司治理机制、CEO 激励、产权、企业绩效和多元化等组织与战略决策中有着广泛的应用。② M. Wright 等更是将委托代理理论、交易成本理论、资源基础理论和制度理论视为研究企业战略管理基本问题最为重要的四种理论基础。③ 委托代理理论认为,委托人与代理人之间的利益分歧、信息不对称、契约不完备和交易费用是产生代理问题的根本原因,委托人可以通过设立适当的激励机制或花费一定的监督成本,来限制代理人背离委托人利益行为的发生,从而降低委托人与代理人之间的利益冲突。

---

① 徐莹,张雪梅,曹东. 雾霾背景下政府监管与交通企业低碳行为演化博弈 [J]. 系统管理学报,2018,27 (03):462-469.

② Jensen M C, Meckling W H. Theory of the firm: managerial behavior, agency costs and ownership structure [J]. Social Science Electronic Publishing,1976,3 (4):305-360.

③ Wright M, Filatotchev I, Hoskisson R E, et al. Strategy research in emerging economies: challenging the conventional wisdom [J]. Journal of Management Studies,2010,42.(1):1-33.

自提出至今,委托代理模型在处理质量监管与质量激励上取得了令人瞩目的成果。就质量监管而言,全世文等根据委托代理理论构建了一个消费者委托监管者对食品进行抽样检测并汇报食品安全信息的模型,指出了我国现行食品安全监管体制中的"结果考核制"和"检测权与处罚权合一"两种制度安排存在严重的激励扭曲,会导致监管者不作为、瞒报食品安全信息,甚至与生产者合谋。① 杨胜刚等借助委托代理模型,探讨了商业银行与监管机构在反洗钱方面的博弈关系,在假设反洗钱约束机制已存在的前提下,设计激励机制以诱使商业银行从自身利益出发,做出符合监管机构目标的行动,并针对模型中的结论以及我国现实情况给出一定的政策建议。② 就质量激励而言,丁永健等以红利上缴为背景,将红利上缴后留存的利润视为对国有企业经理人的一种激励,研究国有企业经理人的激励问题,通过构建只具有生产任务和同时具有生产、在职消费双重任务的委托代理模型,研究红利上缴与国有企业经理人激励之间的权衡。③ 白雪洁等以中国新能源汽车产业为例,阐释其产业政策制定实施过程中显著的双重委托代理关系,以及由道德风险和逆向选择行为导致的激励约束缺失,在此基础上提出新兴产业政策需依据产业发展阶段特征及政策目标差异,构建多元主体的全过程政策实现机制,并适时视政策效果对其进行调整或退出,才可能尽量降低激励约束缺失效应。④

不难发现,委托代理模型能够很好地解决质量优化中的监管与激励问题,又考虑到协同上级政府与下级政府,能够充分利用信息传递模

---

① 全世文,曾寅初. 我国食品安全监管者的信息瞒报与合谋现象分析——基于委托代理模型的解释与实践验证 [J]. 管理评论,2016,28 (02):210-218.

② 杨胜刚,何靖,曾翼. 反洗钱中监管机构和商业银行的博弈与委托代理问题研究 [J]. 金融研究,2007 (01):71-83.

③ 丁永健,王倩,刘培阳. 红利上缴与国有企业经理人激励——基于多任务委托代理的研究 [J]. 中国工业经济,2013 (01):116-127.

④ 白雪洁,孟辉. 新兴产业、政策支持与激励约束缺失——以新能源汽车产业为例 [J]. 经济学家,2018 (01):50-60.

式,影响下级政府信息公开的各个阶段,推动下级政府优化信息公开质量,不断优化现有的质量激励模式,这就使得委托代理模型可以通过管理者、供给者和使用者之间激励关系,为微政务信息的质量优化提供途径。

1.3.4 基于共生演化与质量优化的微政务信息公开研究框架

通过分析微政务信息公开当下的重点与存在的不足,结合共生视角与优化视角下的不同研究方法,可以将本书的整体研究框架分为三个部分:首先是"基础数据梳理"部分,包括实际数据调研和文献资料梳理;其次是"支撑理论研究"部分,包括微政务信息公开主体间的共生演化关系与公开信息的质量优化过程;最后是"模型构建与实证研究"部分,包括微政务信息公开的模型构建、实证分析以及优化策略建议的提出(图1-17)。

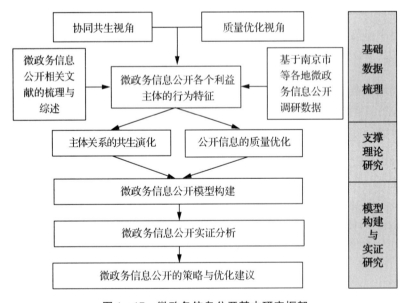

图1-17 微政务信息公开基本研究框架

如图 1-17 所示,研究框架的基本思路是以"协同共生"与"质量优化"两个视角为切入点,结合微政务信息公开的发展特点,通过对共生演化关系与信息优化过程的探索,剖析各利益主体(微政务信息公开的供给者、使用者、管理者)的行为特征,建立效用度量体系和行为规则;在此基础上,设计微政务信息公开的模型,并根据所建立的模型开展实证分析,进而建立一套能够有效指导微政务信息公开的策略与建议。

基于上述研究思路,本书主要研究了五大内容:

第一,微政务信息公开的实地调研及国内外研究的可视化梳理。

第二,协同共生视角与质量优化视角下微政务信息公开主体间理论模型的构建。

第三,从稳定性与种群演化的角度剖析微政务信息公开的共生演化过程。

第四,通过质量监管与质量激励的方式拓宽微政务信息公开质量优化的渠道。

第五,针对微政务信息公开模型构建与实证分析所得到的结论提出对策建议。

第二章 微政务信息公开共生演化的稳定性分析

　　微政务信息公开的共生演化(共生网络与共生模式),遵从自然界种群繁衍规律,孕育出种群 Logistic 演化方程。方程衍变形成的平衡点和稳定条件,展现了博文与粉丝从无到有、从简到繁、从少到多的衍生过程,也反映出政务微博和微博用户由不平衡共生到平衡共生、由不稳定共生到稳定共生的发展进阶过程。其中,共生网络能够从微政务信息公开的管理者、供给者与使用者之间的结合方式探索微政务信息公开的组织过程;而共生模式则能够从主体间利益分配的角度剖析微政务信息公开的行为过程。因此,本章将从共生网络与共生模式两个角度,分别剖析微政务信息公开的共生演化过程。

2.1　共生演化稳定性分析的相关研究工作

　　所谓微政务信息公开共生演化的稳定性分析,是指针对微政务信息公开的管理者、供给者和使用者之间的共生关系,构建三者间的生态学 Logistic 方程,并运用微分方程稳定性理论分析微政务信息公开共生关系平衡状态的稳定性,揭示微政务信息公开共生系统的演化过程,进而指导微政务信息公开共生关系的发展。

　　目前,学术界中有关于共生演化稳定性分析的相关研究工作已在多个领域取得了应用。黄定轩等利用微分方程稳定性理论,重点研究了绿色建筑发展初期有政府激励的三种群稳定共生充分条件和不需要政府激励的两种群稳定条件。① 范钦满等基于区域物流生态系统内部种群关系,借鉴自然界生物种群竞争与合作的共生演化思想,构建区域物流生态系统内部竞争、合作及竞合协同演化模型,运用微分方程对三类模型的稳定条件进行分析。② 吴洁等构建三主体共生演化 Lotka-Volterra 模型,以新能源汽车的专利数据为例进行实证研究,研究共生作用系数不同取值组合下三主体专利增长的演化规律,揭示三主体在专利增长过程中的作用影响程度。③ 朱志红等通过 Logistic 增长模型研究了四种产学研耦合共生网络的稳定性条件,包括寄生、偏利共生、对称互利共生以及非对称互利共生,目的是给产学研耦合共生网络中的共生活动以及相关的决策提供理论依据。④ 欧忠辉等探讨不同环境下创新生态系统共生演化问题,构建创新生态系统的共生演化模型,分析共生演化模型的均衡点及其稳定性条件,对不同的共生演化模式进行计算机仿真,并以杭州城西科创大走廊创新生态系统为例进行实证研究,提出促进创新生态系统主体共生合作的政策建议。⑤ 朱娜娜等借助种群动力学中的 Logistic 模型,构建了卫星式、平等式和卫星—平等复合式产出共生模型,并求解了不同共生模式下的稳定性条件,发现生态产业链中共生模式与共生网络的稳定

① 黄定轩,李晓庆. 同时考虑政府、开发商和客户的绿色建筑项目共生模型研究 [J]. 生态经济,2019,35 (06):78-83.

② 范钦满,周凌云,樊俊杰,栾琨. 区域物流生态系统协同演化模型及稳定性分析 [J]. 统计与决策,2019,35 (09):47-51.

③ 吴洁,彭晓芳,盛永祥,刘鹏,施琴芬. 专利创新生态系统中三主体共生关系的建模与实证分析 [J]. 软科学:1-12.

④ 朱志红,李诗宇. 产学研耦合共生网络的稳定性研究 [J]. 时代金融,2019 (10):52.

⑤ 欧忠辉,朱祖平,夏敏,陈衍泰. 创新生态系统共生演化模型及仿真研究 [J].科研管理,2017,38 (12):49-57.

性密切相关,不同的共生模式中企业之间的关系相互不同,抗风险能力也差异巨大。① 赵坤等分析企业众创式创新网络的共生模式,建立共生演化 Logistic 模型,给出卫星式结构下企业众创式创新网络共生演化模型的平衡点,然后依据现实情况得出稳定性条件并结合海创汇数据进行实证仿真。② 张怀志等以生态学中 Logistic 模型为基础,建立描述城市群落内城市相互作用关系的理论模型,分别讨论两种城市群落能否实现生态均衡、均衡是否稳定以及稳定的条件。他们通过分析发现,城市群落内共生均衡并不排斥竞争,相反的,竞争有重要作用;依托型城市群落中卫星城间不能形成稳定共生均衡,而中心城与卫星城演化均衡的结果取决于两者共生的水平,一定程度上解释了卫星城发展中存在的问题;平等型城市群落内可能出现多种嵌套均衡。③

不难发现,近年来对于共生演化稳定性分析的研究大多集中于共生模式(非共生、寄生、偏利共生、互惠共生)和共生网络(卫星式、平等式、卫星—平等复合式)。其中,前者是从共生单元的利益分配角度出发,探索主体间的行为共生关系,而后者则是从共生单元间的网络关系入手,厘清各单元间的组织共生关系。考虑到当下微政务信息公开的研究,或只局限于从政府、公众单方面角度探索政务公开,或只拘泥于对微政务局部发展阶段的理论分析,鲜有从各方协同发展角度考虑利益均衡,更鲜有秉持组织网络理念梳理微政务优化升级历程。因此,新时代的微政务信息公开,亟需协同整体系统发展的研究方法。此外,又考虑到微政务信息公开参与各方协同共进,且互有益处,也就是说,微政务信息公开参与各方存

---

① 朱娜娜,赵红岩,谢敏. 基于 Logistic 模型的生态产业链中企业共生合作模型及稳定性研究 [J]. 西南民族大学学报 (人文社科版),2017,38 (09):124 - 129.

② 赵坤,郭东强,刘闲月. 众创式创新网络的共生演化机理研究 [J]. 中国软科学,2017 (08):74 - 81.

③ 张怀志,武友德. 基于 Logistic 模型的城市群落共生演化与均衡 [J]. 生态经济,2016,32 (12):73 - 76.

在共生演化关系①,故将共生思想、演化机制进行有机结合,与当下研究趋势最为契合。

综上,本章拟从生态学种群视角分析,分别以共生模式与共生网络为演化标准建立 Logistic 方程,通过平衡点的稳定性条件与演化轨迹揭示共生演化关系,挖掘微政务信息公开各参与主体间的协同发展水平,以推动我国"互联网＋政务"的稳步发展。

2.2　基于共生模式的微政务信息公开共生演化稳定性分析

本节将首先通过博文种群与粉丝种群间共生模式的演化映射微政务信息公开共生模式的演化,并在此基础上构建 Logistic 方程;随后,结合微分方程稳定性理论,求得微政务信息公开演化各阶段下的平衡点,对微政务信息公开共生演化的稳定性进行分析。

2.2.1　微政务信息公开种群共生演化

所谓微政务信息公开种群的共生演化,就是以主体间的种群密度为相互收益源,映射政府官微和微政务用户间共生模式的演化过程。考虑到官微有粉丝需求,用户有博文需求,这使得在微政务信息公开的过程中,政府通过电子媒介公开信息壮大博文种群以满足公众生活需要,人民关注政府官微壮大粉丝种群提升政府公信力,类似于生物种群在一定共生环境内以利益为公平指标优化共同生存方式的过程(图 2-1)。

① 朱晓峰,张卫,张琳. 公平偏好下的微政务信息公开共生模式演进与实证分析 [J]. 情报科学,2018,36 (04):51-56.

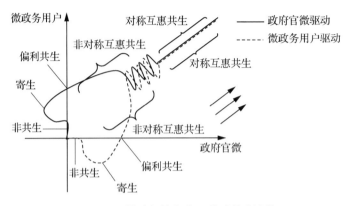

图 2 - 1 微政务信息公开种群共生演化

由图 2 - 1 可知,首先,种群非共生时沿着坐标轴演化,博文、粉丝种群自身发展不会带动对方数量变化;接着,种群寄宿生存时分别演化至二、四象限内,随着驱动种群数量的减少,被驱动种群数量会增加;随后,种群偏利共生时演化至坐标轴交点,此时驱动种群数量不再减少,被驱动种群数量继续增加;最后,种群互惠共生,驱动与被驱动种群均演化至第一象限,双方种群共生发展,并向着利益分配最平衡的对称互惠共生系统演进。显然,微政务信息公开种群共生演化的方向,反映了博文种群和粉丝种群不断增长、壮大的生态表征,也寓意着政府官微和微政务用户互惠互利的社会现实。

2.2.2 微政务信息公开 Logistic 方程构建

微政务信息公开共生系统中的种群对象为博文种群与粉丝种群,二者反映了政府官微与微政务用户间相互存在、获利、发展的种群表征。为使研究对象符合种群行为规律,当下学者往往基于生态学假设构建 Logistic 方程[①],为本章提供一定参考。

---

① 王发明,于志伟. 基于 Logistic 模型的煤电产业共生系统稳定性分析 [J].
生态学报,2015,35 (23):7912 - 7920.

假设1：微政务信息公开生态方程反映的是政府官微和微政务用户的结合关系。

假设2：政府官微和微政务用户均存在利益得失。

假设3：政府官微和微政务用户在增长过程中存在共同利益，能够形成共生系统。

假设4：博文种群是微政务用户的获利渠道，粉丝种群是政府官微的得益源泉。

假设5：博文种群和粉丝种群数量演变均遵从生态方程增长规律。

假设6：博文和粉丝种群间共生作用存在正作用（＋）、无作用（0）以及负作用（－），体现在种群间的影响为促进增长、无效果和抑制增长。

假设7：无论是对于政府官微还是微政务用户，假设1的结合不改变种群的结构与性质。

基于以上7点假设，记 t 时刻政府官微和微政务用户的种群密度分别为 $N_a(t)$ 和 $N_b(t)$，两者的共生内禀增长率（给定物理和生物抽象条件下种群最大瞬时增长能力）分别为 R_a 和 R_b，最大环境容量（给定微政务政策、资源、技术、舆论等外在环境资源）分别为 N_{ma} 和 N_{mb}，相互共生作用系数分别为 γ_{ab} 和 γ_{ba}，则政府官微和微政务用户种群的生态方程为：

$$\begin{cases} \dfrac{\mathrm{d}N_a(t)}{\mathrm{d}t}=R_aN_a(t)\left(1-\dfrac{N_a(t)}{N_{ma}}+\gamma_{ab}\dfrac{N_b(t)}{N_{mb}}\right) \\ \dfrac{\mathrm{d}N_b(t)}{\mathrm{d}t}=R_bN_b(t)\left(1-\dfrac{N_b(t)}{N_{mb}}+\gamma_{ba}\dfrac{N_a(t)}{N_{ma}}\right) \end{cases} \quad (2-1)$$

由式（2-1）可知，$\dfrac{N_a(t)}{N_{ma}}$、$\dfrac{N_b(t)}{N_{mb}}$ 分别表示博文种群和粉丝种群的自然饱和率；$1-\dfrac{N_a(t)}{N_{ma}}$、$1-\dfrac{N_b(t)}{N_{mb}}$ 分别表示种群自身自然饱和率对种群增长的抑制作用；$\gamma_{ab}\dfrac{N_b(t)}{N_{mb}}$、$\gamma_{ba}\dfrac{N_a(t)}{N_{ma}}$ 表示种群间相互影响产生的共生作用（正作用、无作用或负作用）。由此可知，生态方程的演化主要轨迹取决于

共生作用系数的改变。进而,将生态方程与共生模式进行有机结合,依据政府官微与微政务用户相互共生作用系数(γ_{ab}、γ_{ba})的取值范围,划分微政务信息公开的共生模式,通过生态方程系数的演变刻画共生模式的演化过程(表2-1)。

表2-1 政府官微与微政务用户共生模式系数划分

γ_{ab}、γ_{ba}取值范围	共生模式	表征
$\gamma_{ab}=0$,$\gamma_{ba}=0$	独立生存	两者独立发展,互不影响
$\gamma_{ab}>0$,$\gamma_{ba}<0$ 或 $\gamma_{ab}<0$,$\gamma_{ba}>0$	寄生模式	一方受益,一方损益
$\gamma_{ab}=0$,$\gamma_{ba}>0$ 或 $\gamma_{ab}>0$,$\gamma_{ba}=0$	偏利共生模式	一方受益,一方无影响
$\gamma_{ab}\neq\gamma_{ba}>0$	非对称互惠共生	相互受益但不均
$\gamma_{ab}=\gamma_{ba}>0$	对称互惠共生	相互受益且均衡

2.2.3 非共生状态下微政务信息公开共生演化的稳定性分析

政府官微与微政务用户非共生时,双方间无内在贡献意愿,出于利己主义的共生单元不存在合作共生关系。政府官微不愿意通过公开更多政务博文吸引粉丝关注,微政务用户也无意关注政府官微,无意使其在粉丝集聚效应下撰写更多政务博文。

基于政府官微和微政务用户相互之间无影响关系($\gamma_{ab}=0$,$\gamma_{ba}=0$),Logistic方程演化为:

$$\begin{cases} \dfrac{\mathrm{d}N_a(t)}{\mathrm{d}t}=R_aN_a(t)\left(1-\dfrac{N_a(t)}{N_{ma}}\right) \\ \dfrac{\mathrm{d}N_b(t)}{\mathrm{d}t}=R_bN_b(t)\left(1-\dfrac{N_b(t)}{N_{mb}}\right) \end{cases} \qquad (2-2)$$

当博文种群和粉丝种群达到稳定状态时,构建微分方程组:

$$
\begin{cases}
f_1(N_a,N_b)=\dfrac{\mathrm{d}N_a(t)}{\mathrm{d}t}=R_a N_a(t)\left(1-\dfrac{N_a(t)}{N_{ma}}\right)=0 \\[3mm]
g_1(N_a,N_b)=\dfrac{\mathrm{d}N_b(t)}{\mathrm{d}t}=R_b N_b(t)\left(1-\dfrac{N_b(t)}{N_{mb}}\right)=0
\end{cases}
\quad (2-3)
$$

解式（2-3）可得种群非共生 Logistic 方程的平衡点为 $P_1(0,0)$、$P_2(N_{ma},0)$、$P_3(0,N_{mb})$、$P_4(N_{ma},N_{mb})$。进一步求解式（2-2）的雅可比矩阵为：

$$
A_1=\begin{bmatrix}\dfrac{\partial f_1}{\partial N_a} & \dfrac{\partial f_1}{\partial N_b} \\[3mm] \dfrac{\partial g_1}{\partial N_a} & \dfrac{\partial g_1}{\partial N_b}\end{bmatrix}=\begin{bmatrix}R_a\left(1-\dfrac{2N_a(t)}{N_{ma}}\right) & 0 \\[3mm] 0 & R_b\left(1-\dfrac{2N_b(t)}{N_{mb}}\right)\end{bmatrix}\quad (2-4)
$$

将平衡点 P_1、P_2、P_3、P_4 分别代入式（2-4）可得 $A_1|_{P_1}=\begin{bmatrix}R_a & 0\\0 & R_b\end{bmatrix}$、$A_1|_{P_2}=\begin{bmatrix}-R_a & 0\\0 & R_b\end{bmatrix}$、$A_1|_{P_3}=\begin{bmatrix}R_a & 0\\0 & -R_b\end{bmatrix}$、$A_1|_{P_4}=\begin{bmatrix}-R_a & 0\\0 & -R_b\end{bmatrix}$。根据微分方程稳定性理论，可通过雅可比矩阵 A_1 的行列式 $det(A_1)$ 和迹 $tr(A_1)$ 的约束条件判断微政务 Logistic 方程平衡点的稳定性，即当 $det(A_1)>0$ 且 $tr(A_1)<0$，平衡点达到稳定状态（表2-2）。

表 2-2 种群非共生 Logistic 方程平衡点稳定性分析

平衡点	$det(A_1)$	$tr(A_1)$	稳定性
P_1	$R_a R_b>0$	$R_a+R_b>0$	不稳定
P_2	$-R_a R_b<0$	R_b-R_a	不稳定
P_3	$-R_a R_b<0$	R_a-R_b	不稳定
P_4	$R_a R_b>0$	$-R_a-R_b<0$	稳定

由表2-2可知，当博文种群和粉丝种群非共生时，$P_4(N_{ma},N_{mb})$ 为 Logistic 方程的全局稳定点。为了进一步描绘政府官微和微政务用户内

部种群的动态演化过程,由式(2-2)引入生态位零增长的等斜线 φ_1:$1-\dfrac{N_a(t)}{N_{ma}}=0$ 和 ϑ_1:$1-\dfrac{N_b(t)}{N_{mb}}=0$。等斜线将相面划分成不同的区域,在等斜线上有 $\dfrac{\mathrm{d}N_a(t)}{\mathrm{d}t}=0$、$\dfrac{\mathrm{d}N_b(t)}{\mathrm{d}t}=0$,种群不增长;在所划不同相面内有 $1-\dfrac{N_a(t)}{N_{ma}}\neq0$、$1-\dfrac{N_b(t)}{N_{mb}}\neq0$,种群产生变化(+/−)。因此,Logistic 方程的种群增长规律能够通过 φ_1、ϑ_1 所在相面内不同初始点演化的稳定性情况反映(图 2-2)。

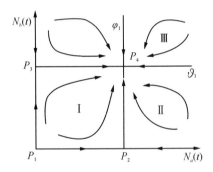

图 2-2　博文与粉丝种群非共生 Logistic 方程等斜线图($\gamma_{ab}=0,\gamma_{ba}=0$)

由图 2-2 可知,φ_1、ϑ_1 将相平面分为 Ⅰ、Ⅱ、Ⅲ、Ⅳ 四个区域。区域 Ⅰ 位于 φ_1 左侧 ϑ_1 下方,$1-\dfrac{N_a(t)}{N_{ma}}>0$ 且 $1-\dfrac{N_b(t)}{N_{mb}}>0$,则 $\dfrac{\mathrm{d}N_a(t)}{\mathrm{d}t}>0$、$\dfrac{\mathrm{d}N_b(t)}{\mathrm{d}t}>0$,此区域内的点会向右上方演化;区域 Ⅱ 位于 φ_1 右侧 ϑ_1 下方,$1-\dfrac{N_a(t)}{N_{ma}}<0$ 且 $1-\dfrac{N_b(t)}{N_{mb}}>0$,则 $\dfrac{\mathrm{d}N_a(t)}{\mathrm{d}t}<0$、$\dfrac{\mathrm{d}N_b(t)}{\mathrm{d}t}>0$,此区域内的点会向左上方演化;区域 Ⅲ 位于 φ_1 右侧 ϑ_1 上方,$1-\dfrac{N_a(t)}{N_{ma}}<0$ 且 $1-\dfrac{N_b(t)}{N_{mb}}<0$,则 $\dfrac{\mathrm{d}N_a(t)}{\mathrm{d}t}<0$、$\dfrac{\mathrm{d}N_b(t)}{\mathrm{d}t}<0$,此区域内的点会向左下方演化;区

域Ⅳ位于 φ_1 左侧 ϑ_1 上方，$1-\dfrac{N_a(t)}{N_{ma}}>0$ 且 $1-\dfrac{N_b(t)}{N_{mb}}<0$，则 $\dfrac{\mathrm{d}N_a(t)}{\mathrm{d}t}>$ 0、$\dfrac{\mathrm{d}N_b(t)}{\mathrm{d}t}<0$，此区域内的点会向右下方演化。此时，各相面内的初始点均会向 P_4 演化，博文和粉丝种群规模将分别达到 N_{ma}、N_{mb}。

结合我国微政务信息公开的现实表征，在早些年的微政务发展中，"僵尸微博"泛滥成灾，曾于 2016 年一度超过 30000 个[①]。其中，很大一部分归咎于政府机构和官员仅仅是跟随微政务大潮，品尝新鲜之后便置之不理，几周、几月不更新、不发博。此外，公众对政府官微的服务体系不屑一顾，不会以政府代表的眼光看待政府官微，无法自发变成受众。主观能动性的缺失，限制了博文种群和粉丝种群的增长，无益于双方利益扩大，使得微政务信息公开的发展受到限制。

此类政府官微的泛滥，偏离了微政务信息公开的本质，更与国家所推崇的共建共治共享的社会治理格局背道而驰。独立生存模式的微政务信息公开，属于微政务信息公开的初期阶段，相互孤立的博文和粉丝种群需要有一方挺身而出，以牺牲自己的形式促成共生系统。

2.2.4　寄生状态下微政务信息公开共生演化的稳定性分析

政府官微与微政务用户寄宿而生时，微政务共生体演化为一方牺牲自身利益奉献给另一方发展的零和系统。在无粉丝关注的前提下，如政府官微愿意优化微博运营、撰写大量博文公开政务信息，若微政务用户置之不理，系统则陷入恶性依赖；如若微政务用户关注并广而推之，系统则触发良性激励。在无博文发布的前提下，如微政务用户愿意通过关注、点赞、转发、私信政府官微的方式帮助其获得粉丝流量，若政府官微置若罔

---

① 人民网舆情监测室. 3 万政务微博成"僵尸"！政务新媒体如何才能火起来？[EB/OL]. (2017 - 07 - 31) [2018 - 09 - 26]. https：//finance. ifeng. com/a/20170731/15561065 _ 0. shtml.

闻,必将引发恶性依赖;若政府官微致力于服务现有粉丝,可促成良性激励。

由于政府官微或微政务用户之间存在单向依赖关系($\gamma_{ab}>0$、$\gamma_{ba}<0$ 或 $\gamma_{ab}<0$、$\gamma_{ba}>0$),生态方程可演化为:

$$\begin{cases} \dfrac{\mathrm{d}N_a(t)}{\mathrm{d}t}=R_aN_a(t)\left(1-\dfrac{N_a(t)}{N_{ma}}+\gamma_{ab}\dfrac{N_b(t)}{N_{mb}}\right) \\[2mm] \dfrac{\mathrm{d}N_b(t)}{\mathrm{d}t}=R_bN_b(t)\left(1-\dfrac{N_b(t)}{N_{mb}}+\gamma_{ba}\dfrac{N_a(t)}{N_{ma}}\right) \end{cases} \quad (\gamma_{ab}\gamma_{ba}<0)$$

$$(2-5)$$

当博文种群和粉丝种群达到稳定状态时,构建微分方程组:

$$\begin{cases} f_2(N_a,N_b)=\dfrac{\mathrm{d}N_a(t)}{\mathrm{d}t}=R_aN_a(t)\left(1-\dfrac{N_a(t)}{N_{ma}}+\gamma_{ab}\dfrac{N_b(t)}{N_{mb}}\right)=0 \\[2mm] g_2(N_a,N_b)=\dfrac{\mathrm{d}N_b(t)}{\mathrm{d}t}=R_bN_b(t)\left(1-\dfrac{N_b(t)}{N_{mb}}+\gamma_{ba}\dfrac{N_a(t)}{N_{ma}}\right)=0 \end{cases}$$

$$(2-6)$$

解式(2-6)可得种群寄生生态方程的平衡点为 $Q_1(0,0)$、$Q_2(N_{ma},0)$、$Q_3(0,N_{mb})$、$Q_4\left(\dfrac{N_{ma}(1+\gamma_{ab})}{1-\gamma_{ab}\gamma_{ba}},\dfrac{N_{mb}(1+\gamma_{ba})}{1-\gamma_{ab}\gamma_{ba}}\right)$。进一步求解式(2-5)的雅可比矩阵为:

$$A_2=\begin{bmatrix} \dfrac{\partial f_2}{\partial N_a} & \dfrac{\partial f_2}{\partial N_b} \\[3mm] \dfrac{\partial g_2}{\partial N_a} & \dfrac{\partial g_2}{\partial N_b} \end{bmatrix}\begin{bmatrix} R_a\left(1-\dfrac{2N_a(t)}{N_{ma}}+\gamma_{ab}\dfrac{N_b(t)}{N_{mb}}\right) & \dfrac{\gamma_{ab}R_aN_a(t)}{N_{mb}} \\[3mm] \dfrac{\gamma_{ba}R_bN_b(t)}{N_{ma}} & R_b\left(1-\dfrac{2N_b(t)}{N_{mb}}+\gamma_{ba}\dfrac{N_a(t)}{N_{ma}}\right) \end{bmatrix}$$

$$(2-7)$$

将平衡点 Q_1、Q_2、Q_3、Q_4 分别代入式(2-4)可得 $A_2|_{Q_1}=\begin{bmatrix} R_a & 0 \\ 0 & R_b \end{bmatrix}$、

$$A_2 \mid_{Q_2} = \begin{bmatrix} -R_a & \dfrac{\gamma_{ab}R_a N_{ma}}{N_{mb}} \\ 0 & R_b(1+\gamma_{ba}) \end{bmatrix}, A_2 \mid_{Q_3} = \begin{bmatrix} R_a(1+\gamma_{ab}) & 0 \\ \dfrac{\gamma_{ba}R_b N_{mb}}{N_{ma}} & -R_b \end{bmatrix},$$

$$A_2 \mid_{Q_4} = \begin{bmatrix} -R_a \dfrac{1+\gamma_{ab}}{1-\gamma_{ab}\gamma_{ba}} & R_a \dfrac{N_{ma}\gamma_{ab}(1+\gamma_{ab})}{N_{mb}(1-\gamma_{ab}\gamma_{ba})} \\ R_b \dfrac{N_{mb}\gamma_{ba}(1+\gamma_{ba})}{N_{ma}(1-\gamma_{ab}\gamma_{ba})} & -R_b \dfrac{1+\gamma_{ba}}{1-\gamma_{ab}\gamma_{ba}} \end{bmatrix}$$ 。根据微分方程稳

定性理论,通过 A_2 的行列式 $det(A_2)$ 和迹 $tr(A_2)$ 的约束条件判断微政务生态方程平衡点的稳定性(表 2-3)。

表 2-3　博文与粉丝种群生态方程平衡点稳定性分析(寄生模式)

平衡点	$det(A_2)$	$tr(A_2)$	稳定性
Q_1	$R_a R_b > 0$	$R_a + R_b > 0$	不稳定
Q_2	$-R_a R_b(1+\gamma_{ba})$	$R_b(1+\gamma_{ba})-R_a$	待定
Q_3	$-R_a R_b(1+\gamma_{ab})$	$R_b(1+\gamma_{ab})-R_b$	待定
Q_4	$R_a R_b \dfrac{(1+\gamma_{ab})(1+\gamma_{ba})}{1-\gamma_{ab}\gamma_{ba}}$	$-\dfrac{R_a(1+\gamma_{ab})+R_b(1+\gamma_{ba})}{1-\gamma_{ab}\gamma_{ba}}$	待定

　　由表 2-3 可知,当博文、粉丝种群处于寄生模式时,生态方程稳定点需分类探讨。此处引入生态位进行说明,生态位是指该物种在群落中的功能作用(特别是资源的利用以及竞争关系)与所占的时间与空间的特殊位置[①],本文特指两种群的稳定状态在第一象限内的相交情况,主要包括生态位相隔(等斜线交点位于第一象限之外)、生态位邻接(等斜线交点位于第一象限坐标轴上)、生态位重叠(等斜线交点位于第一象限之内)、生态位平行(等斜线平行无交点)。因此,有由式(2-5)引入生态位零增长的等斜线 $\varphi_2 : 1 - \dfrac{N_a(t)}{N_{ma}} + \gamma_{ab}\dfrac{N_b(t)}{N_{mb}} = 0$ 和 $\vartheta_2 : 1 - \dfrac{N_b(t)}{N_{mb}} + \gamma_{ba}\dfrac{N_a(t)}{N_{ma}} = 0$ 。

---

　　① 王发明,于志伟. 基于 Logistic 模型的煤电产业共生系统稳定性分析 [J].
生态学报,2015,35(23):7912-7920.

根据 γ_{ab}、γ_{ba} 的符号进行讨论,并通过 φ_2、ϑ_2 所在相面内不同初始点演化的稳定性情况,反映生态方程的种群增长规律。

(一) $\gamma_{ab}>0$、$\gamma_{ba}<0$ 时,生态位相位图由图 2-3 所示。

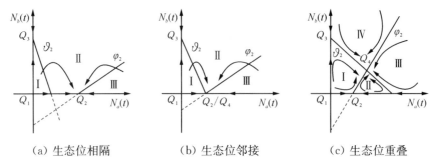

（a）生态位相隔 　（b）生态位邻接 　（c）生态位重叠

图 2-3 博文与粉丝种群寄生生态方程等斜线图($\gamma_{ab}>0$,$\gamma_{ba}<0$)

由图 2-3 可知,根据 φ_2、ϑ_2 在各个象限内的相交情况可将相位图分为生态位相隔、生态位邻接以及生态位重叠。

• **生态位相隔**

如图 2-3(a),φ_2、ϑ_2 交 Q_4 于第四象限,$\gamma_{ba}<-1$,结合表 2-3 判断 Q_2 为稳定点。此态位下,φ_2、ϑ_2 将相平面分为 Ⅰ、Ⅱ、Ⅲ 三个区域。区域 Ⅰ 位于 φ_2 左侧 ϑ_2 下方,$1-\dfrac{N_a(t)}{N_{ma}}+\gamma_{ab}\dfrac{N_b(t)}{N_{mb}}>0$ 且 $1-\dfrac{N_b(t)}{N_{mb}}+\gamma_{ba}\dfrac{N_a(t)}{N_{ma}}>0$,则 $\dfrac{\mathrm{d}N_a(t)}{\mathrm{d}t}>0$、$\dfrac{\mathrm{d}N_b(t)}{\mathrm{d}t}>0$,此区域内的点会向右上方演化进入区域 Ⅱ;区域 Ⅲ 位于 ϑ_2 右侧 φ_2 下方,$1-\dfrac{N_a(t)}{N_{ma}}+\gamma_{ab}\dfrac{N_b(t)}{N_{mb}}<0$ 且 $1-\dfrac{N_b(t)}{N_{mb}}+\gamma_{ba}\dfrac{N_a(t)}{N_{ma}}<0$,则 $\dfrac{\mathrm{d}N_a(t)}{\mathrm{d}t}<0$、$\dfrac{\mathrm{d}N_b(t)}{\mathrm{d}t}<0$,此区域内的点会向左下方演化进入区域 Ⅱ;区域 Ⅱ 位于 φ_2 左侧 ϑ_2 右侧,$1-\dfrac{N_a(t)}{N_{ma}}+\gamma_{ab}\dfrac{N_b(t)}{N_{mb}}>0$ 且 $1-\dfrac{N_b(t)}{N_{mb}}+\gamma_{ba}\dfrac{N_a(t)}{N_{ma}}<0$,则 $\dfrac{\mathrm{d}N_a(t)}{\mathrm{d}t}>0$、$\dfrac{\mathrm{d}N_b(t)}{\mathrm{d}t}<0$,

此区域内的点会向右下方演化直至 Q_2，博文和粉丝种群规模将分别为 N_{ma}、0。

- **生态位邻接**

如图 2-3(b)，φ_2、ϑ_2 交 Q_4 于 N_a 轴，$\gamma_{ba}=-1$，Q_2、Q_4 合为一点。此态位下，φ_2、ϑ_2 将相平面分为Ⅰ、Ⅱ、Ⅲ三个区域。区域Ⅰ位于 φ_2 左侧 ϑ_2 下方，$1-\dfrac{N_a(t)}{N_{ma}}+\gamma_{ab}\dfrac{N_b(t)}{N_{mb}}>0$ 且 $1-\dfrac{N_b(t)}{N_{mb}}+\gamma_{ba}\dfrac{N_a(t)}{N_{ma}}>0$，则 $\dfrac{dN_a(t)}{dt}>0$、$\dfrac{dN_b(t)}{dt}>0$，此区域内的点会向右上方演化进入区域Ⅱ；区域Ⅲ位于 ϑ_2 右侧 φ_2 下方，$1-\dfrac{N_a(t)}{N_{ma}}+\gamma_{ab}\dfrac{N_b(t)}{N_{mb}}<0$ 且 $1-\dfrac{N_b(t)}{N_{mb}}+\gamma_{ba}\dfrac{N_a(t)}{N_{ma}}<0$，则 $\dfrac{dN_a(t)}{dt}<0$、$\dfrac{dN_b(t)}{dt}<0$，此区域内的点会向左下方演化进入区域Ⅱ；区域Ⅱ位于 φ_2 左侧 ϑ_2 右侧，$1-\dfrac{N_a(t)}{N_{ma}}+\gamma_{ab}\dfrac{N_b(t)}{N_{mb}}>0$ 且 $1-\dfrac{N_b(t)}{N_{mb}}+\gamma_{ba}\dfrac{N_a(t)}{N_{ma}}<0$，则 $\dfrac{dN_a(t)}{dt}>0$、$\dfrac{dN_b(t)}{dt}<0$，各区域内的点会向 Q_2、Q_4 演化，博文和粉丝种群规模将分别达到 N_{ma}、0。

- **生态位重叠**

如图 2-3(c)，φ_2、ϑ_2 交 Q_4 于第一象限，$-1<\gamma_{ba}<0$，结合表 2-3 判断 Q_4 为稳定点。此态位下，φ_2、ϑ_2 将相平面分为Ⅰ、Ⅱ、Ⅲ、Ⅳ四个区域。区域Ⅰ位于 φ_2 左侧 ϑ_2 下方，$1-\dfrac{N_a(t)}{N_{ma}}+\gamma_{ab}\dfrac{N_b(t)}{N_{mb}}>0$ 且 $1-\dfrac{N_b(t)}{N_{mb}}+\gamma_{ba}\dfrac{N_a(t)}{N_{ma}}>0$，则 $\dfrac{dN_a(t)}{dt}>0$、$\dfrac{dN_b(t)}{dt}>0$，此区域内的点会向右上方演化；区域Ⅱ位于 φ_2 右侧 ϑ_2 下方，$1-\dfrac{N_a(t)}{N_{ma}}+\gamma_{ab}\dfrac{N_b(t)}{N_{mb}}<0$ 且 $1-\dfrac{N_b(t)}{N_{mb}}+\gamma_{ba}\dfrac{N_a(t)}{N_{ma}}>0$，则 $\dfrac{dN_a(t)}{dt}<0$、$\dfrac{dN_b(t)}{dt}>0$，此区域内的点会向左

上方演化；区域Ⅲ位于 φ_2 右侧 ϑ_2 上方，$1-\dfrac{N_a(t)}{N_{ma}}+\gamma_{ab}\dfrac{N_b(t)}{N_{mb}}<0$ 且 $1-$

$\dfrac{N_b(t)}{N_{mb}}+\gamma_{ba}\dfrac{N_a(t)}{N_{ma}}<0$，则 $\dfrac{\mathrm{d}N_a(t)}{\mathrm{d}t}<0$、$\dfrac{\mathrm{d}N_b(t)}{\mathrm{d}t}<0$，此区域内的点会向左

下方演化；区域Ⅳ位于 φ_2 左侧 ϑ_2 上方，$1-\dfrac{N_a(t)}{N_{ma}}+\gamma_{ab}\dfrac{N_b(t)}{N_{mb}}>0$ 且 $1-$

$\dfrac{N_b(t)}{N_{mb}}+\gamma_{ba}\dfrac{N_a(t)}{N_{ma}}<0$，则 $\dfrac{\mathrm{d}N_a(t)}{\mathrm{d}t}>0$、$\dfrac{\mathrm{d}N_b(t)}{\mathrm{d}t}<0$，此区域内的点会向右

下方演化。此时，各相面内的初始点均会向 Q_4 演化，博文和粉丝种群数

量规模将分别达到 $\dfrac{N_{ma}(1+\gamma_{ab})}{1-\gamma_{ab}\gamma_{ba}}$、$\dfrac{N_{mb}(1+\gamma_{ba})}{1-\gamma_{ab}\gamma_{ba}}$。

（二）$\gamma_{ab}<0$、$\gamma_{ba}>0$ 时，生态位相位图由图 2-4 所示。

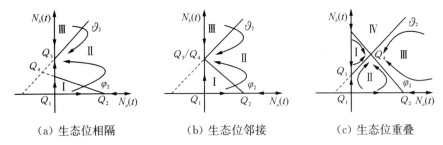

（a）生态位相隔　　　　　（b）生态位邻接　　　　　（c）生态位重叠

图 2-4　博文与粉丝种群寄生生态方程等斜线图（$\gamma_{ab}<0$，$\gamma_{ba}>0$）

由图 2-4 可知，相位图依旧分为生态位相隔、生态位邻接以及生态

位重叠。

· 生态位相隔

如图 2-4(a)，φ_2、ϑ_2 交 Q_4 于第二象限，$\gamma_{ab}<-1$，结合表 2-3 判断

Q_3 为稳定点。此态位下，φ_2、ϑ_2 将相平面分为Ⅰ、Ⅱ、Ⅲ三个区域。区域

Ⅰ位于 φ_2 左侧 ϑ_2 下方，$1-\dfrac{N_a(t)}{N_{ma}}+\gamma_{ab}\dfrac{N_b(t)}{N_{mb}}>0$ 且 $1-\dfrac{N_b(t)}{N_{mb}}+$

$\gamma_{ba}\dfrac{N_a(t)}{N_{ma}}>0$，则 $\dfrac{\mathrm{d}N_a(t)}{\mathrm{d}t}>0$、$\dfrac{\mathrm{d}N_b(t)}{\mathrm{d}t}>0$，此区域内的点会向右上方演化

进入区域Ⅱ；区域Ⅲ位于 ϑ_2 左侧 φ_2 上方，$1-\dfrac{N_a(t)}{N_{ma}}+\gamma_{ab}\dfrac{N_b(t)}{N_{mb}}<0$ 且 $1-\dfrac{N_b(t)}{N_{mb}}+\gamma_{ba}\dfrac{N_a(t)}{N_{ma}}<0$，则 $\dfrac{\mathrm{d}N_a(t)}{\mathrm{d}t}<0$、$\dfrac{\mathrm{d}N_b(t)}{\mathrm{d}t}<0$，此区域内的点会向左下方演化进入区域Ⅱ；区域Ⅱ位于 φ_2 上方 ϑ_2 右侧，$1-\dfrac{N_a(t)}{N_{ma}}+\gamma_{ab}\dfrac{N_b(t)}{N_{mb}}<0$ 且 $1-\dfrac{N_b(t)}{N_{mb}}+\gamma_{ba}\dfrac{N_a(t)}{N_{ma}}>0$，则 $\dfrac{\mathrm{d}N_a(t)}{\mathrm{d}t}<0$、$\dfrac{\mathrm{d}N_b(t)}{\mathrm{d}t}>0$，此区域内的点会向左上方演化直至 Q_3，此时博文和粉丝种群规模将分别为 0、N_{mb}。

- **生态位邻接**

如图 2-(4)b，φ_2、ϑ_2 交 Q_4 于 N_b 轴，$\gamma_{ab}=-1$，Q_3、Q_4 合为一点。此态位下，φ_2、ϑ_2 将相平面分为Ⅰ、Ⅱ、Ⅲ三个区域。区域Ⅰ位于 φ_2 左侧 ϑ_2 下方，$1-\dfrac{N_a(t)}{N_{ma}}+\gamma_{ab}\dfrac{N_b(t)}{N_{mb}}>0$ 且 $1-\dfrac{N_b(t)}{N_{mb}}+\gamma_{ba}\dfrac{N_a(t)}{N_{ma}}>0$，则 $\dfrac{\mathrm{d}N_a(t)}{\mathrm{d}t}>0$、$\dfrac{\mathrm{d}N_b(t)}{\mathrm{d}t}>0$，此区域内的点会向右上方演化进入区域Ⅱ；区域Ⅲ位于 ϑ_2 左侧 φ_2 上方，$1-\dfrac{N_a(t)}{N_{ma}}+\gamma_{ab}\dfrac{N_b(t)}{N_{mb}}<0$ 且 $1-\dfrac{N_b(t)}{N_{mb}}+\gamma_{ba}\dfrac{N_a(t)}{N_{ma}}<0$，则 $\dfrac{\mathrm{d}N_a(t)}{\mathrm{d}t}<0$、$\dfrac{\mathrm{d}N_b(t)}{\mathrm{d}t}<0$，此区域内的点会向左下方演化进入区域Ⅱ；区域Ⅱ位于 φ_2 上方 ϑ_2 右侧，$1-\dfrac{N_a(t)}{N_{ma}}+\gamma_{ab}\dfrac{N_b(t)}{N_{mb}}<0$ 且 $1-\dfrac{N_b(t)}{N_{mb}}+\gamma_{ba}\dfrac{N_a(t)}{N_{ma}}>0$，则 $\dfrac{\mathrm{d}N_a(t)}{\mathrm{d}t}<0$、$\dfrac{\mathrm{d}N_b(t)}{\mathrm{d}t}>0$，各区域内的点会向 Q_3、Q_4 演化，博文和粉丝种群规模将分别达到 0、N_{mb}。

- **生态位重叠**

φ_2、ϑ_2 交 Q_4 于第一象限，$-1<\gamma_{ab}<0$，结合表 2-3 判断 Q_4 为稳定点。此态位下，φ_2、ϑ_2 将相平面分为Ⅰ、Ⅱ、Ⅲ、Ⅳ四个区域。区域Ⅰ位于

φ_2 左侧 ϑ_2 上方, $1-\dfrac{N_a(t)}{N_{ma}}+\gamma_{ab}\dfrac{N_b(t)}{N_{mb}}>0$ 且 $1-\dfrac{N_b(t)}{N_{mb}}+\gamma_{ba}\dfrac{N_a(t)}{N_{ma}}<0$,

则 $\dfrac{\mathrm{d}N_a(t)}{\mathrm{d}t}>0$、$\dfrac{\mathrm{d}N_b(t)}{\mathrm{d}t}<0$,此区域内的点会向右下方演化;区域Ⅱ位于,

φ_2 左侧 ϑ_2 下方, $1-\dfrac{N_a(t)}{N_{ma}}+\gamma_{ab}\dfrac{N_b(t)}{N_{mb}}>0$ 且 $1-\dfrac{N_b(t)}{N_{mb}}+\gamma_{ba}\dfrac{N_a(t)}{N_{ma}}>0$,

则 $\dfrac{\mathrm{d}N_a(t)}{\mathrm{d}t}>0$、$\dfrac{\mathrm{d}N_b(t)}{\mathrm{d}t}>0$,此区域内的点会向右上方演化;区域Ⅲ位于,

φ_2 右侧 ϑ_2 下方, $1-\dfrac{N_a(t)}{N_{ma}}+\gamma_{ab}\dfrac{N_b(t)}{N_{mb}}<0$ 且 $1-\dfrac{N_b(t)}{N_{mb}}+\gamma_{ba}\dfrac{N_a(t)}{N_{ma}}>0$,

则 $\dfrac{\mathrm{d}N_a(t)}{\mathrm{d}t}<0$、$\dfrac{\mathrm{d}N_b(t)}{\mathrm{d}t}>0$,此区域内的点会向左上方演化;区域Ⅳ位于

φ_2 右侧 ϑ_2 上方, $1-\dfrac{N_a(t)}{N_{ma}}+\gamma_{ab}\dfrac{N_b(t)}{N_{mb}}<0$ 且 $1-\dfrac{N_b(t)}{N_{mb}}+\gamma_{ba}\dfrac{N_a(t)}{N_{ma}}<0$,

则 $\dfrac{\mathrm{d}N_a(t)}{\mathrm{d}t}<0$、$\dfrac{\mathrm{d}N_b(t)}{\mathrm{d}t}<0$,此区域内的点会向左下方演化。此时,相面内的初始点均会向 Q_4 演化,博文和粉丝种群数量规模将分别达到 $\dfrac{N_{ma}(1+\gamma_{ab})}{1-\gamma_{ab}\gamma_{ba}}$、$\dfrac{N_{mb}(1+\gamma_{ba})}{1-\gamma_{ab}\gamma_{ba}}$。

综合(一)、(二)可知,当博文和粉丝种群处于生态位相隔和生态位邻接时($\gamma_{ab}\leqslant-1$ 或 $\gamma_{ba}\leqslant-1$),寄生方对被寄生方产生过度的依赖,生态系统的稳定完全仰仗于被寄生对象的种群增长,共生系统内部利益分配严重不均衡;当处于生态位重叠时($-1<\gamma_{ab}<0$ 或 $-1<\gamma_{ba}<0$),被寄生者出于主动牺牲精神带动寄生者发展,寄生者在前期受惠于被寄生者的基础上,也不断修正自身,致力于演化进入更和谐的共生系统。

结合我国微政务信息公开的现实表征,此类寄生关系的微政务信息公开,既有正面典型也有反面教材。公安类政府官微常年的经营奉献,使得公共安全意识渐入人心,如在"空姐滴滴遇害案"中,"平安郑州"及时报道、转载聚焦了社会热点,引导了舆论的正确流向,为社会突发事件的应

急处理做出了标准示范。然而,某些官微并没有合理运用粉丝资源所形成的优势,如在"云南丽江旅游乱象"的道歉博文中,当地官微没有发挥政府官微的积极作用,反而出现了后续与粉丝间的不良言论,造成了十分恶劣影响后以官微删除博文收场。

　　以上正反对比样例说明,寄生者不能一味依赖被寄生者,而应怀有报恩心理。寄生模式的微政务信息公开,属于微政务信息公开演化的前期阶段,以一方利益损失带动另一方发展进而推动共生体的形成,不会形成长期稳定状态,会朝着更合理的共生系统演进。

2.2.5　偏利共生状态下微政务信息公开共生演化的稳定性分析

　　政府官微与微政务用户偏利共生时,微政务共生体演化为具有过渡意义的正和系统,博文种群与粉丝种群增长不再需要对方的"血脉运输"($\gamma_{ab}>0$、$\gamma_{ba}=0$ 或 $\gamma_{ab}=0$、$\gamma_{ba}>0$)。政府官微前期奉献带来一定规模的粉丝回报,促使其致力于提高对现有粉丝服务力水平,推出优化运营方案,进而积攒政府公信力与公开信息的吸引力,为后期粉丝种群的激增创造先决条件;微政务用户前期付出带来一定数量的政务博文公开,微政务用户通过点赞、评论、转发以及分享给社交好友的方式扩大政务博文的影响力水平,提高其在网络舆情中传播的导向性,为后期更多政务博文占据流量热点埋下伏笔。

　　求解此模式下生态方程,可得种群偏利共生的平衡点为 $S_1(0,0)$、$S_2(N_{ma},0)$、$S_3(0,N_{mb})$、$S_4(N_{ma}(1+\gamma_{ab}),N_{mb}(1+\gamma_{ba}))$。通过此模式下雅可比矩阵 A_3 的行列式 $det(A_3)$ 和迹 $tr(A_3)$ 的约束条件判断微政务生态方程平衡点的稳定性(表 2-4)。

表 2-4　博文与粉丝种群生态方程平衡点稳定性分析(偏利共生)

平衡点	$det(A_3)$	$tr(A_3)$	稳定性
S_1	$R_a R_b>0$	$R_a+R_b>0$	不稳定
S_2	$-R_a R_b(1+\gamma_{ba})<0$	$R_b(1+\gamma_{ba})-R_a$	不稳定

平衡点	$det(A_3)$	$tr(A_3)$	稳定性
S_3	$-R_a R_b(1+\gamma_{ab})<0$	$R_b(1+\gamma_{ab})-R_b$	不稳定
S_4	$R_a R_b(1+\gamma_{ab})(1+\gamma_{ba})>0$	$-R_a(1+\gamma_{ab})-R_b(1+\gamma_{ba})<0$	稳定

由表 2-4 可知,当博文种群和粉丝种群偏利共生时,S_4 为生态方程的全局稳定点。引入生态位零增长的等斜线 φ_3、ϑ_3。当 $\gamma_{ab}>0$、$\gamma_{ba}=0$ 时,有 $\varphi_3:1-\dfrac{N_a(t)}{N_{ma}}+\gamma_{ab}\dfrac{N_b(t)}{N_{mb}}=0$ 和 $\vartheta_3:1-\dfrac{N_b(t)}{N_{mb}}=0$;当 $\gamma_{ab}=0$、$\gamma_{ba}>0$ 时,有 $\varphi_3:1-\dfrac{N_a(t)}{N_{ma}}=0$ 和 $\vartheta_3:1-\dfrac{N_b(t)}{N_{mb}}+\gamma_{ba}\dfrac{N_a(t)}{N_{ma}}=0$。两种偏利情况下的生态位相位图由图 2-5 所示。

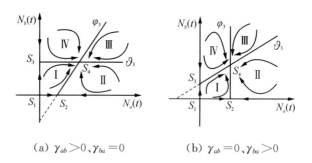

(a) $\gamma_{ab}>0$、$\gamma_{ba}=0$ (b) $\gamma_{ab}=0$、$\gamma_{ba}>0$

图 2-5 博文与粉丝种群偏利共生生态方程等斜线图

(一) $\gamma_{ab}>0$、$\gamma_{ba}=0$

如图 2-5(a),φ_3、ϑ_3 将相平面分为 Ⅰ、Ⅱ、Ⅲ、Ⅳ 四个区域。区域 Ⅰ 位于 φ_3 左侧 ϑ_3 下方,$1-\dfrac{N_a(t)}{N_{ma}}+\gamma_{ab}\dfrac{N_b(t)}{N_{mb}}>0$ 且 $1-\dfrac{N_b(t)}{N_{mb}}>0$,则 $\dfrac{dN_a(t)}{dt}>0$、$\dfrac{dN_b(t)}{dt}>0$,此区域内的点会向右上方演化;区域 Ⅱ 位于 φ_3 右侧 ϑ_3 下方,$1-\dfrac{N_a(t)}{N_{ma}}+\gamma_{ab}\dfrac{N_b(t)}{N_{mb}}<0$ 且 $1-\dfrac{N_b(t)}{N_{mb}}>0$,则 $\dfrac{dN_a(t)}{dt}<0$、

$\dfrac{\mathrm{d}N_b(t)}{\mathrm{d}t}>0$，此区域内的点会向左上方演化；区域 III 位于 φ_3 右侧 ϑ_3 上

方，$1-\dfrac{N_a(t)}{N_{ma}}+\gamma_{ab}\dfrac{N_b(t)}{N_{mb}}<0$ 且 $1-\dfrac{N_b(t)}{N_{mb}}<0$，则 $\dfrac{\mathrm{d}N_a(t)}{\mathrm{d}t}<0$、$\dfrac{\mathrm{d}N_b(t)}{\mathrm{d}t}<$

0，此区域内的点会向左下方演化；区域 IV 位于 φ_3 左侧 ϑ_3 上方，$1-$

$\dfrac{N_a(t)}{N_{ma}}+\gamma_{ab}\dfrac{N_b(t)}{N_{mb}}>0$ 且 $1-\dfrac{N_b(t)}{N_{mb}}<0$，则 $\dfrac{\mathrm{d}N_a(t)}{\mathrm{d}t}>0$、$\dfrac{\mathrm{d}N_b(t)}{\mathrm{d}t}<0$，此区

域内的点会向右下方演化。此时，各相面内的初始点均会向 S_4 演化，博

文和粉丝种群规模将分别达到 $N_{ma}(1+\gamma_{ab})$、N_{mb}。

（二）$\gamma_{ab}=0$、$\gamma_{ba}>0$

如图 $2-5(b)$，φ_3、ϑ_3 将相平面分为 I、II、III、IV 四个区域。区域 I

位于 φ_3 左侧 ϑ_3 下方，$1-\dfrac{N_a(t)}{N_{ma}}+\gamma_{ab}\dfrac{N_b(t)}{N_{mb}}>0$ 且 $1-\dfrac{N_b(t)}{N_{mb}}>0$，则

$\dfrac{\mathrm{d}N_a(t)}{\mathrm{d}t}>0$、$\dfrac{\mathrm{d}N_b(t)}{\mathrm{d}t}>0$，此区域内的点会向右上方演化；区域 II 位于 φ_3

右侧 ϑ_3 下方，$1-\dfrac{N_a(t)}{N_{ma}}+\gamma_{ab}\dfrac{N_b(t)}{N_{mb}}<0$ 且 $1-\dfrac{N_b(t)}{N_{mb}}>0$，则 $\dfrac{\mathrm{d}N_a(t)}{\mathrm{d}t}<0$、

$\dfrac{\mathrm{d}N_b(t)}{\mathrm{d}t}>0$，此区域内的点会向左上方演化；区域 III 位于 φ_3 右侧 ϑ_3 上

方，$1-\dfrac{N_a(t)}{N_{ma}}+\gamma_{ab}\dfrac{N_b(t)}{N_{mb}}<0$ 且 $1-\dfrac{N_b(t)}{N_{mb}}<0$，则 $\dfrac{\mathrm{d}N_a(t)}{\mathrm{d}t}<0$、$\dfrac{\mathrm{d}N_b(t)}{\mathrm{d}t}<$

0，此区域内的点会向左下方演化；区域 IV 位于 φ_3 左侧 ϑ_3 上方，$1-$

$\dfrac{N_a(t)}{N_{ma}}+\gamma_{ab}\dfrac{N_b(t)}{N_{mb}}>0$ 且 $1-\dfrac{N_b(t)}{N_{mb}}<0$，则 $\dfrac{\mathrm{d}N_a(t)}{\mathrm{d}t}>0$、$\dfrac{\mathrm{d}N_b(t)}{\mathrm{d}t}<0$，此区

域内的点会向右下方演化。各相面内的初始点均会向 S_4 演化，博文和粉

丝种群规模将分别达到 N_{ma}、$N_{mb}(1+\gamma_{ba})$。

综合（一）、（二）可知，当博文和粉丝种群处于偏利共生模式时，原寄

生方摆脱了对被寄生对象的依赖，能够在保证自身种群规模的前提下维

持微政务共生系统稳定；被寄生者不再牺牲自我换取寄生对象生存，无负重效应和前期施恩行为都会为其谋求更大发展铺设道路，由零和系统演化而来的正和系统向更合理的共生系统演进。

结合我国微政务信息公开的现实表征，在现如今政府官微的市场中，存在着许多肯吃苦、干实事的低调微博。例如，气象类政府官微早先并不受人们关注，但随着环境、空气污染的加剧，以及十九大报告将"绿水青山就是金山银山"写入党章，致使一大批致力于提供优质气象类信息的政府官微，诸如"深圳天气""中国气象局""中央气象台"等逐渐受到推崇。这反映了一方共生单元之前的内容输送得到了另一方的积极反馈，形成"口碑效应"，推动了微政务信息公开共生系统的演化。

微博正是得益于前期的奉献精神，在推动他方发展的前提下，得到了微政务共生体的后期反馈。偏利共生模式的微政务信息公开，属于微政务信息公开演化的中期阶段，也是过渡阶段，标志着一个更合理、更稳定的共生系统即将演化到来。

2.2.6 互惠共生状态下微政务信息公开共生演化的稳定性分析

政府官微与微政务用户互惠共生时，微政务共生体内互惠互利（$\gamma_{ab}>0$、$\gamma_{ba}>0$），系统内新能量双向流动，并始终趋近于利益传输均衡的对称互惠共生系统（$\gamma_{ab}=\gamma_{ba}$）。政府官微能够发布博文满足微政务用户日常所需信息，微政务用户能够聚焦在政府官微周围促进透明政府的信息化建设，形成互惠互利的影响力。

如果微政务共生单元间的互惠影响力过大，对于双方都非常不利。对于粉丝驱动下的政府官微而言，基于有限的政务信息资源和自媒体运营能力过多地发博，不但会引发政府信息资源的透支，而且会造成博文撰写质量的下降，不利于微博服务管理模式的拓展；对于博文驱动下的微政务用户而言，基于有限的互联网流量过多地关注、转发、评论，一方面会引发对博文持不同观点粉丝的网络冲突，另一方面也会将政府官微带到舆

论的风口浪尖,不利于构建良好的互联网环境。相对的,若影响力适当,
便能推动双方互惠共生的演化进程。

求解此模式下生态方程,可得种群互惠共生的平衡点为 $T_1(0,0)$、
$T_2(N_{ma},0)$、$T_3(0,N_{mb})$、$T_4\left(\dfrac{N_{ma}(1+\gamma_{ab})}{1-\gamma_{ab}\gamma_{ba}},\dfrac{N_{mb}(1+\gamma_{ba})}{1-\gamma_{ab}\gamma_{ba}}\right)$。通过此模
式下雅可比矩阵 A_4 的行列式 $det(A_4)$ 和迹 $tr(A_4)$ 的约束条件可判断微
政务生态方程平衡点的稳定性(表 2-5)。

表 2-5 博文与粉丝种群生态方程平衡点稳定性分析(互惠共生)

平衡点	$det(A_4)$	$tr(A_4)$	稳定性
T_1	$R_aR_b>0$	$R_a+R_b>0$	不稳定
T_2	$-R_aR_b(1+\gamma_{ba})<0$	$R_b(1+\gamma_{ba})-R_a$	不稳定
T_3	$-R_aR_b(1+\gamma_{ab})<0$	$R_b(1+\gamma_{ab})-R_b$	不稳定
T_4	$R_aR_b\dfrac{(1+\gamma_{ab})(1+\gamma_{ba})}{1-\gamma_{ab}\gamma_{ba}}>0$	$-\dfrac{R_a(1+\gamma_{ab})+R_b(1+\gamma_{ba})}{1-\gamma_{ab}\gamma_{ba}}<0$	稳定

由表 2-5 可知,当博文种群和粉丝种群互惠共生时,T_4 为生态方程
的全局稳定点。引入生态位零增长的等斜线 $\varphi_4:1-\dfrac{N_a(t)}{N_{ma}}+$
$\gamma_{ab}\dfrac{N_b(t)}{N_{mb}}=0$ 和 $\vartheta_4:1-\dfrac{N_b(t)}{N_{mb}}+\gamma_{ba}\dfrac{N_a(t)}{N_{ma}}=0$,此模式下生态位相位图如
图 2-6 所示。

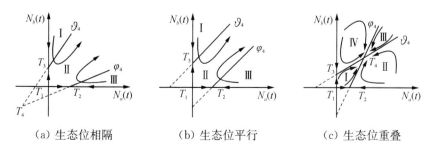

（a）生态位相隔　　　　（b）生态位平行　　　　（c）生态位重叠

图 2-6 博文与粉丝种群互惠共生生态方程等斜线图

由图 2-6 可知,根据 φ_4、ϑ_4 在各个象限内的相交情况可将相位图分为生态位相隔、生态位平行以及生态位重叠。

- **生态位相隔**

如图 2-6(a),φ_4、ϑ_4 交 T_4 于第三象限,$\gamma_{ab}\gamma_{ba}>1$。此态位下,φ_4、ϑ_4 将相平面分为 Ⅰ、Ⅱ、Ⅲ 三个区域。区域 Ⅰ 位于 φ_4 左侧 ϑ_4 上方,$1-\dfrac{N_a(t)}{N_{ma}}+\gamma_{ab}\dfrac{N_b(t)}{N_{mb}}>0$ 且 $1-\dfrac{N_b(t)}{N_{mb}}+\gamma_{ba}\dfrac{N_a(t)}{N_{ma}}<0$,则 $\dfrac{dN_a(t)}{dt}>0$、$\dfrac{dN_b(t)}{dt}<0$,此区域内的点会向右下方演化进入区域 Ⅱ;区域 Ⅲ 位于 ϑ_4 右侧 φ_4 下方,$1-\dfrac{N_a(t)}{N_{ma}}+\gamma_{ab}\dfrac{N_b(t)}{N_{mb}}<0$ 且 $1-\dfrac{N_b(t)}{N_{mb}}+\gamma_{ba}\dfrac{N_a(t)}{N_{ma}}>0$,则 $\dfrac{dN_a(t)}{dt}<0$、$\dfrac{dN_b(t)}{dt}>0$,此区域内的点会向左上方演化进入区域 Ⅱ;区域 Ⅱ 位于 φ_4 左侧 ϑ_4 下方,$1-\dfrac{N_a(t)}{N_{ma}}+\gamma_{ab}\dfrac{N_b(t)}{N_{mb}}>0$ 且 $1-\dfrac{N_b(t)}{N_{mb}}+\gamma_{ba}\dfrac{N_a(t)}{N_{ma}}>0$,则 $\dfrac{dN_a(t)}{dt}>0$、$\dfrac{dN_b(t)}{dt}>0$,此区域内的点会离散地向右上方演化,博文和粉丝种群数量将无止境扩大。

- **生态位平行**

如图 2-6(b),φ_4、ϑ_4 无交点,则 $\gamma_{ab}\gamma_{ba}=1$。此态位下,φ_2、ϑ_2 将相平面分为 Ⅰ、Ⅱ、Ⅲ 三个区域。同理分析可得,各区域内的点会进入区域 Ⅱ 并在区域 Ⅱ 内离散地向右上方演化,博文和粉丝种群数量将无限增长。

- **生态位重叠**

如图 2-6(c),φ_4、ϑ_4 交 T_4 于第一象限,$0<\gamma_{ab}\gamma_{ba}<1$。此态位下,$\varphi_4$、$\vartheta_4$ 将相平面分为 Ⅰ、Ⅱ、Ⅲ、Ⅳ 四个区域。区域 Ⅰ 位于 φ_4 左侧 ϑ_4 下方,$1-\dfrac{N_a(t)}{N_{ma}}+\gamma_{ab}\dfrac{N_b(t)}{N_{mb}}>0$ 且 $1-\dfrac{N_b(t)}{N_{mb}}+\gamma_{ba}\dfrac{N_a(t)}{N_{ma}}>0$,则 $\dfrac{dN_a(t)}{dt}>0$、$\dfrac{dN_b(t)}{dt}>0$,此区域内的点会向右上方演化;区域 Ⅱ 位于 φ_4 右侧 ϑ_4 下

方,$1-\dfrac{N_a(t)}{N_{ma}}+\gamma_{ab}\dfrac{N_b(t)}{N_{mb}}<0$ 且 $1-\dfrac{N_b(t)}{N_{mb}}+\gamma_{ba}\dfrac{N_a(t)}{N_{ma}}>0$,则 $\dfrac{\mathrm{d}N_a(t)}{\mathrm{d}t}<$

0、$\dfrac{\mathrm{d}N_b(t)}{\mathrm{d}t}>0$,此区域内的点会向左上方演化;区域Ⅲ位于 φ_4 右侧 ϑ_4 上

方,$1-\dfrac{N_a(t)}{N_{ma}}+\gamma_{ab}\dfrac{N_b(t)}{N_{mb}}<0$ 且 $1-\dfrac{N_b(t)}{N_{mb}}+\gamma_{ba}\dfrac{N_a(t)}{N_{ma}}<0$,则 $\dfrac{\mathrm{d}N_a(t)}{\mathrm{d}t}<$

0、$\dfrac{\mathrm{d}N_b(t)}{\mathrm{d}t}<0$,此区域内的点会向左下方演化;区域Ⅳ位于 φ_4 左侧 ϑ_4 上

方,$1-\dfrac{N_a(t)}{N_{ma}}+\gamma_{ab}\dfrac{N_b(t)}{N_{mb}}>0$ 且 $1-\dfrac{N_b(t)}{N_{mb}}+\gamma_{ba}\dfrac{N_a(t)}{N_{ma}}<0$,则 $\dfrac{\mathrm{d}N_a(t)}{\mathrm{d}t}>$

0、$\dfrac{\mathrm{d}N_b(t)}{\mathrm{d}t}<0$,此区域内的点会向右下方演化。此时,各相面内的初始点

均 会 向 T_4 演 化,博 文 和 粉 丝 种 群 数 量 规 模 将 分 别 达 到

$\dfrac{N_{ma}(1+\gamma_{ab})}{1-\gamma_{ab}\gamma_{ba}}$、$\dfrac{N_{mb}(1+\gamma_{ba})}{1-\gamma_{ab}\gamma_{ba}}$。

当博文和粉丝种群处于生态位相隔和生态位平行时($\gamma_{ab}\gamma_{ba}\geqslant 1$),两群落间存在过度的影响力,这使得种群无节制繁殖,在有限共生环境的基础上无法达到生态平衡甚至会引发生态退化;当处于生态位重叠时($0<\gamma_{ab}\gamma_{ba}<1$),共生单元基于互惠互利协同行为能够达到生态平衡并将演化至最平衡、最稳定对称互惠共生系统($\gamma_{ab}=\gamma_{ba}$)。

就我国微政务信息公开的现实表征,存在许多附和粉丝流量、发布低质量博文的微博。例如,某些政府官微为了博取眼球,以"唐嫣罗晋?""长沙出太阳了?""如何分辨自己的脸型?""来看看湘潭公安微博,你不知道的事!"为标题,效仿 SEO(搜索引擎优化)刷阅读量,实则内容空洞,为粉丝所诟病。个别政府官微善于套官腔,过多引用领导讲话内容。例如某政府官微在一次对火灾事件的报道中,撰文不到 600 字,其中"领导高度重视"反复出现了 43 次,一时间成为网络舆论的声讨对象。

此类事件正是由于共生单元间过度的影响力引发了社会负面舆论,致使微政务信息公开的发展受到阻碍。只有基于适当的互惠影响力,政

府官微和微政务用户方可向最优状态演化,进而形成牢固的共生体,推动我国"互联网＋政务"的可持续发展。

不难发现,微政务信息公开共生演化的每个阶段都有属于其各自的稳定状态,在每个状态下方程的平衡点展现的是政府官微与微政务用户的种群密度水平,通过种群规模即可反映收益水平。对此,归纳出微政务信息公开共生模式的演化过程中每个节点稳定状态下的种群密度,具体如表2-6所示。

表 2-6　微政务信息公开共生模式稳定状态种群密度

共生模式	共生作用系数	生态位	博文稳定密度	粉丝稳定密度
非共生	$\gamma_{ab}=0,\gamma_{ba}=0$	—	N_{ma}	N_{mb}
寄生	$\gamma_{ab}>0,\gamma_{ba}<0$	生态位相隔	N_{ma}	0
		生态位邻接	$\dfrac{N_{ma}(1+\gamma_{ab})}{1-\gamma_{ab}\gamma_{ba}}$	$\dfrac{N_{mb}(1+\gamma_{ba})}{1-\gamma_{ab}\gamma_{ba}}$
		生态位重叠		
	$\gamma_{ab}<0,\gamma_{ba}>0$	生态位相隔	0	N_{mb}
		生态位邻接	$\dfrac{N_{ma}(1+\gamma_{ab})}{1-\gamma_{ab}\gamma_{ba}}$	$\dfrac{N_{mb}(1+\gamma_{ba})}{1-\gamma_{ab}\gamma_{ba}}$
		生态位重叠		
偏利共生	$\gamma_{ab}>0,\gamma_{ba}=0$	—	$N_{ma}(1+\gamma_{ab})$	N_{mb}
	$\gamma_{ab}=0,\gamma_{ba}>0$	—	N_{ma}	$N_{mb}(1+\gamma_{ba})$
互惠共生	$\gamma_{ab}>0,\gamma_{ba}>0$	生态位相隔	∞	∞
		生态位平行		
		生态位重叠	$\dfrac{N_{ma}(1+\gamma_{ab})}{1-\gamma_{ab}\gamma_{ba}}$	$\dfrac{N_{mb}(1+\gamma_{ba})}{1-\gamma_{ab}\gamma_{ba}}$

由表3-7可知,随着微政务信息公开共生模式的演化,以重叠位繁衍的博文与粉丝的种群密度会随之壮大,映射出透明政府官微信息化建设水平的稳步提高,同时也反映了新型社会管理模式的发展进阶。其中,互惠共生是微政务信息公开的最终演化方向,象征着有条不紊的公共治理体系。

80

2.3　基于共生网络的微政务信息公开共生演化稳定性分析

本节将通过政务微博与微博用户之间结合方式的演化，展现微政务信息公开共生网络的演化，分别以卫星式、复合式为基础，构建 Logistic 方程，并求得微政务信息公开演化各阶段下的平衡点，对微政务信息公开共生演化的稳定性进行分析。

2.3.1　卫星式微政务信息公开共生演化的稳定性分析

在政府信息公开过程中，政务微博和微博用户之间普遍存在一种卫星式共生演化模式，这种模式是由核心政府官微（Core Government Official Microblog，CGOM）和卫星微博/微信用户（Satellite Government Microblog User，SGMU）构成。所谓核心政府官微，就是指在各个领域具有重大影响力的政务微博（如公安领域的"中国警方在线"、交通领域的"成都在线"），该类微博发布的信息具有权威性和不可替代性。卫星微博/微信用户是指从核心政府官微中获取及时的、权威的政府信息的用户群体，同时在卫星式共生关系中，微博用户之间不存在任何联系。核心政府官微和卫星微博/微信用户的具体关系结构如图 2-7 所示。

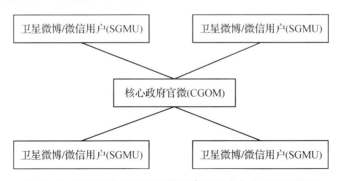

图 2-7　核心政府官微和微博用户卫星式共生关系结构图

现在将图 2-7 中处于中心地位的核心政府官微公开博文种群密度记为 $x_1(t)$,将聚集在核心政务微博周围的卫星微博/微信用户中关注平台的粉丝种群密度记为 $x_2(t)$。在没有新增粉丝量的情况下,考虑到已有粉丝的需求,政府官微依然会公开相关政务信息,因此在核心政府官微单独存在的情况下,其开放的博文的增长率为:

$$\frac{\mathrm{d}X_1(t)}{\mathrm{d}t} = r_1 X_1(t) \qquad (2-8)$$

现实生活中,粉丝数可以作为评估政府官微影响力和传播力的一种指标,大量的粉丝聚集在核心政务微博周围对其声誉的提升也具有中介作用。由此可知,政府官微有吸引更多粉丝关注的需求,微博用户的存在会提高政府官微公开博文的增长率,此时政府官微开放的博文数增长率为:

$$\frac{\mathrm{d}X_1(t)}{\mathrm{d}t} = r_1 \left(1 + \frac{W_{卫核} X_2(t)}{N_2}\right) X_1(t) \qquad (2-9)$$

其中,$W_{卫核}$ 表示新增的粉丝量对核心政务微博发布博文数增长率的贡献度,根据现实中的含义,$W_{卫核} > 0$。

另外,发布博文数的饱和度(已公开的博文数除以公开博文数的最大环境容量)对新发布博文具有阻滞作用,因此核心政府官微发布的博文种群增长率可最终描述为:

$$\frac{\mathrm{d}X_1(t)}{\mathrm{d}t} = r_1 \left(1 - \frac{X_1(t)}{N_1} + \frac{W_{卫核} X_2(t)}{N_2}\right) X_1(t) \qquad (2-10)$$

对于卫星微博用户来说,各个领域的核心政府官微提供的政务微博具有高质量、高影响力和高权威性,一旦其不再公开博文时,微博用户难以在这个领域内找到可以替代的政府官微来获取所需信息,微博用户的利益受到极大的损害,不满意度急剧上升,在强大的舆论攻势下,微博用户中关注核心政务微博的粉丝量会急剧减少,最后降为零。此时,新增粉丝量的表达式为：

$$\frac{\mathrm{d}X_2(t)}{\mathrm{d}t} = -r_2 X_2(t) \tag{2-11}$$

由于核心政府官微公开的博文对微博用户来说至关重要，因此，核心政府官微的存在对新增的粉丝数的增长率也起到促进效果，此时将粉丝增长率进一步描述为：

$$\frac{\mathrm{d}X_2(t)}{\mathrm{d}t} = r_2\left(-1 + \frac{W_{核卫}X_1(t)}{N_1}\right)X_2(t) \tag{2-12}$$

其中，$W_{核卫}$ 表示的是核心政府官微新增的博文数对粉丝增长率的贡献度，根据上面的分析可知 $W_{核卫} > 0$。

另外粉丝的饱和度（已有粉丝量除以粉丝量的最大环境容量）对新增粉丝量具有阻滞作用，这是由于微博用户数量基本恒定，若关注的粉丝越多，则未关注的粉丝越少。因此，粉丝增长率可最终描述为：

$$\frac{\mathrm{d}X_2(t)}{\mathrm{d}t} = r_2\left(-1 + \frac{W_{核卫}X_1(t)}{N_1} - \frac{X_2(t)}{N_2}\right)X_2(t) \tag{2-13}$$

在卫星式共生模式下，博文种群和粉丝种群的共生平衡状态为：

$$\frac{\mathrm{d}X_1(t)}{\mathrm{d}t} = r_1\left(1 - \frac{X_1(t)}{N_1} + \frac{W_{卫核}X_2(t)}{N_2}\right)X_1(t) = 0 \tag{2-14}$$

$$\frac{\mathrm{d}X_2(t)}{\mathrm{d}t} = r_2\left(-1 + \frac{W_{核卫}X_1(t)}{N_1} - \frac{X_2(t)}{N_2}\right)X_2(t) = 0 \tag{2-15}$$

解得两者的平衡点为 $E_1(0,0)$、$E_2: \left(\frac{N_1(1-W_{卫核})}{1-W_{卫核}W_{核卫}}, \frac{N_2(W_{核卫}-1)}{1-W_{卫核}W_{核卫}}\right)$。

将上式在平衡点展开为：

$$\begin{aligned}
\frac{\mathrm{d}X_1(t)}{\mathrm{d}t} &= \frac{\partial \frac{\mathrm{d}X_1(t)}{\mathrm{d}t}}{\partial X_1(t)}(X_1(t) - X_1^*(t)) + \frac{\partial \frac{\mathrm{d}X_1(t)}{\mathrm{d}t}}{\partial X_2(t)}(X_2(t) - X_2^*(t)) \\
&= r_1\left(1 - \frac{2X_1(t)}{N_1} + \frac{W_{卫核}X_2(t)}{N_2}\right)
\end{aligned}$$

$$(X_1(t)-X_1^*(t))+\frac{r_1 W_{卫核} X_1(t)}{N_2}(X_2(t)-X_2^*(t))=0$$

$$\frac{\mathrm{d}X_2(t)}{\mathrm{d}t}=\frac{\partial \dfrac{\mathrm{d}X_2(t)}{\mathrm{d}t}}{\partial X_1(t)}(X_1(t)-X_1^*(t))+\frac{\partial \dfrac{\mathrm{d}X_2(t)}{\mathrm{d}t}}{\partial X_2(t)}(X_2(t)-X_2^*(t))$$

$$=\frac{r_2 W_{核卫}卫 X_2(t)}{N_2}$$

$$(X_1(t)-X_1^*(t))+r_1\left(-1-\frac{2X_2(t)}{N_2}+\frac{W_{核卫} X_1(t)}{N_1}\right)(X_2(t)-X_2^*(t))=0$$

则系数矩阵为:

$$A=\begin{bmatrix} r_1\left(1-\dfrac{2X_1(t)}{N_1}+\dfrac{W_{卫核} X_2(t)}{N_2}\right) & \dfrac{r_1 W_{卫核} X_1(t)}{N_2} \\[3mm] \dfrac{r_2 W_{核卫} X_2(t)}{N_1} & r_2\left(-1-\dfrac{2X_2(t)}{N_2}+\dfrac{W_{核卫} X_1(t)}{N_1}\right) \end{bmatrix}$$

$$=\begin{bmatrix} a_{11} & a_{12} \\ a_{21} & a_{22} \end{bmatrix}$$

该矩阵的解为:

$$detA=a_{11}a_{22}-a_{12}a_{21}=r_1 r_2\left(1-\frac{2X_1(t)}{N_1}+\frac{W_{卫核} X_2(t)}{N_2}\right)$$

$$\left(-1-\frac{2X_2(t)}{N_2}+\frac{W_{核卫} X_1(t)}{N_1}\right)-\frac{r_1 r_2 W_{核卫} W_{卫核} X_1(t)X_2(t)}{N_1 N_2}$$

同时,该矩阵的迹为:

$$trA=a_{11}a_{22}=r_1 r_2\left(1-\frac{2X_1(t)}{N_1}+\frac{W_{卫核} X_2(t)}{N_2}\right)$$

$$\left(-1-\frac{2X_2(t)}{N_2}+\frac{W_{核卫} X_1(t)}{N_1}\right)$$

由于均衡点 E_1 和 E_2 不一定是核心政府官微和微博用户之间演化稳定策略(ESS),只有同时满足 $trA<0$(迹条件)和 $detA>0$(雅可比行列式条件)的均衡点才是演化稳定策略,因此需要分别对核心政府官微和微博用户的局部稳定性进行分析,具体操作为将平衡点 $E_1(0,0)$ 和 $E_2\left(\dfrac{N_1(1-W_{卫核})}{1-W_{卫核}W_{核卫}},\dfrac{N_2(W_{核卫}-1)}{1-W_{卫核}W_{核卫}}\right)$ 分别代入 $detA$ 和 trA 中,结果如表 2-7 所示。

表 2-7　核心政府官微和微博用户局部稳定性分析

平衡点	$detA$	trA
$E_1(0,0)$	$-r_1r_2$	$-r_1r_2$
$E_2:\left(\dfrac{N_1(1-W_{卫核})}{1-W_{卫核}W_{核卫}},\ \dfrac{N_2(W_{核卫}-1)}{1-W_{卫核}W_{核卫}}\right)$	$r_1r_2\dfrac{(W_{卫核}-1)(1-W_{核卫})}{1-W_{核卫}W_{卫核}}$	$r_1r_2\dfrac{(W_{卫核}-1)(1-W_{核卫})}{(1-W_{核卫}W_{卫核})^2}$

如表 2-7 所示,对于平衡点 $E_1(0,0)$ 来说,其解 $detA$ 迹和 trA 的值都为 $-r_1r_2$,不可能同时满足 $detA>0$ 和 $trA<0$ 这两个条件,因此平衡点 $E_1(0,0)$ 并不是稳定点(ESS)。对于平衡点 $E_2\left(\dfrac{N_1(1-W_{卫核})}{1-W_{卫核}W_{核卫}},\right.$ $\left.\dfrac{N_2(W_{核卫}-1)}{1-W_{卫核}W_{核卫}}\right)$ 来说,其解 $detA$ 的值为 $r_1r_2\dfrac{(W_{卫核}-1)(1-W_{核卫})}{1-W_{核卫}W_{卫核}}$,迹 trA 的值为 $r_1r_2\dfrac{(W_{卫核}-1)(1-W_{核卫})}{(1-W_{核卫}W_{卫核})^2}$,若要同时满足 $detA>0$ 和 $trA<0$ 这两个条件,即 $r_1r_2\dfrac{(W_{卫核}-1)(1-W_{核卫})}{1-W_{核卫}W_{卫核}}>0$ 且 $r_1r_2\dfrac{(W_{卫核}-1)(1-W_{核卫})}{(1-W_{核卫}W_{卫核})^2}<0$,只要保证 $(W_{卫核}-1)(1-W_{核卫})<0$、$1-W_{核卫}W_{卫核}>0$ 即可,对这两个限制条件同时求解,可得 $W_{核卫}$ 和 $W_{卫核}$ 最终的取值范围为 $W_{核卫}<1$、$1<W_{卫核}$、$W_{核卫}W_{卫核}<1$,或 $1<W_{核卫}$、$W_{卫核}<1$、$W_{核卫}W_{卫核}<1$。

同 时， 在 平 衡 点 $E_2\left(\dfrac{N_1(1-W_{卫核})}{1-W_{卫核}W_{核卫}},\dfrac{N_2(W_{核卫}-1)}{1-W_{卫核}W_{核卫}}\right)$ 中，$\dfrac{N_1(1-W_{卫核})}{1-W_{卫核}W_{核卫}}$ 代表的含义为政府官微发布的博文数量，$\dfrac{N_2(W_{核卫}-1)}{1-W_{卫核}W_{核卫}}$ 代表的含义为关注政府官微的粉丝量，只有上述两式大于零时，微政务信息公开共生演化才有现实意义，因此，$E_2\left(\dfrac{N_1(1-W_{卫核})}{1-W_{卫核}W_{核卫}},\dfrac{N_2(W_{核卫}-1)}{1-W_{卫核}W_{核卫}}\right)$ 有现实含义的条件为：

$$\begin{cases}\dfrac{N_1(1-W_{卫核})}{1-W_{卫核}W_{核卫}}>0\\[2mm]\dfrac{N_2(W_{核卫}-1)}{1-W_{卫核}W_{核卫}}>0\end{cases}$$

解得 $W_{核卫}$ 和 $W_{卫核}$ 的范围为 $1<W_{核卫}$、$W_{卫核}<1$、$W_{卫核}W_{核卫}<1$，或 $W_{核卫}<1$、$1<W_{卫核}$、$1<W_{卫核}W_{核卫}$。综上，$W_{核卫}$ 和 $W_{卫核}$ 的范围为 $1<W_{核卫}$、$W_{卫核}<1$、$W_{核卫}W_{卫核}<1$。

$W_{核卫}>1$ 表示核心政府官微新增的博文数对粉丝增长率的贡献度相对来说比较大，这是由于相较于影响力较差的政府官微，核心政府官微会更加主动、及时、公开、高效地反馈舆情进展情况，更注重对信息时效性和便捷性的提升，对于社会热门事件迅速调查，敢于承担，不姑息违规违法行为，呈现公平、透明的执政能力。例如针对舆论广泛关注的"汤兰兰案"，"@黑龙江省高级人民法院"公开发博回应，同时"@中国长安网"独家采访黑龙江高院，并发布头条文章回应8大质疑，让案件回归到法制本身，彰显司法权威；"杭州保姆纵火案"一审庭审中，杭州中院"@杭法观微"发布7条情况通报，让微博用户及时、全面地了解案件调查进展、庭审过程等权威内容。核心政务微博在微政务信息开放中具有权威性和不可替代性，其发布的政务微博是微博用户的巨大消息来源，对粉丝量的增长也起到了巨大作用，所以贡献度也相对较大。

$W_{核卫}>1$ 表示新增的粉丝量对核心政务微博发布博文数增长率的贡献度相对较少,这是由于尽管核心政务微博有吸引粉丝关注的需求,但是由于其已拥有的粉丝基数较大,为了确保本身发布的信息的权威性和信息质量,继续树立其在粉丝心目中的公信力,核心政务微博更加注重信息准确性和成本,导致新增的粉丝量对其发布的信息量增长率的贡献有限。

综上,当核心政府微博和微博用户之间的关系满足 $1<W_{核卫}$、$W_{卫核}<1$、$W_{核卫}W_{卫核}<1$ 时,卫星式共生系统就可以达到平衡状态。核心式政务微博在这个共生系统中扮演着极其重要的角色,无论是在信息发布还是舆论引导方面都有着至关重要的作用,而一旦核心政务微博停止发布博文,或者信息发布量明显不足、质量明显下降,微博用户短时间无法找到可以替代的政府官微,会导致整个共生系统崩塌。因此,对于微政务信息管理者来说,在继续投入大量资金建设政府官方微博平台的同时,还要对其进行监管,保证其发布博文的质量和数量,确保政府数据平台在微博用户中的不可替代的地位。

2.3.2　平等式微政务信息公开共生演化的稳定性分析

在微政务信息公开过程中,平等式共生模型也较为常见,这种模型是由几个影响力一般的政府官微(Government Official Microblog,GOM)和微博/微信用户(Weibo/WeChat User,WU)组成,这种模式与卫星共生模式的区别是不存在核心政府官微。换而言之,每个政府官微的职能范围、影响力以及发布微博的权威性基本相同,例如公安领域的"@安徽治安在线""@安庆望江公安华阳派出所""@安徽望江公安杨湾派出所"以及"@南陵县何湾派出所"。各个政府官微可能存在上下级关系,可能存在合作关系,也有可能存在竞争关系。各个政府官网相互可替代性强,微博用户可以与任何一个政府官微建立联系,从中获取所需信息,因此政务微博和微博用户处于平等地位,平等式共生演化模型如图 2 - 8 所示。

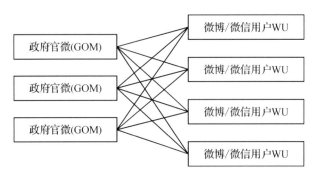

图 2 - 8　政府官微和微博用户平等式共生关系结构图

在平等式网络共生模式下,每个微博用户都会与多个政府官微形成共生关系,所产生的共生关系会对政府官微发布的博文数和政府官微增加的粉丝数造成影响,参考 Lotka-volterra 提出的模型,平等式共生网络下政府官微开放的博文数增长率为:

$$\frac{\mathrm{d}X_{\text{政}1}(t)}{\mathrm{d}t}=r_{\text{政}1}\Big(1-\frac{X_{\text{政}1}(t)}{N_{\text{政}1}}+\frac{W_{\text{用}1\text{政}1}X_{\text{用}1}(t)}{N_{\text{用}1}}+\frac{W_{\text{用}2\text{政}1}X_{\text{用}2}(t)}{N_{\text{用}2}}+$$
$$\cdots+\frac{W_{\text{用}n\text{政}1}X_{\text{用}n}(t)}{N_{\text{用}n}}\Big)X_{\text{政}1}(t)$$

$$\frac{\mathrm{d}X_{\text{政}2}(t)}{\mathrm{d}t}=r_{\text{政}2}\Big(1-\frac{X_{\text{政}2}(t)}{N_{\text{政}2}}+\frac{W_{\text{用}1\text{政}2}X_{\text{用}1}(t)}{N_{\text{用}1}}+\frac{W_{\text{用}2\text{政}2}X_{\text{用}2}(t)}{N_{\text{用}2}}+$$
$$\cdots+\frac{W_{\text{用}n\text{政}2}X_{\text{用}n}(t)}{N_{\text{用}n}}\Big)X_{\text{政}1}(t)$$

$$\vdots$$

$$\frac{\mathrm{d}X_{\text{政}n}(t)}{\mathrm{d}t}=r_{\text{政}n}\Big(1-\frac{X_{\text{政}n}(t)}{N_{\text{政}n}}+\frac{W_{\text{用}1\text{政}n}X_{\text{用}1}(t)}{N_{\text{用}1}}+\frac{W_{\text{用}2\text{政}n}X_{\text{用}2}(t)}{N_{\text{用}2}}+$$
$$\cdots+\frac{W_{\text{用}n\text{政}n}X_{\text{用}n}(t)}{N_{\text{用}n}}\Big)X_{\text{政}n}(t)$$

与卫星式共生结构不同的是,在平等式网络共生关系中,政府官微不再处于不可替代的地位，其发布的信息也不是微博用户唯一的来源，因此，即使在单个政府官微不发博文的情况下，粉丝的增长率依然是自然增长率：

$$\frac{\mathrm{d}X_{用1}(t)}{\mathrm{d}t}=r_{用1}\Big(1-\frac{X_{用1}(t)}{N_{用1}}+\frac{W_{政1用1}X_{政1}(t)}{N_{政1}}+$$

$$\frac{W_{政2用1}X_{政2}(t)}{N_{政2}}+\cdots+\frac{W_{政n用1}X_{政n}(t)}{N_{政n}}\Big)X_{用1}(t)$$

$$\frac{\mathrm{d}X_{用2}(t)}{\mathrm{d}t}=r_{用2}\Big(1-\frac{X_{用2}(t)}{N_{用2}}+\frac{W_{政1用2}X_{政1}(t)}{N_{政1}}+$$

$$\frac{W_{政2用2}X_{政2}(t)}{N_{政2}}+\cdots+\frac{W_{政n用2}X_{政n}(t)}{N_{政n}}\Big)X_{用2}(t)$$

$$\vdots$$

$$\frac{\mathrm{d}X_{用n}(t)}{\mathrm{d}t}=r_{用n}\Big(1-\frac{X_{用n}(t)}{N_{用n}}+\frac{W_{政1用n}X_{政1}(t)}{N_{政1}}+$$

$$\frac{W_{政2用n}X_{政2}(t)}{N_{政2}}+\cdots+\frac{W_{政n用n}X_{政n}(t)}{N_{政n}}\Big)X_{用n}(t)$$

其中，$W_{用n政}$ 表示的是第 n 个用户对第 n 个政府官微的公开的博文种群增长率的贡献度；$W_{政n用n}$ 表示的是第 n 个政务微博公开的博文数对第 n 个微博用户中成为政府官微粉丝种群增长率的贡献度。

综上，博文数和粉丝数增长率通用公式为：

$$\frac{\mathrm{d}X_{政n}(t)}{\mathrm{d}t}=r_{政n}\Big(1-\frac{X_{政n}(t)}{N_{政n}}+\sum_{i=1}^{n}\frac{W_{用i政n}X_{用i}(t)}{N_{用i}}\Big)X_{政n}(t)$$

$$\frac{\mathrm{d}X_{用n}(t)}{\mathrm{d}t}=r_{用n}\Big(1-\frac{X_{用n}(t)}{N_{用n}}+\sum_{i=1}^{n}\frac{W_{用n政i}X_{政i}(t)}{N_{政i}}\Big)X_{用n}(t)$$

由于上述模型较为复杂，为了方便接下来的研究工作，在不影响研究结果的情况下对模型进行简化：将所涉及的各个政府官微看作一个整体，换句话说，将单个政府官微对微博用户的贡献度累加起来，看成一个政务微博种群对微博用户的总贡献度;同理,将单个粉丝对政府官微的贡献度也累加起来,看成一个粉丝种群对政府官微的总贡献度。由此,博文种群和粉丝种群增长率的公式简化如下:

$$\frac{\mathrm{d}X_{政}(t)}{\mathrm{d}t} = r_{政}\left(1 - \frac{X_{政}(t)}{N_{政}} + \frac{W_{用政}X_{用}(t)}{N_{用}}\right)X_{政}(t)$$

$$\frac{\mathrm{d}X_{用}(t)}{\mathrm{d}t} = r_{用}\left(1 - \frac{X_{用}(t)}{N_{用}} + \frac{W_{政用}X_{政}(t)}{N_{政}}\right)X_{用}(t)$$

其中,$W_{用政}$ 表示的是粉丝种群对博文种群增长率的贡献度;$W_{政用}$ 表示的是博文种群对粉丝种群增长率的贡献度。

在平等式共生模型中,政府官微和微博用户共生平衡状态为:

$$\frac{\mathrm{d}X_{政}(t)}{\mathrm{d}t} = r_{政}\left(1 - \frac{X_{政}(t)}{N_{政}} + \frac{W_{用政}X_{用}(t)}{N_{用}}\right)X_{政}(t) = 0$$

$$\frac{\mathrm{d}X_{用}(t)}{\mathrm{d}t} = r_{用}\left(1 - \frac{X_{用}(t)}{N_{用}} + \frac{W_{用政}X_{政}(t)}{N_{政}}\right)X_{用}(t) = 0$$

解得平衡点为 $T_1(0,0)$、$T_2\left(\dfrac{N_1(1+W_{用政})}{1-W_{用政}W_{政用}}, \dfrac{N_2(W_{政用}-1)}{1-W_{用政}W_{政用}}\right)$。

将上式在平衡点展开:

$$\frac{\mathrm{d}X_{政}(t)}{\mathrm{d}t} = \frac{\partial \frac{\mathrm{d}X_{政}(t)}{\mathrm{d}t}}{\partial X_{政}(t)}(X_{政}(t)-X_{政}^*(t)) + \frac{\partial \frac{\mathrm{d}X_{政}(t)}{\mathrm{d}t}}{\partial X_{用}(t)}$$

$$(X_{用}(t)-X_{用}^*(t)) = r_{政}\left(1 - \frac{2X_{政}(t)}{N_{政}} + \frac{W_{用政}X_{用}(t)}{N_{用}}\right)$$

$$(X_{政}(t)-X_{政}^*(t)) + \frac{r_{政}W_{用政}X_{政}(t)}{N_{用}}(X_{用}(t)-X_{用}^*(t)) = 0$$

$$\frac{\mathrm{d}X_{用}(t)}{\mathrm{d}t} = \frac{\partial \frac{\mathrm{d}X_{用}(t)}{\mathrm{d}t}}{\partial X_{政}(t)}(X_{政}(t)-X_{政}^{*}(t)) + \frac{\partial \frac{\mathrm{d}X_{用}(t)}{\mathrm{d}t}}{\partial X_{用}(t)}(X_{用}(t)-X_{用}^{*}(t))$$

$$= \frac{r_{用}W_{政用}X_{用}(t)}{N_{用}}$$

$$(X_{政}(t)-X_{政}^{*}(t)) + r_{政}\left(1 - \frac{2X_{用}(t)}{N_{用}} + \frac{W_{用政}X_{政}(t)}{N_{政}}\right)(X_{用}(t)-X_{用}^{*}(t)) = 0$$

则系数矩阵为:

$$B = \begin{bmatrix} r_{政}\left(1 - \dfrac{2X_{政}(t)}{N_{政}} + \dfrac{W_{用政}X_{用}(t)}{N_{用}}\right) & \dfrac{r_{政}W_{用政}X_{政}(t)}{N_{用}} \\[2ex] \dfrac{r_{用}W_{政用}X_{用}(t)}{N_{政}} & r_{用}\left(1 - \dfrac{2X_{用}(t)}{N_{用}} + \dfrac{W_{政用}X_{政}(t)}{N_{政}}\right) \end{bmatrix}$$

$$= \begin{bmatrix} b_{11} & b_{12} \\ b_{21} & b_{22} \end{bmatrix}$$

该矩阵的解为:

$$detB = b_{11}b_{22} - b_{12}b_{21} = r_{政}\ r_{用}\left(1 - \frac{2X_{政}(t)}{N_{政}} + \frac{W_{用政}X_{用}(t)}{N_{用}}\right)$$

$$\left(1 - \frac{2X_{用}(t)}{N_{用}} + \frac{W_{政用}X_{政}(t)}{N_{政}}\right) - \frac{r_{政}\ r_{用}\ W_{政用}W_{用政}X_{政}(t)X_{用}(t)}{N_{政}\ N_{用}}$$

同时,该矩阵的迹为:

$$trB = b_{11}b_{22} = r_{政}\ r_{用}\left(1 - \frac{2X_{政}(t)}{N_{政}} + \frac{W_{用政}X_{用}(t)}{N_{用}}\right)$$

$$\left(1 - \frac{2X_{用}(t)}{N_{用}} + \frac{W_{政用}X_{政}(t)}{N_{政}}\right)$$

由于均衡点 T_1 和 T_2 不一定是政府官微和微博用户之间演化稳定策略(ESS),只有同时满足 $trB<0$(迹条件)和 $detB>0$(雅可比行列式条件),该均衡点才是演化稳定策略,因此需要分别对政府官微和微博用户的局部稳定性进行分析,具体操作为将平衡点 $T_1(0,0)$ 和 $T_2\left(\dfrac{N_政(1+W_{用政})}{1-W_{用政}W_{政用}},\dfrac{N_用(W_{政用}+1)}{1-W_{用政}W_{政用}}\right)$ 分别代入 $detB$ 和 trB 中,结果如表 2-8 所示。

表 2-8 政府官微和微博用户局部稳定性分析

平衡点	$detB$	trB
$T_1(0,0)$	$r_政 r_核$	$r_政 r_核$
$T_2\left(\dfrac{N_政(1+W_{用政})}{1-W_{用政}W_{政用}},\dfrac{N_用(W_{政用}+1)}{1-W_{用政}W_{政用}}\right)$	$r_政\ r_用\dfrac{(W_{政用}+1)(1+W_{用政})}{1-W_{政用}W_{用政}}$	$r_政\ r_用\dfrac{(W_{政用}+1)(1+W_{用政})}{(1-W_{政用}W_{用政})^2}$

如表 2-8 所示,对于平衡点 $T_1(0,0)$ 来说,其解 $detB$ 迹和 trB 的值都为 r_1r_2,不可能同时满足 $detB>0$ 和 $trB<0$ 这两个条件,因此平衡点 $T_1(0,0)$ 并不是稳定点(ESS)。对于平衡点 $T_2\left(\dfrac{N_政(1+W_{用政})}{1-W_{用政}W_{政用}},\dfrac{N_用(W_{政用}+1)}{1-W_{用政}W_{政用}}\right)$ 来说,其解 $detB$ 的值为 $r_政\ r_用\dfrac{(W_{政用}+1)(1+W_{用政})}{1-W_{政用}W_{用政}}$,迹 trB 的值为 $r_政\ r_用\dfrac{(W_{政用}+1)(1+W_{用政})}{(1-W_{政用}W_{用政})^2}$,要同时满足 $detB>0$ 和 $trB<0$ 这两个条件,即 $r_政\quad r_用\ \dfrac{(W_{政用}+1)(1+W_{用政})}{1-W_{政用}W_{用政}}>0$ 且 $r_1r_2\dfrac{(W_{卫核}-1)(1-W_{核卫})}{(1-W_{核卫}W_{卫核})^2}<0$。由前文的分析可知,$W_{政用}>0$ 且 $W_{用政}>0$,因此可解得 $W_{核卫}$ 和 $W_{卫核}$ 的取值范围为 $W_{政用}W_{用政}<1$。

同时,在平衡点 $T_2\left(\dfrac{N_政(1+W_{用政})}{1-W_{用政}W_{政用}},\dfrac{N_用(W_{政用}+1)}{1-W_{用政}W_{政用}}\right)$ 中,$\dfrac{N_政(1+W_{用政})}{1-W_{用政}W_{政用}}$ 代表的含义为博文种群密度,$\dfrac{N_用(W_{政用}+1)}{1-W_{用政}W_{政用}}$ 代表的含义为粉丝种群密度,只有上述两式大于零时,微政务信息公开共生演化才有现实意义,因此,$T_2\left(\dfrac{N_{政}(1+W_{用政})}{1-W_{用政}W_{政用}},\dfrac{N_{用}(W_{政用}+1)}{1-W_{用政}W_{政用}}\right)$ 具有现实意义的条件为:

$$\begin{cases} \dfrac{N_{政}(1+W_{用政})}{1-W_{用政}W_{政用}}>0 \\[3mm] \dfrac{N_{用}(W_{政用}+1)}{1-W_{用政}W_{政用}}>0 \end{cases}$$

解得 $W_{核卫}$ 和 $W_{卫核}$ 的范围为 $W_{政用}W_{用政}<1$。

综上,$W_{核卫}$ 和 $W_{卫核}$ 的范围为 $W_{政用}W_{用政}<1$,由于政府官微和微博用户之间相互平等,互相的贡献度可视为相等,因此,可进一步得出 $0<W_{政用}<1$、$0<W_{用政}<1$。

$0<W_{政用}<1$、$0<W_{用政}<1$ 意味着政府官微和微博用户对彼此的贡献度都不太大,这是由于与核心政府官微不同,影响力较低的政府官微发布的信息大多数质量较差,信息的及时性、便捷性和权威性较差,竞争力水平低,微博用户非常容易从具有类似职能的政府官微上获取所需信息,因此,公开的博文对粉丝数量的提升有限。随着粉丝数量的增加,粉丝对信息质量的要求也越来越高,而粉丝量越多,政府官微需要投入越多的精力和时间去进行舆论正面引导,这无疑增加了政府官微的运营成本;而影响力较差的官微多为基层政务微博,获得的运营资金难以承担如此大的成本,因此,粉丝种群对政府官微博文种群的增长率的贡献度也有限。同时还可以看出,这个系统的稳定性是建立在政务微博和微博用户平等的基础上的,若某一个微博的竞争力加大,发布的信息对微博用户来说具有不可取代性,那么平等式共生模式就会被打破,具有优势的一方就会打破与劣势的一方的合作。

2.3.3 卫星—平等复合式微政务信息公开共生演化的稳定性分析

在微政务信息公开中,还存在一种卫星—平等复合式共生模型,这种模型是由核心政府官微和政务意见领袖构成的。所谓政务意见领袖,是指在团队中构成信息和影响的重要来源和轴心人物,是能够左右大多数人情绪、态度、倾向甚至决策的那一小部分人。政务意见领袖通常具有社会影响力,能够影响网络政务生态的发展,并能够获得大众广泛认可,从而成为公众的意见领袖。因此,从某种程度上说,意见领袖指的就是具有巨大影响力的微博用户,为了便于理解,本文将政务意见领袖指代为党政公务人员微博。卫星—平等复合式共生模型与卫星式共生模式相比,共同点为依然存在核心政府官微,不同点在于政务意见领袖之间存在相互联系(相互合作或相互竞争);与平等式网络共生结构相比,共同点为各个政务领袖之间处于平等地位,不同点在于共生结构中存在微博意见领袖,对维护整个系统稳定具有重要作用。核心政府官微(Core Government Official Microblog,CGOM)和政务意见领袖(Government Microblogging Opinion Leader,GMOL)之间具体的共生结构如图 2-9 所示。

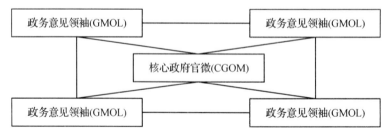

图 2-9 卫星—平等共生模式下核心政府官微和政务意见领袖关系结构图

图 2-9 中,核心政府官微处于核心地位,聚集在四周的是政务意见领袖。现实生活中,政务意见领袖之间既可能存在合作关系,也可能存在竞争关系。政务意见领袖的合作关系可理解为:当核心政府官微发布关于某个热门社会事件的博文后,为了吸引更多的公众对热门事件的关注,各个政务意见领袖会相继转发核心政府官微发布的博文或者彼此之间相互转发,而意见领袖彼此之间的转发可视为两者之间的合作。政务领袖

之间存在竞争关系可理解为：对于某一热门事件来说，当政务意见领袖彼此的转发量越多，公众一般只会选择其中一个意见领袖转发的博文进行点赞和评论，这会造成"分流"现象，导致其他意见领袖的社会影响力大打折扣，从而导致两者之间存在竞争关系。

根据上面的分析，接下来分别探讨核心政务意见领袖的合作或者竞争关系。当假设政务意见领袖之间为合作关系时，某一意见领袖转发博文次数不仅与核心政府官微发布的博文数成长相关，还与其他政务意见领袖转发数呈正相关，因此，政务意见领袖转发博文的次数的增长率为：

$$\frac{\mathrm{d}X_{意1}(t)}{\mathrm{d}t}=r_{意1}\left(1-\frac{X_{意1}(t)}{N_{意1}}+\frac{W_{核意1}X_{核}(t)}{N_{核}}+\right.$$

$$\left.\frac{W_{意2意1}X_{意2}(t)}{N_{意2}}+\cdots+\frac{W_{意n意1}X_{意n}(t)}{N_{意n}}\right)X_{意1}(t)$$

$$\frac{\mathrm{d}X_{意2}(t)}{\mathrm{d}t}=r_{意2}\left(1-\frac{X_{意2}(t)}{N_{意2}}+\frac{W_{核意2}X_{核}(t)}{N_{核}}+\right.$$

$$\left.\frac{W_{意1意2}X_{意1}(t)}{N_{意1}}+\cdots+\frac{W_{意n意2}X_{意n}(t)}{N_{意n}}\right)X_{意2}(t)$$

$$\vdots$$

$$\frac{\mathrm{d}X_{意n}(t)}{\mathrm{d}t}=r_{意n}\left(1-\frac{X_{意n}(t)}{N_{意n}}+\frac{W_{核意n}X_{核}(t)}{N_{n}}+\right.$$

$$\left.\frac{W_{意1意n}X_{意1}(t)}{N_{意n}}+\cdots+\frac{W_{意n-1意n}X_{意n-1}(t)}{N_{意n-1}}\right)X_{意n}(t)$$

其中，n 表示的是意见领袖的个数；$X_{核}(t)$表示的是核心政府官微发布的博文数；$X_{意}(t)$表示的是政务意见领袖转发博文的次数；$N_{核}$ 表示的是核心政府官微发布博文数的最大环境容量；$N_{意}$ 表示的是政务意见领袖转发次数的最大环境容量；$W_{核意}$表示的是核心政府官微发布的博文数对政务意见领袖转发次数增长率的贡献值；$W_{意1意2}$ 表示的是当两个政务意见领袖为合作关系时，其中一个政务意见领袖转发博文的次数对其他政务意见领袖转发博文次数增长率的贡献值。

当假设政务意见领袖之间为竞争关系时,某一意见领袖转发博文次数不仅与核心政府官微发布的博文数呈正相关,还与其他政务意见领袖转发数呈负相关,因此,政务意见领袖转发博文的次数的增长率为:

$$\frac{\mathrm{d}X_{意1}(t)}{\mathrm{d}t}=r_{意1}\Big(1-\frac{X_{意1}(t)}{N_{意1}}+\frac{W_{核意1}X_{核}(t)}{N_{核}}1-\frac{W_{意2意1}X_{意2}(t)}{N_{意2}}-$$

$$\cdots-\frac{W_{意n意1}X_{意n}(t)}{N_{意n}}\Big)X_{意1}(t)$$

$$\frac{\mathrm{d}X_{意2}(t)}{\mathrm{d}t}=r_{意2}\Big(1-\frac{X_{意2}(t)}{N_{意2}}+\frac{W_{核意2}X_{核}(t)}{N_{核}}-$$

$$\frac{W_{意1意2}X_{意1}(t)}{N_{意1}}-\cdots-\frac{W_{意n意2}X_{意n}(t)}{N_{意n}}\Big)X_{意2}(t)$$

$$\vdots$$

$$\frac{\mathrm{d}X_{意n}(t)}{\mathrm{d}t}=r_{意n}\Big(1-\frac{X_{意n}(t)}{N_{意n}}+\frac{W_{核意n}X_{核}(t)}{N_{n}}-\frac{W_{意1意n}X_{意1}(t)}{N_{意n}}-$$

$$\cdots-\frac{W_{意n-1意n}X_{意n-1}(t)}{N_{意n-1}}\Big)X_{意n}(t)$$

同时,对于核心政府官微来说,其发布的博文数与各个政务意见领袖转发次数呈正相关,这是由于在现实生活中,对于某一具体领域的政务微博,当核心政府官微发布某一热门事件相关博文以后,政务微博意见领袖纷纷对该博文进行转发,越来越多的公众关注这一事件,舆论持续发酵,此时,对于核心政务微博来说,为了继续维护在公众心中的权威性和影响力,会发布更多的博文对事件进行持续报道,及时迅速地向公众反馈事件的进展。因此,政务意见领袖的存在也会促进核心政府官微发布博文数的增长率提升:

$$\frac{\mathrm{d}X_{核}(t)}{\mathrm{d}t} = r_{核}\left(1 - \frac{X_{核}(t)}{N_{核}} + \frac{W_{意_1核}X_{意_1}(t)}{N_{意_1}}1 - \right.$$

$$\left. \frac{W_{意_2核}X_{意_2}(t)}{N_{意_2}} - \cdots - \frac{W_{意_n核}X_{意_n}(t)}{N_{意_n}}\right)X_{核}(t)$$

其中，$W_{意核}$ 表示的是意见领袖转发次数对核心政府官微发布博文数增长率的贡献值。

综上，当政务意见领袖之间为合作关系时，核心政府官微发布的博文数和政务意见领袖的转发次数增长率的通用公式为：

$$\frac{\mathrm{d}X_{意_m}(t)}{\mathrm{d}t} = r_{意_m}\left(1 - \frac{X_{意_m}(t)}{N_{意_m}} + \frac{W_{核意_m}X_{核}(t)}{N_{核}} + \sum_{\substack{i=1 \\ i \neq 1}}^{n} \frac{W_{意_i意_m}X_{意_m}(t)}{N_{意_m}}\right)X_{意_m}(t)$$

$$\frac{\mathrm{d}X_{核}(t)}{\mathrm{d}t} = r_{核}\left(1 - \frac{X_{核}(t)}{N_{核}} + \sum_{i=1}^{n} \frac{W_{意_i核}X_{意_i}(t)}{N_{意_i}}\right)X_{核}(t)$$

当政务意见领袖之间为竞争关系时，核心政府官微发布的博文数和政务意见领袖的转发次数增长率的通用公式为：

$$\frac{\mathrm{d}X_{意_m}(t)}{\mathrm{d}t} = r_{意_m}\left(1 - \frac{X_{意_m}(t)}{N_{意_m}} + \frac{W_{核意_m}X_{核}(t)}{N_{核}} - \sum_{\substack{i=1 \\ i \neq 1}}^{n} \frac{W_{意_i意_m}X_{意_m}(t)}{N_{意_m}}\right)X_{意_m}(t)$$

$$\frac{\mathrm{d}X_{核}(t)}{\mathrm{d}t} = r_{核}\left(1 - \frac{X_{核}(t)}{N_{核}} + \sum_{i=1}^{n} \frac{W_{意_i核}X_{意_i}(t)}{N_{意_i}}\right)X_{核}(t)$$

因此，在卫星—网络的共生模式下，因政务意见领袖之间的关系不同，形成不同的增长率函数，为了便于分析，需要对模型做相应的简化。

• 各个政务意见领袖之间为合作共生关系

对于卫星—平等复合结构中各个政务意见领袖来说，假设两者之间的相互影响力大致相同，即对于某一个政务意见领袖来说，其他各个政务意见领袖对其转发次数增长率的贡献度完全等同。此时，其他政务意见领袖对某一政务意见领袖共生合作总影响力为$(n-1)W_{\zeta}$，W_{ζ} 即两个政务意见领袖之间因共生合作作用而产生的增长率贡献值。对于卫星—平等复合结构中核心政府官微来说，假设各个政务意见领袖对其发布的博文数增长率的贡献度也完全相同，此时，政务意见领袖对核心政府官微合作总影响力为 nW_λ，W_λ 即一个政务意见领袖与核心政府官微因共生作用而产生的增长率贡献值。同时，进一步假设政务意见领袖转发核心政府官微发布博文的次数大致相同，政务意见领袖共生合作时的增长率函数可简化为：

$$\frac{\mathrm{d}X_{核}(t)}{\mathrm{d}t} = r_{核}\left(1 - \frac{X_{核}(t)}{N_{核}} + \frac{nW_\lambda X_{意}(t)}{N_{意}}\right)X_{核}(t)$$

$$\frac{\mathrm{d}X_{意}(t)}{\mathrm{d}t} = r_{意}\left(1 - \frac{X_{意}(t)}{N_{意}} + \frac{W_{核意}X_{核}(t)}{N_{核}} + \frac{(n-1)W_\zeta X_{意}(t)}{N_{意}}\right)X_{核}(t)$$

核心政府官微和政务意见领袖共生合作时的平衡状态为：

$$\frac{\mathrm{d}X_{核}(t)}{\mathrm{d}t} = r_{核}\left(1 - \frac{X_{核}(t)}{N_{核}} + \frac{nW_\lambda X_{意}(t)}{N_{意}}\right)X_{核}(t) = 0$$

$$\frac{\mathrm{d}X_{意}(t)}{\mathrm{d}t} = r_{意}\left(1 - \frac{X_{意}(t)}{N_{意}} + \frac{W_{核意}X_{核}(t)}{N_{核}} + \frac{(n-1)W_\zeta X_{意}(t)}{N_{意}}\right) = 0$$

解得该共生模式下的平衡点为 M_1（0，0）、$M_2\left(\dfrac{nW_\lambda N_{核} + N_{核} - (n-1)N_{核}W_\zeta}{1-(n-1)W_\zeta - nW_{核意}W_\lambda}, \dfrac{N_{意}(W_{核意}+1)}{1-(n-1)W_\zeta - nW_\lambda W_{核意}}\right)$。

将上式在平衡点展开：

$$\frac{\mathrm{d}X_{核}(t)}{\mathrm{d}t} = \frac{\partial \frac{\mathrm{d}X_{核}(t)}{\mathrm{d}t}}{\partial X_{核}(t)}(X_{核}(t) - X_{核}^*(t)) + \frac{\partial \frac{\mathrm{d}X_{核}(t)}{\mathrm{d}t}}{\partial X_{意}(t)}(X_{意}(t) - X_{意}^*(t))$$

$$= r_{核}\left(1 - \frac{2X_{核}(t)}{N_{核}} + \frac{nW_\lambda X_{意}(t)}{N_{意}}\right)$$

$$(X_{核}(t) - X_{核}^*(t)) + \frac{r_{核}W_\lambda X_{核}(t)}{N_{意}}(X_{意}(t) - X_{意}^*(t)) = 0$$

$$\frac{\mathrm{d}X_{意}(t)}{\mathrm{d}t}=\frac{\partial\frac{\mathrm{d}X_{意}(t)}{\mathrm{d}t}}{\partial X_{核}(t)}(X_{核}(t)-X_{核}^{*}(t))+\frac{\partial\frac{\mathrm{d}X_{意}(t)}{\mathrm{d}t}}{\partial X_{意}(t)}(X_{意}(t)-X_{意}^{*}(t))$$

$$=\frac{r_{意}W_{核意}X_{意}(t)}{N_{核}}$$

$$(X_{核}(t)-X_{核}^{*}(t))+r_{意}\Big(1-\frac{2X_{意}(t)}{N_{意}}+\frac{W_{核意}X_{核}(t)}{N_{核}}+$$

$$\frac{2(n-1)W_{\zeta}X_{意}(t)}{N_{意}}\Big)(X_{意}(t)-X_{意}^{*}(t))=0$$

则系数矩阵为：

$$C=\begin{bmatrix} r_{核}\Big(1-\dfrac{2X_{核}(t)}{N_{核}}+\dfrac{nW_{\lambda}X_{意}(t)}{N_{意}}\Big) & \dfrac{nr_{核}W_{\lambda}X_{核}(t)}{N_{意}} \\ \dfrac{r_{意}W_{核意}X_{意}(t)}{N_{核}} & r_{意}\Big(1-\dfrac{2X_{意}(t)}{N_{意}}+\dfrac{W_{核意}X_{核}(t)}{N_{核}} \\ & +\dfrac{(n-1)W_{\zeta}X_{意}}{N_{意}}\Big) \end{bmatrix}$$

$$=\begin{bmatrix} c_{11} & c_{12} \\ c_{21} & c_{22} \end{bmatrix}$$

该矩阵的解为：

$$detC=r_{核}\,r_{意}\Big(1-\frac{2X_{核}(t)}{N_{核}}+\frac{nW_{\lambda}X_{意}(t)}{N_{意}}\Big)\Big(1-\frac{2X_{意}(t)}{N_{意}}+\frac{W_{核意}X_{核}(t)}{N_{核}}+$$

$$\frac{(n-1)W_{\zeta}X_{意}}{N_{意}}\Big)-\frac{nr_{核}\,r_{意}\,W_{\lambda}W_{核意}X_{意}(t)X_{核}(t)}{N_{核}\,N_{意}}$$

同时，该矩阵的迹为：

$$trC=r_{核}\,r_{意}\Big(1-\frac{2X_{核}(t)}{N_{核}}+\frac{nW_{\lambda}X_{意}(t)}{N_{意}}\Big)\Big(1-\frac{2X_{意}(t)}{N_{意}}+$$

$$\frac{W_{核意}X_{核}(t)}{N_{核}}+\frac{(n-1)W_{\zeta}X_{意}}{N_{意}}\Big)$$

由于均衡点 M_1 和 M_2 不一定是核心政府官微和微博用户之间演化稳定策略（ESS），只有同时满足 $trC<0$（迹条件）和 $detC>0$（雅可比行列式条件），该均衡点才是演化稳定策略，因此需要分别对核心政府官微和微博用户的局部稳定性进行分析，具体操作为将平衡点 $M_1(0,0)$、$M_2\left(\dfrac{nW_\lambda N_核+N_核-(n-1)N_核 W_\zeta}{1-(n-1)W_\zeta-nW_{核意}W_\lambda},\dfrac{N_意(W_{核意}+1)}{1-(n-1)W_\zeta-nW_\lambda W_{核意}}\right)$ 分别代入 $detC$ 和 trC 中，结果如表 2-9 所示。

表 2-9　核心政府官微和微博用户局部稳定性分析

平衡点	$detC$	trC
M_1	$r_核\ r_意$	$r_核\ r_意$
M_2	$r_核\ r_意\ \dfrac{((n-1)W_\zeta-nW_\lambda-1)}{}\dfrac{(1+W_{核卫})(1+nW_\lambda W_{核卫})}{(1-(n-1)W_\zeta-nW_\lambda W_{核意})^2}$	$r_核\ r_意\ \dfrac{(1+nW_\lambda-(n-1)W_\zeta)(1+W_{核卫})}{(1-(n-1)W_\zeta-nW_\lambda W_{核意})^2}$

如表 2-9 所示，对于平衡点 $M_1(0,0)$ 来说，其解 $detC$ 迹和 trC 的值都为 $r_核\ r_意$，不可能同时满足 $detC>0$ 和 $trC<0$ 这两个条件，因此，平衡点 M_1（0，0）并不是稳定点（ESS）。对于平衡点 $M_2\left(\dfrac{nW_\lambda N_核+N_核-(n-1)N_核 W_\zeta}{1-(n-1)W_\zeta-nW_{核意}W_\lambda},\dfrac{N_意(W_{核意}+1)}{1-(n-1)W_\zeta-nW_\lambda W_{核意}}\right)$ 来说，其解 $detC$ 的值为 $r_核\ r_意\ \dfrac{((n-1)W_\zeta-nW_\lambda-1)(1+W_{核卫})(1+nW_\lambda W_{核卫})}{(1-(n-1)W_\zeta-nW_\lambda W_{核意})^2}$，迹 trC 的值为 $r_核\ r_意\ \dfrac{(1+nW_\lambda-(n-1)W_\zeta)(1+W_{核卫})}{(1-(n-1)W_\zeta-nW_\lambda W_{核意})^2}$，若要同时满足 $detC>0$ 和 $trC<0$ 这两个条件，即 $r_核\ r_意\ \dfrac{((n-1)W_\zeta-nW_\lambda-1)(1+W_{核卫})(1+nW_\lambda W_{核卫})}{(1-(n-1)W_\zeta-nW_\lambda W_{核意})^2}>0$，$r_核\ r_意\ \dfrac{(1+nW_\lambda-(n-1)W_\zeta)(1+W_{核卫})}{(1-(n-1)W_\zeta-nW_\lambda W_{核意})^2}<0$，可以推出 W_ζ 和 W_λ 应符合以下关系：$(n-1)W_\zeta-nW_\lambda-1>0$。

同时，在平衡点 M_2（$\dfrac{nW_\lambda N_核 + N_核 - (n-1)N_核 W_\zeta}{1-(n-1)W_\zeta - nW_{核意}W_\lambda}$，

$\dfrac{N_意(W_{核意}+1)}{1-(n-1)W_\zeta - nW_\lambda W_{核意}}$）中，$\dfrac{nW_\lambda N_核 + N_核 - (n-1)N_核 W_\zeta}{1-(n-1)W_\zeta - nW_{核意}W_\lambda}$ 代表的含义

为核心政府官微发布的博文种群密度，$\dfrac{N_意(W_{核意}+1)}{1-(n-1)W_\zeta - nW_\lambda W_{核意}}$ 代表的含

义则为政务意见领袖转发次数，只有上述两式大于零时，微政务信息公开共

生演化才有现实意义，因此，M_2（$\dfrac{nW_\lambda N_核 + N_核 - (n-1)N_核 W_\zeta}{1-(n-1)W_\zeta - nW_{核意}W_\lambda}$，

$\dfrac{N_意(W_{核意}+1)}{1-(n-1)W_\zeta - nW_\lambda W_{核意}}$）具有现实意义的条件为：

$$\begin{cases} \dfrac{nW_\lambda N_核 + N_核 - (n-1)N_核 W_\zeta}{1-(n-1)W_\zeta - nW_{核意}W_\lambda} > 0 \\[3mm] \dfrac{N_意(W_{核意}+1)}{1-(n-1)W_\zeta - nW_\lambda W_{核意}} > 0 \end{cases}$$

综上，当 W_ζ、W_λ 以及 $W_{核意}$ 符合 $\dfrac{nW_\lambda N_核 + N_核 - (n-1)N_核 W_\zeta}{1-(n-1)W_\zeta - nW_{核意}W_\lambda} > 0$、

$\dfrac{N_意(W_{核意}+1)}{1-(n-1)W_\zeta - nW_\lambda W_{核意}} > 0$ 以及 $(n-1)W_\zeta - nW_\lambda - 1 > 0$ 这三个限制

条件时，卫星—平等复合共生模式才可以存在。

- **各个政务意见领袖为竞争共生关系**

对于卫星—平等复合结构中各个政务意见领袖来说，假设两者之间
的相互影响力大致相同，即对于某一个政务意见领袖来说，其他各个政务
意见领袖对其转发次数增长率的贡献度完全等同。此时，其他政务意见
领袖对某一政务意见领袖竞争共生总影响力为 $(n-1)W_a$，W_a 即两个政
务意见领袖之间因竞争共生作用而对增长率的贡献值，W_a 大于零。对于
卫星—平等复合结构中核心政府官微来说，假设各个政务意见领袖对其
发布的博文数增长率的贡献度也完全相同，此时，政务意见领袖对核心政

府官微合作总影响力为 nW_β，W_β 即一个政务意见领袖与核心政府官微因共生作用而产生的增长率贡献值，W_β 大于零。同时，进一步假设政务意见领袖转发核心政府官微发布博文的次数大致相同，故政务意见领袖共生合作时的增长率函数可简化为：

$$\frac{dX_{核}(t)}{dt} = r_{核}\left(1 - \frac{X_{核}(t)}{N_{核}} + \frac{nW_\beta X_{意}(t)}{N_{意}}\right)X_{核}(t)$$

$$\frac{dX_{意}(t)}{dt} = r_{意}\left(1 - \frac{X_{意}(t)}{N_{意}} + \frac{W_{核意}X_{核}(t)}{N_{核}} - \frac{(n-1)W_a X_{意}(t)}{N_{意}}\right)X_{意}(t)$$

核心政府官微和政务意见领袖竞争共生时的平衡状态为：

$$\frac{dX_{核}(t)}{dt} = r_{核}\left(1 - \frac{X_{核}(t)}{N_{核}} + \frac{nW_\beta X_{意}(t)}{N_{意}}\right)X_{核}(t) = 0$$

$$\frac{dX_{意}(t)}{dt} = r_{意}\left(1 - \frac{X_{意}(t)}{N_{意}} + \frac{W_{核意}X_{核}(t)}{N_{核}} - \frac{(n-1)W_a X_{意}(t)}{N_{意}}\right)X_{意}(t) = 0$$

解得该共生模式下的平衡点为 R_1（0，0）、$R_2\left(\frac{nW_\beta N_{核} + N_{核} - (n-1)N_{核}W_a}{1 + (n-1)W_a - nW_{核意}W_\beta}, \frac{N_{意}(W_{核意} + 1)}{1 + (n-1)W_a - nW_\beta W_{核意}}\right)$。

将上式在平衡点展开：

$$\frac{dX_{核}(t)}{dt} = \frac{\partial \frac{dX_{核}(t)}{dt}}{\partial X_{核}(t)}(X_{核}(t) - X_{核}^*(t)) + \frac{\partial \frac{dX_{核}(t)}{dt}}{\partial X_{意}(t)}(X_{意}(t) - X_{意}^*(t))$$

$$= r_{核}\left(1 - \frac{2X_{核}(t)}{N_{核}} + \frac{nW_\beta X_{意}(t)}{N_{意}}\right)$$

$$(X_{核}(t) - X_{核}^*(t)) + \frac{r_{核}W_\beta X_{核}(t)}{N_{意}}(X_{意}(t) - X_{意}^*(t)) = 0$$

$$\frac{\mathrm{d}X_\text{意}(t)}{\mathrm{d}t} = \frac{\partial \frac{\mathrm{d}X_\text{意}(t)}{\mathrm{d}t}}{\partial X_\text{核}(t)}(X_\text{核}(t) - X_\text{核}^*(t)) + \frac{\partial \frac{\mathrm{d}X_\text{意}(t)}{\mathrm{d}t}}{\partial X_\text{意}(t)}(X_\text{意}(t) - X_\text{意}^*(t))$$

$$= \frac{r_\text{意} W_\text{核意} X_\text{意}(t)}{N_\text{核}}$$

$$(X_\text{核}(t) - X_\text{核}^*(t)) + r_\text{意}\left(1 - \frac{2X_\text{意}(t)}{N_\text{意}} + \frac{W_\text{核意} X_\text{核}(t)}{N_\text{核}} - \right.$$

$$\left. \frac{2(n-1)W_a X_\text{意}(t)}{N_\text{意}}\right)(X_\text{意}(t) - X_\text{意}^*(t)) = 0$$

则系数矩阵为：

$$D = \begin{bmatrix} r_\text{核}\left(1 - \dfrac{2X_\text{核}(t)}{N_\text{核}} + \dfrac{nW_\beta X_\text{意}(t)}{N_\text{意}}\right) & \dfrac{nr_\text{核} W_\beta X_\text{核}(t)}{N_\text{意}} \\[3ex] \dfrac{r_\text{意} W_\text{核意} X_\text{意}(t)}{N_\text{核}} & \begin{aligned} r_\text{意}&\left(1 - \dfrac{2X_\text{意}(t)}{N_\text{意}} + \dfrac{W_\text{核意} X_\text{核}(t)}{N_\text{核}}\right. \\ &\left. - \dfrac{2(n-1)W_a X_\text{意}}{N_\text{意}}\right) \end{aligned} \end{bmatrix}$$

$$= \begin{bmatrix} d_{11} & d_{12} \\ d_{21} & d_{22} \end{bmatrix}$$

该矩阵的解为：

$$detD = r_\text{核}\ r_\text{意}\left(1 - \frac{2X_\text{核}(t)}{N_\text{核}} + \frac{nW_\beta X_\text{意}(t)}{N_\text{意}}\right)\left(1 - \frac{2X_\text{意}(t)}{N_\text{意}} + \frac{W_\text{核意} X_\text{核}(t)}{N_\text{核}} - \right.$$

$$\left. \frac{(n-1)W_a X_\text{意}}{N_\text{意}}\right) - \frac{nr_\text{核}\ r_\text{意}\ W_\beta W_\text{核意} X_\text{意}(t)X_\text{核}(t)}{N_\text{核}\ N_\text{意}}$$

同时,该矩阵的迹为：

$$detD = r_\text{核}\ r_\text{意}\left(1 - \frac{2X_\text{核}(t)}{N_\text{核}} + \frac{nW_\beta X_\text{意}(t)}{N_\text{意}}\right)\left(1 - \frac{2X_\text{意}(t)}{N_\text{意}} + \right.$$

$$\left. \frac{W_\text{核意} X_\text{核}(t)}{N_\text{核}} - \frac{(n-1)W_a X_\text{意}}{N_\text{意}}\right)$$

由于均衡点 R_1 和 R_2 不一定是核心政府官微和微博用户之间演化稳定策略(ESS),只有同时满足 $trD<0$(迹条件)和 $detD>0$(雅可比行列式条件),该均衡点才是演化稳定策略。因此,需要分别对核心政府官微和政务意见领袖的局部稳定性进行分析,具体操作为将平衡点 $R_1(0,0)$ 和 $R_2\left(\dfrac{nW_\beta N_核+N_核+(n-1)N_核 W_\alpha}{1+(n-1)W_\alpha-nW_{核意}W_\beta},\dfrac{N_意(W_{核意}+1)}{1+(n-1)W_\alpha-nW_\beta W_{核意}}\right)$ 分别代入 $detD$ 和 trD 中,结果如表 2-10 所示。

表 2-10 核心政府官微和政务意见领袖局部稳定性分析

平衡点	$detD$	trD
R_1	$r_核\, r_意$	$r_核\, r_意$
R_2	$r_核\, r_意\,\dfrac{((n-1)W_\alpha+nW_\beta+1)(1+W_{核卫})(1-nW_\beta W_{核卫})}{(1+(n-1)W_\alpha-nW_\beta W_{核意})^2}$	$r_核\, r_意\,\dfrac{(1+nW_\beta+(n-1)W_\alpha)(1+W_{核卫})}{(1+(n-1)W_\alpha-nW_\beta W_{核意})^2}$

如表 2-10 所示,对于平衡点 $R_1(0,0)$ 来说,其解 $detD$ 迹和 trD 的值都为 $r_核\, r_意$,不可能同时满足 $detD>0$ 和 $trD<0$ 这两个条件,因此,平衡点 $R_1(0,0)$ 并不是稳定点(ESS)。对于平衡点 $R_2\left(\dfrac{nW_\beta N_核+N_核+(n-1)N_核 W_\alpha}{1+(n-1)W_\alpha-nW_{核意}W_\beta},\right.$ $\left.\dfrac{N_意(W_{核意}+1)}{1+(n-1)W_\alpha-nW_\beta W_{核意}}\right)$ 来说,其解 $detD$ 的值为 $r_核\, r_意\,\dfrac{((n-1)W_\alpha+nW_\beta+1)(1+W_{核卫})(1-nW_\beta W_{核卫})}{(1+(n-1)W_\alpha-nW_\beta W_{核意})^2}$,迹 trD 的值为 $r_核\, r_意\,\dfrac{(1+nW_\beta+(n-1)W_\alpha)(1+W_{核卫})}{(1+(n-1)W_\alpha-nW_\beta W_{核意})^2}$,若要同时满足 $detD>0$ 和 $trD<0$ 这两个条件,即 $r_核\, r_意\,\dfrac{((n-1)W_\alpha+nW_\beta+1)(1+W_{核卫})(1-nW_\beta W_{核卫})}{(1+(n-1)W_\alpha-nW_\beta W_{核意})^2}>0$ 且 $r_核\, r_意\,\dfrac{(1+nW_\beta+(n-1)W_\alpha)(1+W_{核卫})}{(1+(n-1)W_\alpha-nW_\beta W_{核意})^2}<0$,可以推出 W_α 应大于零,W_β 和 $W_{核卫}$ 应符合以下关系:$1-nW_\beta W_{核卫}>0$。

同时，在平衡点 R_2（$\dfrac{nW_\beta N_{核}+N_{核}+(n-1)N_{核}W_\alpha}{1+(n-1)W_\alpha-nW_{核意}W_\beta}$,

$\dfrac{N_{意}(W_{核意}+1)}{1+(n-1)W_\alpha-nW_\beta W_{核意}}$）中，$\dfrac{nW_\beta N_{核}+N_{核}+(n-1)N_{核}W_\alpha}{1+(n-1)W_\alpha-nW_{核意}W_\beta}$ 代表的含

义为核心政府官微发布的博文种群密度，$\dfrac{N_{意}(W_{核意}+1)}{1+(n-1)W_\alpha-nW_\beta W_{核意}}$ 代表的

含义则为政务意见领袖转发次数，只有上述两式大于零时，微政务信息公开

共生演化才有现实意义，因此，M_2（$\dfrac{nW_\lambda N_{核}+N_{核}-(n-1)N_{核}W_\zeta}{1-(n-1)W_\zeta-nW_{核意}W_\lambda}$,

$\dfrac{N_{意}(W_{核意}+1)}{1-(n-1)W_\zeta-nW_\lambda W_{核意}}$）具有现实意义的条件为：

$$\begin{cases} \dfrac{nW_\beta N_{核}+N_{核}+(n-1)N_{核}W_\alpha}{1+(n-1)W_\alpha-nW_{核意}W_\beta}>0 \\[4mm] \dfrac{N_{意}(W_{核意}+1)}{1+(n-1)W_\alpha-nW_\beta W_{核意}}>0 \end{cases}$$

综上，W_α、W_β 以及 $W_{核意}$ 符合 $\dfrac{nW_\beta N_{核}+N_{核}+(n-1)N_{核}W_\alpha}{1+(n-1)W_\alpha-nW_{核意}W_\beta}>0$、

$\dfrac{N_{意}(W_{核意}+1)}{1+(n-1)W_\alpha-nW_\beta W_{核意}}>0$ 以及 $1-nW_\beta W_{核卫}>0$ 这三个限制条件时，

卫星—平等复合竞争共生模式才可以存在。

2.4　本章小结

本章基于生态学共生视角，从共生模式与共生网络两个角度梳理了
微政务信息公开的共生演化历程，构建了微政务生态演化方程。运用微
分方程稳定性理论，在微政务信息公开共生模式演化的不同阶段（独立生
存、寄生、偏利共生、互惠共生/卫星式、平等式、复合式）分析了 Logistic
方程平衡点的分布和稳定性，挖掘了稳定状态下的现实意义。实际上，微
政务信息公开的共生演化，是政务系统内生态种群由少到多、由简到繁、

由分到合、不断发展壮大的一种过程形态,其本质是通过这些社会事件,回溯演化的各个阶段,为政务微博与微博用户每个演化节点的行为提供支撑,进而指导微政务信息公开后续发展。通过本章已有内容的梳理,可在共生模式与共生网络两个方面得到以下结论。

(一) 共生模式视角

第一,寄生模式($\gamma_{ab}\gamma_{ba}<0$)是微政务信息公开共生发展的转折点。微政务信息公开共生单元若要由相互孤立走向合作共赢,需要在某一方驱动下牺牲自身利益带动另一方发展。在无粉丝关注的前提下,政务微博愿意优化微博运营、撰写大量博文公开政务信息以吸引微博用户关注;在无博文发布的前提下,微博用户愿意通过关注、点赞、转发、私信政务微博的方式,帮助其获得粉丝流量,促成更好的微博服务模式。

第二,互惠共生模式($\gamma_{ab}>0,\gamma_{ba}>0$)是微政务信息公开共生发展的稳定点。微政务信息公开各主体间的合作共赢必须建立在互惠互利的基础上。政务微博发布博文满足微博用户各类日常生活需求,微博用户聚焦在政务微博周围促进透明政府的信息化建设。双向利益的驱动下,微政务信息公开形成了稳定的互惠共生模式。

第三,生态位重叠是微政务信息公开共生模式进阶、形成可持续发展的稳定态位。就寄生模式而言,当处于生态位相隔和生态位邻接时($\gamma_{ab}\leqslant-1,\gamma_{ba}>0$ 或 $\gamma_{ab}>0,\gamma_{ba}\leqslant-1$),寄生方对被寄生方产生过度的依赖,微政务共生系统难以产生质变;当处于生态位重叠时($-1<\gamma_{ab}<0$,$\gamma_{ba}>0$ 或 $\gamma_{ab}>0,-1<\gamma_{ba}<0$),寄生者基于前期被寄生者的帮助修齐自身短板,推动共生模式的进阶。

就互惠共生模式而言,当处于生态位相隔和生态位平行时($\gamma_{ab}\gamma_{ba}\geqslant1$),微政务内部种群间产生过度影响力,破坏生态平衡甚至引发生态退化;当处于生态位重叠时($0<\gamma_{ab}\gamma_{ba}<1$),共生体能够演化至生态平衡点,推动微政务信息公开的可持续发展。

（二）共生网络视角

微政务信息公开的过程中,共生模式与共生网络的稳定性密切相关,换言之,不同的共生模式下,微政务信息开放主体对系统稳定性的影响不尽相同:在由核心政府官微和微博用户组成的卫星式共生结构中,一旦核心政府官微因制度或资金等原因发布的博文数减少或者质量下降,对依附其的卫星微博用户来说,由于短时间内无法找到可以替代的核心政府官微,其利益会受到巨大的损失。因此,核心政府官微发布博文的数量和质量的稳定,直接决定了卫星式共生模式的稳定性。在平等式的共生结构中,某些个别政府官微因竞争能力的变化(发布的博文质量较高、获得较多的运营资金等),会打破原有的共生平衡,从而导致整个共生网络的崩塌,因此平等式共生结构的稳定性依然较低。在卫星—平等复合式共生模式中,政务意见领袖种群内部既存在竞争共生的关系,又存在合作共生的关系,而这种竞争和合作的共生关系不仅增强了政务意见领袖在共生网络中选择合作伙伴的自由度,还增强了整个共生网络的整体性,是一种稳定性较强的共生模式。

第三章　基于 Logistic 增长曲线的微政务信息公开共生演化分析

本章引入 Logistic 增长曲线,在种群视角的基础上分析微政务信息公开的共生演化过程。首先,对 Logistic 增长曲线的相关研究进行回溯分析;其次,建立 Logistic 方程并引入 Logistic 增长曲线,对微政务信息公开的动态共生演化过程进行探索;最后,以新浪政务微博报告为数据来源,获取博文与粉丝种群密度,对微政务信息公开发展演化历程进行实证研究,分别从非共生状态和共生状态两个维度剖析政务机构和意见领袖政务微博的种群演化现状,验证种群的增长情况、共生模式以及稳定性。

3.1　Logistic 增长曲线的相关研究工作

Logistic 曲线方程是由生物数学家 P.F.Verhulst 于 1938 年在研究人口增长过程时所提出,但因为长期没有受到学界重视而湮没,直到 20 世纪 20 年代才为 R.Pearl 和 L.T.Reed 重新发现并应用。曲线的发展在起初呈指数级增长,然后随着种群的增长开始变得饱和,增长趋势开始逐渐变慢,种群达到成熟时增长停止。近年来,Logistic 曲线既应用于对社会经济现象研究,也广泛应用于动植物生长发育或繁殖过程等研究。①

　　Logistic 曲线种群演化在早期的应用多围绕旅游客源的市场探索展开。例如,王跃伟和陈航探究了目的地品牌流行度演化周期的各个阶段的特征表现和与之对应的游客情感联系的演变及目的地的地域表现特征,并以大连市为例,运用 Logistic 增长曲线对其品牌流行度的演化周期进行了定量的模拟预测,针对大连市品牌流行度所处的阶段及将来的演化方向提出了对策和建议。② 杨春宇通过引入旅游目的地游客量变化的速度和加速度两个旅游学参量,将旅游地生命周期曲线看作两段抛物线的组合,借助 Logistic 增长曲线构建了基于不同参量状态的旅游目的地客源市场预测模型及其测量公式,并与已有的预测模型进行了对比研究,尝试探寻建立旅游目的地客源市场预测模型的新方法。③

　　随后,在生产、制造领域中也逐渐出现学者使用 Logistic 曲线进行尝试。如庞博慧和郭振从共生理论视角解释生产性服务业与制造业的互动关系,并采用分段 Logistic 曲线叠加精确描述生产性服务业和制造业的共生演化过程。④ 王跃伟基于 Logistic 增长曲线建立模拟我国装备制造业增长的演化模型,采用最小二乘法对模型的参数进行估计,并基于历史数据,利用该模型对我国装备制造业的增长过程进行了拟合分析,进行了趋势预测。⑤

---

　　① 崔党群. Logistic 曲线方程的解析与拟合优度测验 [J]. 数理统计与管理,2005 (01):112-115.
　　② 王跃伟,陈航. 基于 Logistic 增长模型的旅游目的地品牌流行度分析 [J]. 旅游学刊,2009,24 (04):34-40.
　　③ 杨春宇. 旅游目的地客源市场预测模型新探索——以中国入境旅游为例 [J]. 山西财经大学学报,2009,31 (04):47-52.
　　④ 庞博慧,郭振. 生产性服务业和制造业共生演化模型研究 [J]. 经济管理,2010,32 (09):28-35.
　　⑤ 王跃伟. 基于 Logistic 增长模型的我国装备制造业演化轨迹研究 [J]. 生态经济,2013 (03):84-87.

近年来,学者们趋向通过 Logistic 曲线研究金融领域的问题。吴勇民等基于产业共生的视角,对金融产业和高新技术产业之间的共生演化关系进行系统考察与分析,在探索二者共生演化的机理和模式的基础上,构建了金融产业与高新技术产业共生演化发展的 Logistic 增长模型,并利用我国1995~2012年的时间序列数据,对二者种群共生演化关系进行了实证研究。① 随后,吴勇民和王倩在先前研究的基础上进行了更深入的研究,从技术与金融的协同演化视角出发,构建一个产业协同演化的 Logistic 模型,并对技术与金融的协同演化机制进行实证分析。②

不难发现,Logistic 曲线已经在各领域取得了广泛的应用,其核心就是将传统领域的变量映射为种群,通过种群发展的规律反映该领域的发展现状,证实了用 Logistic 曲线指导种群演化的科学性。当下,有学者开始将 Logistic 曲线应用到信息资源领域,如兰月新等通过案例定性分析网络舆情传播的周期性规律,构建网络舆情传播的 Logistic 种群增长模型,根据模型分析得出网络舆情传播的4个关键时间节点以及5个传播阶段,然后利用 MATLAB 开展模型仿真,研究了3个参数对网络舆情传播的影响程度并应用实例验证了模型③。

基于此,本章基于 Logistic 增长曲线,结合行为共生模式探究微政务信息公开各利益主体的发展演化过程,以博文种群与粉丝种群为缩影,映射微政务信息公开各主体间互惠互利、彼此促进的协同发展现状。

---

① 吴勇民,纪玉山,吕永刚. 金融产业与高新技术产业的共生演化研究——来自中国的经验证据 [J]. 经济学家,2014(07):82-92.
② 吴勇民,王倩. 互联网金融演化的动力——基于技术与金融的协同演化视角 [J]. 经济与管理研究,2016,37(03):46-53.
③ 兰月新,夏一雪,刘冰月,刘茉. 网络舆情传播阶段精细化建模与仿真研究 [J]. 现代情报,2018,38(01):76-86.

3.2　基于 Logistic 增长曲线的微政务信息公开模型构建

本节基于 Logistic 方程,引入并介绍了 Logistic 增长曲线,通过 Logistic 增长曲线的种群饱和度探讨了微政务信息公开共生演化历程,以反映政府官微与微政务用户种群间的共生演化状态。出于计算便捷性的考虑,从本节起本书将共生模式与共生作用系数之间的关系做统一处理,即共生作用系数为零代表非共生状态,共生作用系数不为零反映了微政务信息公开之间存在共生关系(寄生、偏利共生、互惠共生等)①。

3.2.1　基于 Logistic 方程的微政务信息公开种群增长曲线

Logistic 增长曲线是基于 Logistic 方程的种群增长曲线,适用于探索种群间共生演化状态②,故本节将利用 Logistic 增长曲线对微政务信息公开种群演化进行分析。

政府官微和微政务用户共生体的发展是伴随着其内部种群数量的增长进而动态演化的过程,类似于生态系统从幼年到成年的发育进程,两者种群数量会受到外在环境(政策、资源、技术、舆论等)影响。传统的生态学种群 Logistic 方程式为:

$$\begin{cases} \dfrac{\mathrm{d}N(t)}{\mathrm{d}t} = r\left(1 - \dfrac{N(t)}{N_m}\right)N(t) \\ N(t_0) = N_0 \end{cases} \tag{3-1}$$

式(3-1)中,$N(t)$ 为政府官微、微政务用户在第 t 年的种群密度;r 表示

---

① 朱晓峰,张卫,张琳. 公平偏好下的微政务信息公开共生模式演进与实证分析 [J]. 情报科学,2018,36 (04):51-56.

② 朱晓峰,张卫,张琳. 基于种群密度的微政务信息公开共生演化研究 [J]. 情报学报,2018,37 (08):822-835.

种群间自然年增长率;t_0 和 N_0 分别指的是初始值($t_0=0$)和初始条件下的最大环境容量;N_m 表示饱和自然资源和环境下最大环境容量。进一步,对以上一阶常微分方程分离变量解得:

$$N(t)=\frac{N_m}{1+\left(\frac{N_m}{N_0}-1\right)e^{-r(t-t_0)}} \qquad (3-2)$$

由式(3-2)可知,$\lim\limits_{t\to+\infty}N(t)=N_m$,即随着时间的推移种群密度会趋于最大环境容量,且与种群密度的初始值 N_0 无关。为进一步描绘 Logistic 增长曲线的变化趋势,当 $0<N_0<N_m$ 时,通过对 N_m 求二阶导数研究凹凸性:

$$\frac{d^2N(t)}{dt^2}=r\left(1-\frac{2N(t)}{N_m}\right)\frac{dN(t)}{dt} \qquad (3-3)$$

当 $N(t)<N_m/2$ 时,$d^2N(t)/dt^2>0$,曲线表现为凹函数,斜率随着 t 的增大而增加,种群演化不受限于环境,共生体内部政府官微和微政务用户种群发育迅速;当 $N(t)>N_m/2$ 时,$d^2N(t)/dt^2<0$,曲线表现为凸函数,斜率随着 t 的增大减小,说明此时随着种群密度的增大在微政务共生体内部引发了"拥挤效应",从而减缓种群密度的增长。因此,政府官微和微政务用户的 Logistic 增长曲线如图 3-1 所示。

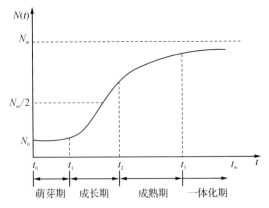

图 3-1 政府官微和微政务用户的 Logistic 增长曲线

由图 3-1 可知,依据政府官微和微政务用户种群饱和度(种群密度 N 和最大环境容量 N_m 的比值)的不同,可将 Logistic 增长曲线划分为萌芽期、成长期、成熟期以及一体化期等阶段①,此间种群密度和增长率会伴随着发展阶段的演化而改变。如若微政务信息公开各利益主体步调一致(两者种群处于同发展时期),共生模式划分标准可由表 3-1 界定。

表 3-1　政府官微与微政务用户种群演化阶段划分

阶段指标	萌芽期	成长期	成熟期	一体化期
种群饱和度	0～20%	20%～60%	60%～90%	90%～100%
种群密度	小	中	大	大
增长率	较快	很快	放缓	缓慢
共生模式	寄生,偏利共生	非对称互惠共生	非对称互惠共生	对称互惠共生

当 $N/N_m \in (0, 20\%)$ 时,政府官微和微政务用户发展处于萌芽阶段。此阶段下,政府官微需要投入更多成本和精力,借助资源优势发表大量优质的政务博文吸引微政务用户成为其粉丝,微政务用户通过自身偏好和评判政府官微的文章质量做出选择。此时,微政务用户获利远大于政府官微,故双方属于寄生或偏利共生模式,两者种群密度都较小,但政府官微的牺牲精神和主观能动性,有效带动了共生体的种群增长速度。

当 $N/N_m \in (20\%, 60\%)$ 时,政府官微和微政务用户处于成长阶段。此阶段下,政府官微前期的投入得到反馈,吸引微政务用户关注、点赞、评论、转发,微政务信息公开受到公众推崇,激增的粉丝督促政府官微公开更多、更新、更好的博文,政府官微与微政务用户获利,属于非对称互惠共生模式,两者种群密度快速发展,种群增长率不断提升。

当 $N/N_m \in (60\%, 90\%)$ 时,政府官微和微政务用户处于成熟阶段。此阶段下,政府官微和微政务用户都已经拥有了相当体量,但前期激增的

---

①　唐强荣,徐学军,何自力. 生产性服务业与制造业共生发展模型及实证研究 [J]. 南开管理评论,2009,12 (03):20-26.

种群数量使得共生体内部出现了"拥挤效应",政府官微难以管理质量参差不齐的微政务用户,造成政务博文的随意转发和妄议评论,产生一定负面影响,此时的非对称互惠共生内部种群临近饱和,增长逐渐放缓。

当 $N/N_m \in (90\%, 100\%)$ 时,政府官微和微政务用户处于一体化阶段。此阶段下,政府官微的管理水平不断上升,微政务用户井然有序地获取并利用各类政务信息,微政务信息公开处于动态平衡状态,处于对称互惠共生模式,种群密度增长有条不紊。

若微政务各利益主体步调不一致时(两者种群处于不同发展时期),居于高阶发展时期的种群增速会慢于处在低阶发展时期的种群,将引发种群间获利不均。当政府官微发展时期快于微政务用户,政府官微新发博量将小于新增粉丝量,政府官微收益大于微政务用户;反之亦然。此时,微政务信息公开种群间共生模式的划分,需要根据政府官微和微政务用户间种群增长率进行判别:当两者种群增长率相差过大时,政府官微和微政务用户处于寄生或偏利共生模式;当增长率相差不大时,则处于互惠共生模式。

3.2.2　基于 Logistic 增长曲线的微政务信息公开动态演化

设政府官微和微政务用户的种群密度分别为 N_a 和 N_b,两者的共生自然增长率分别为 R_a 和 R_b,最大环境容量为 N_{ma} 和 N_{mb},则政府官微和微政务用户种群的 Logistic 方程为:

$$\begin{cases} \dfrac{\mathrm{d}N_a(t)}{\mathrm{d}t} = R_a\left(1 - \dfrac{N_a(t)}{N_{ma}}\right)N_a(t), N_a(t_0) = N_{a0} \\ \dfrac{\mathrm{d}N_b(t)}{\mathrm{d}t} = R_b\left(1 - \dfrac{N_b(t)}{N_{mb}}\right)N_b(t), N_b(t_0) = N_{b0} \end{cases} \quad (3-4)$$

其中,N_{a0} 表示政府官微的初始种群密度;N_{b0} 表示微政务用户的初始种群密度。由式(3-4)可知,该式是建立在两个种群非共生的基础上,若政府官微和微政务用户的种群发育存在相互影响关系,方程可进一步演化为：

$$\begin{cases} \dfrac{\mathrm{d}N_a(t)}{\mathrm{d}t} = R_a\left(1 - \dfrac{N_a(t)}{N_{ma}} + \gamma_{ab}N_b(t)\right)N_a(t) \\[3mm] \dfrac{\mathrm{d}N_b(t)}{\mathrm{d}t} = R_b\left(1 - \dfrac{N_b(t)}{N_{mb}} + \gamma_{ba}N_a(t)\right)N_b(t) \end{cases} \quad (3-5)$$

式中，γ_{ab} 为政府官微对微政务用户的共生作用系数；γ_{ba} 为微政务用户对政府官微的共生作用系数。依据 γ_{ab} 和 γ_{ba} 的取值范围，可将微政务信息公开的共生模式进行划分（表 3-1），基于此，为了进一步研究两者的共生演化关系，对式（3-5）进行变换：

$$\begin{cases} \dfrac{\mathrm{d}N_a(t)}{\mathrm{d}t} = \mu_a\left(1 - \dfrac{N_a(t)}{M_a}\right)N_a(t) \\[3mm] \dfrac{\mathrm{d}N_b(t)}{\mathrm{d}t} = \mu_b\left(1 - \dfrac{N_b(t)}{M_b}\right)N_b(t) \\[3mm] \mu_a = R_a\left(1 + \gamma_{ab}N_b(t)\right), M_a = N_{ma}\left(1 + \gamma_{ab}N_b(t)\right) \\[3mm] \mu_b = R_b\left(1 + \gamma_{ba}N_a(t)\right), M_b = N_{mb}\left(1 + \gamma_{ba}N_a(t)\right) \end{cases} \quad (3-6)$$

式（3-6）是政府官微和微政务用户种群相互作用的共生演化模型，将其与式（3-4）联立比较可知：式（3-4）中政府官微和微政务用户处于非共生状态，其自然增长率与最大环境容量为恒定常数；式（3-6）中政府官微和微政务用户共生发展，两者的自然增长率和最大环境容量会随着对方的种群密度的变化而发生演化，不再恒定。

故定义 μ_a、μ_b 为政府官微和微政务用户的共生自然增长率，M_a、M_b 为最大共生环境容量。由于政府官微和微政务用户的种群密度 N_a、N_b 会随着时间 t 改变，而 N_a、N_b 的演变会使得 μ_a、μ_b 和 M_a、M_b 发生变化，因此，种群特征则因为 μ_a、μ_b 和 M_a、M_b 而随着 t 变化。

为了进一步从时间变化角度去研究微政务信息公开的动态演化过程，本章采用分时段叠加法对 Logistic 增长曲线进行处理：将政府官微和微政务用户种群密度演化的时间按年份分成若干区间,在较小时间段 $t \in [t_i, t_{i+1}] (i=0,1,2,\cdots,n)$,政府官微和微政务用户种群密度的 Logistic 增长曲线近似由各区间段的 Logistic 增长曲线连接而成。基于此动态演化曲线,设政府官微在 $[t_i, t_{i+1}]$ 区间上增量为 $\Delta N_a(t_{i+1}) = N_a(t_{i+1}) - N_a(t_i)$,平均值 $\overline{N}_a = \dfrac{N_a(t_{i+1}) + N_a(t_i)}{2}$,两端点间的直线斜率为 $\dfrac{\Delta N_a(t_{i+1})}{\Delta t}$;同理,微政务用户在 $[N_i, t_{i+1}]$ 区间上增量为 $\Delta N_b(t_{i+1}) = N_b(t_{i+1}) - N_b(t_i)$,平均值 $\overline{N}_b(t_{i+1}) = \dfrac{N_b(t_{i+1}) + N_b(t_i)}{2}$,两端点间的直线斜率为 $\dfrac{\Delta N_b(t_{i+1})}{\Delta t}$。

由于时间间隔短,政府官微和微政务用户的种群密度 $N_a(t)$、$N_b(t)$ 可以用 t_i 和 t_{i+1} 时刻的种群密度平均值 $\overline{N}_a(t_{i+1})$、$\overline{N}_b(t_{i+1})$ 近似表示;又因为政府官微和微政务用户在 $t \in [t_i, t_{i+1}]$ 内 Logistic 增长曲线的曲率变化很小,区间内各点上的斜率可由区间端点连接直线的斜率近似表达。因此式(3-6)变换为:

$$
\begin{cases}
\dfrac{\Delta N_a(t_{i+1})}{\Delta t} = \mu_a^{i+1}\left(1 - \dfrac{\overline{N}_a(t_{i+1})}{M_a^{i+1}}\right)\overline{N}_a(t_{i+1}) \\[3mm]
\dfrac{\Delta N_b(t_{i+1})}{\Delta t} = \mu_b^{i+1}\left(1 - \dfrac{\overline{N}_b(t_{i+1})}{M_b^{i+1}}\right)\overline{N}_b(t_{i+1}) \\[3mm]
\mu_a^{i+1} = R_a\left(1 + \gamma_{ab}\overline{N}_b(t_{i+1})\right),\ M_a^{i+1} = N_{ma}\left(1 + \gamma_{ab}\overline{N}_b(t_{i+1})\right) \\[3mm]
\mu_b^{i+1} = R_b\left(1 + \gamma_{ba}\overline{N}_a(t_{i+1})\right),\ M_b^{i+1} = N_{mb}\left(1 + \gamma_{ba}\overline{N}_a(t_{i+1})\right)
\end{cases}
$$

$$(3-7)$$

整理式(3-7),政府官微和微政务用户最大环境容量迭代方程为:

$$
\begin{cases}
M_a^{i+1} = \dfrac{\overline{N_a}(t_{i+1})}{1 - \dfrac{\Delta N_a(t_{i+1})}{\mu_a^{i+1} \, \overline{N_a}(t_{i+1})}} \\[4ex]
M_b^{i+1} = \dfrac{\overline{N_b}(t_{i+1})}{1 - \dfrac{\Delta N_b(t_{i+1})}{\mu_b^{i+1} \, \overline{N_b}(t_{i+1})}}
\end{cases}
\qquad (3-8)
$$

由于 $\overline{N_a}(t_{i+1})$、$\overline{N_b}(t_{i+1})$、$\Delta N_a(t_{i+1})$、$\Delta N_b(t_{i+1})$ 可以通过政府官微和微政务用户的现有数据计算得到,因此如给定 μ_a^{i+1}、μ_b^{i+1} 估计值 $\hat{\mu}_a^{i+1}$、$\hat{\mu}_b^{i+1}$,便可推算出 M_a^{i+1}、M_b^{i+1} 的估计值 $\hat{M}_a^{i+1}$、$\hat{M}_b^{i+1}$;又式(3-7)在 $t \in [t_i, t_{i+1}]$ 满足可分离变量的一阶常微分方程,故将估计值 $\hat{\mu}_a^{i+1}$、$\hat{\mu}_b^{i+1}$ 和 $\hat{M}_a^{i+1}$、$\hat{M}_b^{i+1}$ 代入式(3-7)并求解得到 $N_a(t_{i+1})$ 和 $N_b(t_{i+1})$ 的估计值:

$$
\begin{cases}
\hat{N}_a(t_{i+1}) = \dfrac{\hat{M}_a^{i+1}}{1 + \left(\dfrac{\hat{M}_a^{i+1}}{N_a(t_i)} - 1 \right) e^{-\hat{\mu}_a^{i+1} \cdot \Delta t}} \\[4ex]
\hat{N}_b(t_{i+1}) = \dfrac{\hat{M}_b^{i+1}}{1 + \left(\dfrac{\hat{M}_b^{i+1}}{N_b(t_i)} - 1 \right) e^{-\hat{\mu}_b^{i+1} \cdot \Delta t}}
\end{cases}
\qquad (3-9)
$$

观察政府官微和微政务用户种群密度实际值和估计值的平方差:

$$
\begin{cases}
\Delta e_a^2(k) = \sum_{i=0}^{n} \left(N_a(t_{i+1}) - \hat{N}_a(t_{i+1}) \right)^2 \\[3ex]
\Delta e_b^2(k) = \sum_{i=0}^{n} \left(N_b(t_{i+1}) - \hat{N}_b(t_{i+1}) \right)^2
\end{cases}
\quad (k = 0, 1, 2, \cdots, n)
$$

$$
(3-10)
$$

借助 Nelder-Mead Simplex 算法对式(3-10)进行反复迭代计算,当政府官微和微政务用户种群密度估计值和实际值的方差不再减小或小于设定阈值时,可获得自然增长率 μ_a^{i+1}、μ_b^{i+1} 的值;进一步将 μ_a^{i+1}、μ_b^{i+1} 代入式(3-7)即获得最大环境容量 M_a^{i+1}、M_b^{i+1} 的值。同时,再结合实际种群密度便可求得种群饱和度,进而判断对象所处发展阶段。

3.3 基于 Logistic 增长曲线的微政务信息公开种群实证分析

本节基于 Logistic 方程实证分析微政务信息公开共生演化过程。收集博文与粉丝种群数据,从非共生状态和共生发展两个维度剖析政务微博的种群演化情况。其中,考虑到政务微博有非个人账号与个人账号之分,二者在公信力、社会职责、运营方式等方面各不相同,故将政务微博分为政务机构与意见领袖进行实证分析。

3.3.1 政务机构视角下微政务信息公开种群实证分析

所谓政务机构,指的是我国中央以及地方的全部立法、行政、司法和其他官僚机关,其在公安、民政、财政、交通、住房、水利等各个领域扮演着重要角色。通过对政务机构信息公开的种群计量,能够深度挖掘政务机构在社会管理中的服务现状。

(一) 政务机构种群密度数据选择与获取

博文与粉丝种群的年增加值反映了二者在一定时间段的内在价值增量,故其数量改变过程即为微政务信息公开种群演化的过程。然而,除了受限于微政务信息公开政策、资源、技术、舆论等因素,政府已公开的信息资源(已发博文量)与已关注政务信息用户(已关注粉丝量)将导致种群无法无限扩大,体现了种群密度的演化特征。

本章选取博文和粉丝总值表示种群密度,以新浪政务微博报告(2011—2013)、人民日报新浪政务指数微博影响力报告(2014—2018)为数据参考,在公安、新闻、交通、气象领域分别选取佼佼者(各领域内蝉联

"十大政务微博")为研究对象(表 3－2)。

表 3－2　政务机构博文与粉丝种群密度数据(2011～2018 年)

年代	中国警方在线		成都发布		南昌铁路		深圳天气	
	博文	粉丝	博文	粉丝	博文	粉丝	博文	粉丝
2011	526	334153	3862	1925559	628	195030	3036	133496
2012	4213	4321733	11599	4639063	5394	1866097	7205	190628
2013	10931	6360077	22546	5758021	14406	3261801	12466	294307
2014	19764	13634093	34488	6055119	24916	3453427	16781	705459
2015	27202	17535013	44114	6238410	31981	3636578	23639	1006959
2016	34770	21273387	56321	6387754	38894	3773446	30169	1264106
2017	52209	29075211	69492	6522822	56139	4102491	37883	1572644
2018	64991	29316058	81832	7242549	63324	4184271	44298	1876008

数据来源:新浪政务微博报告(2011—2013)、人民日报新浪政务指数微博影响力报告(2014—2018)

(二)非共生状态下政务机构种群 Logistic 方程检验

若政府官微与微政务用户处于非共生状态下,二者种群间独立发展($\gamma_{ab}=0$,$\gamma_{ba}=0$),此时可运用式(3－4)来描绘 Logistic 演化过程,将表 3－2数据代入式(3－4),应用 MATLAB 2017 软件,调用 nlintool 函数进行非线性最小二乘数据拟合,并根据 Logistic 方程生成增长曲线,拟合结果如图 3－2 所示。

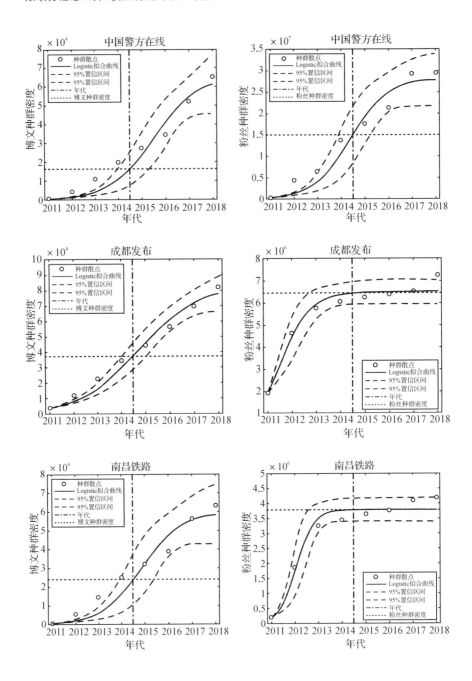

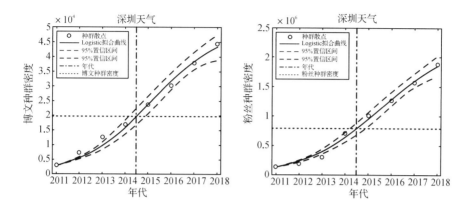

图 3-2　政务机构种群非共生状态下 Logistic 增长曲线

由图 3-2 可知,图中圆形散点为种群密度数据值,实线为拟合的
Logistic 增长曲线,实线上下的两根虚线为 95% 置信区间。不难发现,图
中拟合曲线与演化散点具有一定一致性,但不论博文或粉丝种群,拟合度
均不高,并非所有散点均能被拟合曲线所覆盖,尤其"中国警方在线"与
"南昌铁路"演化曲线,上下虚线区间较大,误差水平较高。调用 nlinfit 函
数对种群演化方程进行参数估计,估计结果如表 3-3 所示。

表 3-3　政务机构非共生状态下 Logistic 模型参数估计结果

政务微博	博文种群		粉丝种群	
	自然增长率	最大环境容量	自然增长率	最大环境容量
中国警方在线	1.07	65615	1.3	28036902
成都发布	0.81	83343	1.6	6512392
南昌铁路	1.18	59925	2.71	3798971
深圳天气	0.65	49847	0.61	2245850

由表 3-3 可知,"中国警方在线"博文最大环境容量估计结果为 65615
条,但其实际种群密度却于 2018 年达到 64991 条,占最大环境容量 99%,正
处于种群几乎不增长的一体化期,然而从 2015~2018 年其增长率却分别为
38%、28%、50% 以及 24%,均保持高速增长;粉丝最大环境容量估计结果

为28036902个,但其实际种群密度却于2018年达到了29316058个。

"成都发布"博文最大环境容量估计结果为83343条,其实际种群密度于2018年达到81832条,占最大环境容量98%,正处于种群增长速度缓慢的一体化期,然而从2015~2018年其增长率却分别为28%、28%、23%以及18%,均保持高速增长;粉丝最大环境容量估计结果为6512392个,但其实际种群密度却于2018年达到7242549个。

"南昌铁路"博文最大环境容量估计结果为59925条,但其实际种群密度却于2018年达到了63324条;粉丝最大环境容量估计结果为3798971个,但其实际种群密度却于2018年达到了4184271个。

"深圳天气"博文最大环境容量估计结果为49847条,其实际种群密度于2018年达到44298条,占最大环境容量88%,正处于种群增长速度缓慢的成熟期后期,然而从2015~2018年其增长率却分别为41%、28%、26%以及17%,均保持高速增长;粉丝最大环境容量估计结果为2245850条,其实种群密度于2018年达到1876008条,占最大环境容量84%,正处于种群增长速度较低的成熟期后期,然而从2015~2018年其增长率却分别为43%、26%、24%以及19%,均保持高速增长。

以上分析表明,模型估计的参数,或种群密度超过了最大环境容量,或种群饱和度与种群增长率不匹配。政府官微与微政务用户在非共生状态下的Logistic演化曲线不能很好地描述实际演化过程,需要考虑二者共生发展的情况。

(三)共生发展下政务机构种群Logistic方程检验

为了进一步精确分析博文种群和粉丝种群的动态演化过程,本节引入政府官微与微政务用户之间的共生相互作用($\gamma_{ab} \neq 0$,$\gamma_{ba} \neq 0$),并通过式(3-7)分时段叠加的Logistic共生演化模型验证表3-2数据。

数据拟合之前需要找到模型初始点,由式(3-8)可知,$M_a^{i+1} > 0$,则

$1-\dfrac{\Delta N_a(t_{i+1})}{\mu_a^{i+1}\,\overline{N}_a(t_{i+1})}>0$；$M_b^{i+1}>0$，则 $1-\dfrac{\Delta N_b(t_{i+1})}{\mu_b^{i+1}\,\overline{N}_b(t_{i+1})}>0$。整理

可得：

$$\begin{cases}\mu_a^{i+1}>\dfrac{\Delta N_a(t_{i+1})}{\overline{N}_a(t_{i+1})}\\[3mm]\mu_b^{i+1}>\dfrac{\Delta N_b(t_{i+1})}{\overline{N}_b(t_{i+1})}\end{cases}\tag{3-11}$$

又由于 $\overline{N}_a(t_{i+1})$、$\overline{N}_b(t_{i+1})$、$\Delta N_a(t_{i+1})$、$\Delta N_b(t_{i+1})$可以根据表 3-2 博文和粉丝的种群数据计算推得，因此 t 通过计算 μ_a^{i+1}、μ_b^{i+1} 初始估计值 $\hat{\mu}_a^{i+1}$、$\hat{\mu}_b^{i+1}$，再将 $\hat{\mu}_a^{i+1}$、$\hat{\mu}_b^{i+1}$ 代入式（3-8），便可推算出 M_a^{i+1}、M_b^{i+1} 初始估计值 $\hat{M}_a^{i+1}$、$\hat{M}_b^{i+1}$，具体如表 3-4、表 3-5 所示。

表 3-4　政务机构博文种群 Logistic 模型动态演化初始估计值

年代	中国警方在线		成都发布		南昌铁路		深圳天气	
	$\hat{\mu}_a^{i+1}$	$\hat{M}_a^{i+1}$	$\hat{\mu}_a^{i+1}$	$\hat{M}_a^{i+1}$	$\hat{\mu}_a^{i+1}$	$\hat{M}_a^{i+1}$	$\hat{\mu}_a^{i+1}$	$\hat{M}_a^{i+1}$
2012	1.76	20805	1.20	46416	1.78	26841	1.01	25966
2013	1.09	41162	0.84	71808	1.11	54960	0.73	36141
2014	0.78	59513	0.62	88227	0.73	72211	0.50	36199
2015	0.52	60673	0.44	87431	0.45	63774	0.54	54500
2016	0.44	68826	0.44	111253	0.40	70003	0.44	59554
2017	0.60	130685	0.41	128762	0.56	133742	0.43	72596
2018	0.42	122510	0.36	137362	0.32	95657	0.36	73166

表 3-5　政务机构粉丝种群 Logistic 模型动态演化初始估计值

年代	中国警方在线		成都发布		南昌铁路		深圳天气	
	$\hat{\mu}_b^{i+1}$	$\hat{M}_b^{i+1}$	$\hat{\mu}_b^{i+1}$	$\hat{M}_b^{i+1}$	$\hat{\mu}_b^{i+1}$	$\hat{M}_b^{i+1}$	$\hat{\mu}_b^{i+1}$	$\hat{M}_b^{i+1}$
2012	1.91	22265843	1.03	16849831	1.82	9385899	0.55	447722
2013	0.58	15532625	0.42	10793332	0.74	9542469	0.63	760863
2014	0.93	46367165	0.25	7392060	0.26	4315744	1.02	2555643

年代	中国警方在线		成都发布		南昌铁路		深圳天气	
	$\hat{\mu}_b^{i+1}$	$\hat{M}_b^{i+1}$	$\hat{\mu}_b^{i+1}$	$\hat{M}_b^{i+1}$	$\hat{\mu}_b^{i+1}$	$\hat{M}_b^{i+1}$	$\hat{\mu}_b^{i+1}$	$\hat{M}_b^{i+1}$
2015	0.45	35089153	0.23	7063220	0.25	4460758	0.55	2363709
2016	0.39	38096070	0.22	7059802	0.24	4389352	0.43	2421268
2017	0.51	64183419	0.22	7130628	0.28	5583194	0.42	2961065
2018	0.21	30399870	0.30	10481321	0.22	4552281	0.38	3241146

将表 3-4、表 3-5 初始估计值代入式(3-9)，计算得到种群密度估计值 $\hat{N}_a(t_{i+1})$、$\hat{N}_b(t_{i+1})$，并将其代入式(3-10)，运用 MATLAB 2017，调用 fminsearch 函数，结合表 3-2 数据利用牛顿迭代法实现 Logistic 共生演化模型的非线性优化，结果如图 3-3 所示。

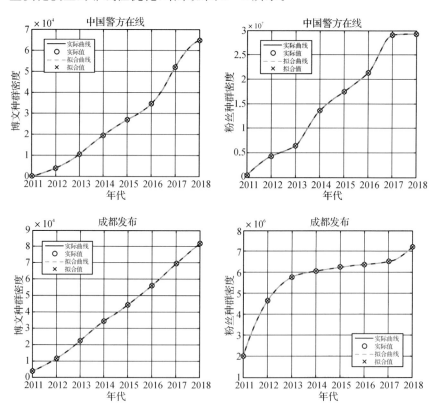

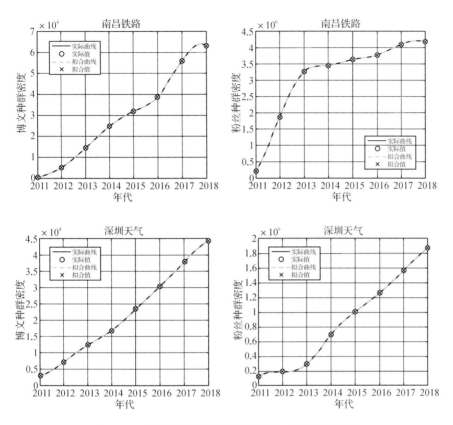

图 3 - 3 政务机构种群共生发展下 Logistic 增长曲线

由图 3 - 3 所示,博文和粉丝共生作用下 Logistic 增长曲线能够很好地拟合实际散点。通过 fminsearch 函数对式(3 - 10)进行反复迭代计算优化估计值,使得函数模型获得了自然增长率 μ_a^{i+1}、μ_b^{i+1} 的稳定值,进一步将自然增长率代入式(3 - 8)即可获得最大环境容量 M_a^{i+1}、M_b^{i+1} 的稳定值,具体如表 3 - 6、表 3 - 7 所示。

表 3 - 6 政务机构博文种群 Logistic 模型动态演化稳定值

年代	中国警方在线		成都发布		南昌铁路		深圳天气	
	μ_a^{i+1}	M_a^{i+1}	μ_a^{i+1}	M_a^{i+1}	μ_a^{i+1}	M_a^{i+1}	μ_a^{i+1}	M_a^{i+1}
2012	2.25	23029	1.28	48759	2.32	30531	1.05	26931

年代	中国警方在线		成都发布		南昌铁路		深圳天气	
	μ_a^{i+1}	M_a^{i+1}	μ_a^{i+1}	M_a^{i+1}	μ_a^{i+1}	M_a^{i+1}	μ_a^{i+1}	M_a^{i+1}
2013	1.14	42265	0.87	71629	1.17	57242	0.74	37307
2014	0.78	61763	0.61	91815	0.74	73295	0.49	37045
2015	0.52	60930	0.44	89395	0.45	64256	0.53	56479
2016	0.43	71496	0.44	113046	0.40	69938	0.44	60252
2017	0.60	132551	0.40	131362	0.56	135681	0.42	74944
2018	0.41	124628	0.36	137386	0.32	95644	0.36	71539

表 3-7　政务机构粉丝种群 Logistic 模型动态演化稳定值

年代	中国警方在线		成都发布		南昌铁路		深圳天气	
	μ_b^{i+1}	M_b^{i+1}	μ_b^{i+1}	M_b^{i+1}	μ_b^{i+1}	M_b^{i+1}	μ_b^{i+1}	M_b^{i+1}
2012	2.75	23568397	1.08	16582951	2.44	10077174	0.55	461000
2013	0.58	16114802	0.40	11294396	0.74	9931323	0.62	791240
2014	0.96	47757335	0.25	7375569	0.26	4283984	1.07	2619727
2015	0.45	35062964	0.23	7048366	0.26	4443212	0.54	2455900
2016	0.45	34149623	0.23	7040514	0.24	4375790	0.44	2353614
2017	0.49	68374095	0.23	7110281	0.29	5566673	0.40	3105218
2018	0.21	30395658	0.31	10406681	0.23	4540122	0.38	3220390

　　为了探索四类政务微博的博文和粉丝种群 Logistic 曲线的演化过程，利用表 3-2、表 3-6、表 3-7 的数据分别计算种群饱和度和种群增长率，进而检验 Logistic 曲线与种群增长规律的一致性，并绘制饱和度演化曲线，具体如图 3-4 所示。

　　由图 3-4 可知，"中国警方在线"博文种群饱和度 2012 年为 18%，于 2018 年达到 52%，期间种群增长率分别为 701%、159%、81%、38%、28%、50%、24%；粉丝种群饱和度 2012 年为 18%，于 2018 年达到 96%，期间种群增长率分别为 1193%、47%、114%、29%、21%、37%、1%。博文种群从萌芽期过渡到成长期中后期,增长速度趋于平缓;粉丝种群从萌芽期过渡到一体化期后,增长将十分缓慢。

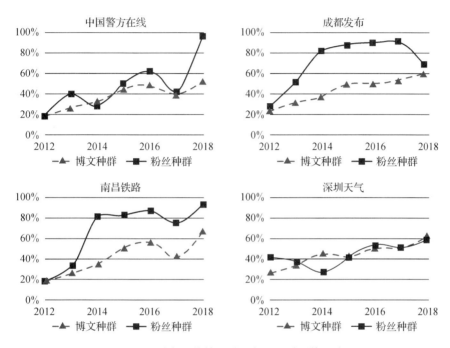

图 3-4 政务机构博文种群与粉丝种群饱和度

"成都发布"博文种群饱和度 2012 年为 24%,于 2018 年达到 60%,期间种群增长率为 200%、94%、53%、28%、28%、23%、18%,从成长期初期迈入成熟期,增长速度开始放缓;粉丝种群饱和度 2012 年为 28%,于 2018 年达到 70%,期间种群增长率为 141%、24%、5%、3%、2%、2%、11%,从成长期初期过渡到成熟期后期,由高速增长演化为缓慢增长。

"南昌铁路"博文种群饱和度 2012 年为 18%,于 2018 年达到 66%,期间种群增长率为 759%、167%、73%、28%、22%、44%、13%,从萌芽期过渡到成熟期,高增长模式开始逐渐放缓;粉丝种群饱和度 2012 年为 19%,于 2018 年达到 92%,期间种群增长率为 857%、75%、

6％、5％、4％、9％、2％，从成长期初期过渡到了一体化期，增长速度十分缓慢。

"深圳天气"博文种群饱和度 2012 年为 27％，于 2018 年达到 62％，期间种群增长率为 137％、73％、35％、41％、28％、26％、17％，从成长期步入成熟期，增长速度放缓；粉丝种群饱和度 2012 年为 41％，于 2018 年达到 58％，期间种群增长率为 43％、54％、140％、43％、26％、24％、19％，正处于成长期后期，并即将迈入成熟期，增长速度即将放缓。

以上分析表明，政务微博和微博用户共生发展下的 Logistic 演化曲线能够很好地描述实际演化过程。就"中国警方在线"与"深圳天气"而言，期间种群增长步调总体保持一致；就"成都发布"与"南昌铁路"而言，种群增长速度整体缺乏均衡性。

3.3.2 意见领袖视角下微政务信息公开种群实证分析

意见领袖，是指在团队中构成信息和影响的重要来源和轴心人物，能够左右大多数人情绪、态度、倾向甚至决策。政务意见领袖通常具有较强的社会影响力，能够指导网络政务生态的发展，并能够获得大众广泛认可，从而成为公众的意见领袖。通过对政务意见领袖种群（博文与粉丝）进行计量，能够分析其对公众的意见输出效果，挖掘公众思维意识形态。

（一）意见领袖种群密度数据选择与获取

此部分依旧以前述的两个报告为数据参考，在"十大党政人员微博"中选取竞争力前三（入围前十次数最多）为研究对象："陈士渠"（公安部打拐办主任陈士渠）、"中一在线"（海宁市司法局局长金中一）和"段郎说事"（九江市公安局民警段兴焱），如表 3-8 所示。

表 3 - 8　意见领袖博文与粉丝种群密度数据(2011—2018)

年代	陈士渠		中一在线		段郎说事	
	博文	粉丝	博文	粉丝	博文	粉丝
2011	1977	972357	8389	731061	5694	110174
2012	5064	2831469	16675	811466	12515	299761
2013	15660	5013159	35664	1282965	14835	555000
2014	22561	6547230	41873	1305816	20956	592500
2015	24982	7123657	44944	1334374	28387	687500
2016	27193	7199362	47399	1367423	34674	1000197
2017	29198	7255326	49284	1393248	40790	1232819
2018	30458	7292533	50122	1608529	50572	1524022

数据来源:新浪政务微博报告(2011—2013)、人民日报新浪政务指数微博影响力报告(2014—2018)

(二) 非共生状态下意见领袖种群 Logistic 方程检验

若政府官微与微政务用户无共生关系,同理调用 nlintool 函数进行非线性最小二乘数据拟合,并根据 Logistic 方程生成增长曲线,拟合结果如图 3 - 5 所示。

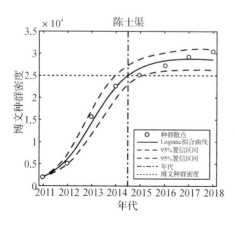
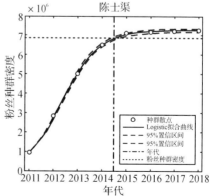

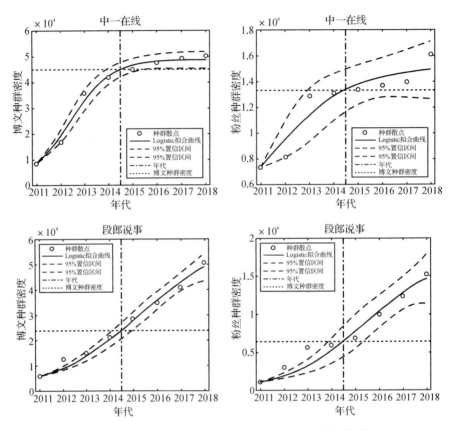

图 3-5　意见领袖种群非共生状态下 Logistic 增长曲线

由图 3-5 可知,图中圆形散点为种群密度数据值,实线为拟合的 Logistic 增长曲线,实线上下的两根虚线为 95％置信区间。不难发现,图中拟合曲线与演化散点具有一定一致性,但不论博文或粉丝种群,拟合度均不高,并非所有散点均能被拟合曲线所覆盖。调用 nlinfit 函数对种群演化方程进行参数估计,估计结果如表 3-9 所示。

表 3-9　意见领袖非共生状态下 Logistic 模型参数估计结果

政务微博	博文种群		粉丝种群	
	自然增长率	最大环境容量	自然增长率	最大环境容量
陈士渠	1.29	28817	1.35	7280550

续表

政务微博	博文种群		粉丝种群	
	自然增长率	最大环境容量	自然增长率	最大环境容量
中一在线	1.15	48898	0.59	1516198
段郎说事	0.52	61062	0.61	1772110

由表 3-9 可知,"陈士渠"博文最大环境容量估计结果为 28817 条,但其实际种群密度却于 2018 年达到 30458 条;粉丝最大环境容量估计结果为 7280550 个,其实际种群密度于 2018 年达到 7292533 条,占最大环境容量 99%,正处于种群增长速度缓慢的一体化期,从 2015～2018 年其增长率分别为 9%、1%、1%、1%,吻合增长曲线。

"中一在线"博文最大环境容量估计结果为 48898 条,但其实际种群密度却于 2018 年达到了 50122 条;粉丝最大环境容量估计结果为 1516198 个,其实际种群密度于 2018 年达到 1608529 条,占最大环境容量 94%,正处于种群增长速度缓慢的一体化期,然而 2018 年其增长率却达到 15%,属于高速增长。

"段郎说事"博文最大环境容量估计结果为 61062 条,其实际种群密度于 2018 年达到 50572 条,占最大环境容量 83%,正处于种群增长速度缓慢的成熟期后期,然而从 2015～2018 年其增长率却分别为 35%、22%、18%、24%,均保持高速增长;粉丝最大环境容量估计结果为 1772110 个,但其实际种群密度却于 2018 年达到 1524022 个,占最大环境容量 86%,正处于种群增长速度缓慢的一体化期,然而从 2015～2018 年其增长率却分别为 16%、45%、23%、24%,均保持高速增长。

以上分析表明,模型估计的参数,或种群密度超过了最大环境容量,或种群饱和度与种群增长率不匹配。政府官微与微政务用户在非共生状态下的 Logistic 增长曲线不能很好地描述实际演化过程,需要考虑二者共生发展的情况。

(三) 共生发展下意见领袖种群 Logistic 方程检验

为了进一步精确分析博文种群和粉丝种群的动态演化过程,引入两者间的共生相互作用($\gamma_{ab} \neq 0, \gamma_{ba} \neq 0$),同理找到模型初始点如表 3-10、表 3-11 所示。

表 3-10 意见领袖博文种群 Logistic 模型动态演化初始估计值

年代	陈士渠		中一在线		段郎说事	
	$\hat{\mu}_a^{i+1}$	$\hat{M}_a^{i+1}$	$\hat{\mu}_a^{i+1}$	$\hat{M}_a^{i+1}$	$\hat{\mu}_a^{i+1}$	$\hat{M}_a^{i+1}$
2012	1.08	18956	0.86	53962	0.95	43210
2013	1.22	63342	0.93	121115	0.37	25275
2014	0.56	53616	0.36	69814	0.54	48501
2015	0.30	35877	0.27	58764	0.50	61827
2016	0.28	37143	0.25	58447	0.40	62966
2017	0.27	38221	0.24	57767	0.36	68312
2018	0.24	36128	0.22	53893	0.41	94591

表 3-11 意见领袖粉丝种群 Logistic 模型动态演化初始估计值

年代	陈士渠		中一在线		段郎说事	
	$\hat{\mu}_b^{i+1}$	$\hat{M}_b^{i+1}$	$\hat{\mu}_b^{i+1}$	$\hat{M}_b^{i+1}$	$\hat{\mu}_b^{i+1}$	$\hat{M}_b^{i+1}$
2012	1.18	11197473	0.30	1173289	1.12	1152903
2013	0.76	14830764	0.65	3404711	0.80	1703576
2014	0.47	13450550	0.22	1408646	0.27	761250
2015	0.28	9717579	0.22	1462885	0.35	1115000
2016	0.21	7540035	0.22	1516144	0.57	2407334
2017	0.21	7507164	0.22	1509461	0.41	2279618
2018	0.21	7459965	0.34	2577294	0.41	2834436

将表 3-10、表 3-11 初始估计值代入式(3-9),计算得到种群密度估计值 $\hat{N}_a(t_{i+1})$、$\hat{N}_b(t_{i+1})$,将其代入式(3-10),运用 MATLAB 2017,

调用 fminsearch 函数,结合表 3-8 数据利用牛顿迭代法实现 Logistic 共生演化模型的非线性优化,演化结果如图 3-6 所示。

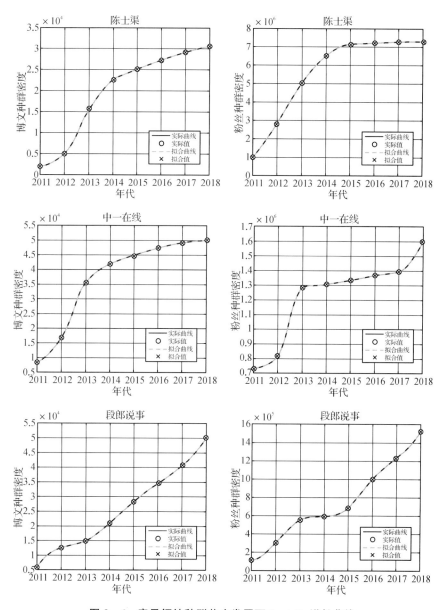

图 3-6　意见领袖种群共生发展下 Logistic 增长曲线

由图 3-6 所示，博文和粉丝共生作用下 Logistic 增长曲线能够很好地拟合实际散点。通过 fminsearch 函数对式(3-10)进行反复迭代计算优化估计值，并进一步将自然增长率代入式(3-8)，即可获得最大环境容量稳定值，具体如表 3-12、表 3-13 所示。

表 3-12　意见领袖博文种群 Logistic 模型动态演化稳定值

年代	陈士渠		中一在线		段郎说事	
	$\hat{\mu}_a^{i+1}$	$\hat{M}_a^{i+1}$	$\hat{\mu}_a^{i+1}$	$\hat{M}_a^{i+1}$	$\hat{\mu}_a^{i+1}$	$\hat{M}_a^{i+1}$
2012	1.13	19375	0.89	54038	0.98	44014
2013	1.31	66688	0.95	128053	0.37	25078
2014	0.56	54435	0.36	69386	0.54	49432
2015	0.30	35858	0.27	58873	0.50	62293
2016	0.30	36541	0.26	58137	0.40	62719
2017	0.27	38213	0.23	57798	0.36	68281
2018	0.24	36157	0.22	53767	0.42	94612

表 3-13　意见领袖粉丝种群 Logistic 模型动态演化稳定值

年代	陈士渠		中一在线		段郎说事	
	$\hat{\mu}_b^{i+1}$	$\hat{M}_b^{i+1}$	$\hat{\mu}_b^{i+1}$	$\hat{M}_b^{i+1}$	$\hat{\mu}_b^{i+1}$	$\hat{M}_b^{i+1}$
2012	1.26	11641598	0.31	1166466	1.20	1161687
2013	0.77	15204147	0.65	3469653	0.81	1760946
2014	0.47	13284825	0.22	1407841	0.27	754389
2015	0.29	9612305	0.23	1460085	0.35	1115091
2016	0.21	7536512	0.23	1510546	0.50	3372288
2017	0.22	7497442	0.22	1508064	0.40	2318312
2018	0.21	7453204	0.36	2521447	0.41	2855886

利用表 3-8、表 3-12、表 3-13 的数据分别计算种群饱和度和种群增长率，进而检验 Logistic 曲线与种群增长规律的一致性，并绘制饱和度演化曲线，具体如图 3-7 所示。

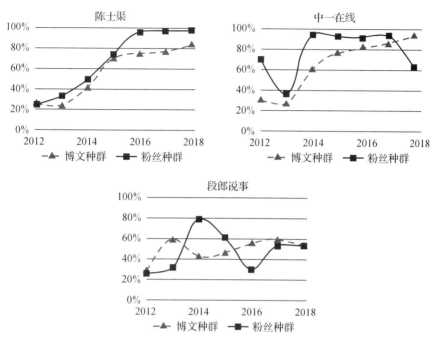

图 3-7 意见领袖博文种群与粉丝种群饱和度

由图 3-7 可知,"陈士渠"博文种群饱和度 2012 年为 26%,于 2018 年达到 84%,期间种群增长率为 156%、209%、44%、11%、9%、7%、4%;粉丝种群饱和度 2012 年为 24%,于 2018 年达到 98%,期间种群增长率为 191%、77%、31%、9%、1%、1%、1%。两者种群均从成长期初期过渡到成长期中后期甚至一体化期,高速增长趋于平缓。

"中一在线"博文种群饱和度 2012 年为 31%,于 2018 年达到 93%,期间种群增长率为 99%、114%、17%、7%、5%、4%、2%,从成长期初期过渡到一体化期,高增长速度开始放缓;粉丝种群饱和度 2012 年为 70%,于 2018 年为 64%,期间种群增长率为 11%、58%、2%、2%、2%、2%、15%,在成熟期与一体化期间转换,种群增长较慢。

"段郎说事"博文种群饱和度 2012 年为 28%,于 2018 年达到 53%,期间种群增长率为 120%、19%、41%、35%、22%、18%、24%,从

成长期初期即将进入成熟期,高增长模式开始逐渐放缓;粉丝种群饱和度 2012 年为 26％,于 2018 年达到 53％,期间种群增长率为 172％、85％、7％、16％、45％、23％、24％,从成长期初期过渡到后期,增长速度较快。

以上分析表明,政务微博和微博用户共生发展下的 Logistic 演化曲线能够很好地描述实际演化过程。就"陈士渠"与"中一在线"而言,期间种群增长步调始终保持一致;就"段郎说事"而言,种群增长速度严重不均,呈现出负相关。

3.4　微政务信息公开共生模式检验与稳定性分析

本节分别从政务机构与意见领袖两个维度探讨政务微博的共生模式与稳定性。首先,计算各微博种群之间的共生作用系数,进而判别各政务微博所处的共生模式,并根据前文对共生模式的讨论检验其现实意义;其次,根据第二章的稳定性分析,通过已经求得的相互共生作用系数以及最大环境容量,进一步判断处于不同共生模式下的各个政务微博处于何种生态位,结合种群增长曲线讨论其均衡性,并计算生态平衡位所对应的种群密度,为后续演化提供指导。

3.4.1　微政务信息公开实证分析对象的共生模式检验

微政务信息公开共生模式的检验诉诸政府官微与微政务用户的相互共生作用系数,通过对共生作用系数的计算,能够判别种群间的共生关系,进而映射实证分析对象的现实表征。

• **政务机构共生模式检验**

由于共生作用系数会对共生自然增长率以及最大环境容量产生影响,因此结合式(3 - 7)构造关于 γ_{ab}、γ_{ba} 的新函数如下:

$$\begin{cases} \mu_a^{i+1} M_a^{i+1} = R_a N_{ma} \left(1 + \gamma_{ab} \overline{N}_b \left(t_{i+1}\right)\right)^2 \\ \mu_b^{i+1} M_b^{i+1} = R_b N_{mb} \left(1 + \gamma_{ba} \overline{N}_a \left(t_{i+1}\right)\right)^2 \end{cases} \quad (3-12)$$

其中,将 $R_a N_{ma}$、γ_{ab}、$R_b N_{mb}$、γ_{ba} 看作固定参数,方程的求解就转换成根据已得数据 μ_a^{i+1}、μ_b^{i+1}、M_a^{i+1}、M_b^{i+1}、$\overline{N}_a\left(t_{i+1}\right)$、$\overline{N}_b\left(t_{i+1}\right)$ 拟合方程求解参数($R_a N_{ma}$、$R_b N_{mb}$、γ_{ab}、γ_{ba})的问题,结合第三章共生演化模型规律以及表 3-2、表 3-6、表 3-7 数据,应用 MATLAB 2017 软件,调用 nlinfit 函数实现参数估计,得到各类微博种群间共生作用系数,具体如表 3-14 所示。

表 3-14　政务机构博文与粉丝种群共生作用系数

共生作用系数	中国警方在线	成都发布	南昌铁路	深圳天气
γ_{ab}	4.37E-9	3.34E-8	7.42E-8	2.87E-8
γ_{ba}	1.28E-5	-1.96E-5	-2.42E-5	8.5E-06

由表 3-14 可知,"中国警方在线"博文与粉丝之间相互共生作用系数均大于 0 且不等,处于非对称互惠共生模式。博文与粉丝种群发展步调一致,均处于高速增长的成长期,符合非对称互惠共生模式增长规律。党的十八大以来,我国公共安全发展走向新轨道:平均每十万人命案数不足一起;刑事犯罪较 2012 年下降一半以上;公众满意度上升近一倍。在"空姐滴滴遇害案"中,"平安郑州"及时报道、转载聚焦了社会热点,引导了舆论的正确流向,为公众安全引导以及社会道德理念的弘扬做出了标准示范。政府持续公开的公安信息促使公共安全进步,同时社会和谐稳定激发了公众对公安服务的关注。

"成都发布"博文对粉丝的共生作用系数大于 0,粉丝对博文的共生作用系数小于 0,处于寄生模式。博文与粉丝种群发展步调不一致,博文种群处于高速成长期时,粉丝种群已进入增速缓慢的一体化期,符合寄生模式的种群规律。新闻类微博的性质会导致其前期具有强烈的"集聚效应",能够为其吸引大量粉丝。然而,当关注人群到达某个饱和值,其增长趋势将不断放缓,而粉丝的后期积累则需依赖于新闻内容所反映的社会现象。2018年5月以来,"严书记女儿事件""盐市口撞人""双流医院强奸案""省医院绑架案""青羊抢劫案"等负面新闻层出不穷,相继登上微博热搜。此类事件虽然能在短期内为政务微博带来舆情流量,但从长远来看,不利于该地区政务微博形象建设,同时也映射出该区域内政务治理的滞后表征,在聚集固有粉丝后很难拓展新流量。如今,"成都发布"在撰写博文满足现有粉丝需求的同时,只能吸引少量新粉丝关注。

"南昌铁路"博文对粉丝的共生作用系数大于0,粉丝对博文的共生作用系数小于0,处于寄生模式。博文与粉丝种群发展步调不一致,博文种群处于高速成长期时,粉丝种群已进入增速缓慢的成熟期后期,符合寄生模式的种群规律。我国高铁的不断提速以及复兴号的运营都促使铁道交通部门公开更多信息,然而铁道交通类信息公开在服务上一直存在短板,尤其"高铁泡面门"的出现更映衬了铁道部门在监管手段和服务质量方面的不足。现行"南昌铁路"博文服务力水平除了维持已有粉丝之外,难以吸引更多高需求粉丝关注。

"深圳天气"博文与粉丝之间的相互共生作用系数均大于0且不等,处于非对称互惠共生模式。博文与粉丝种群发展步调一致,均处于高速增长的成长期,符合非对称互惠共生模式增长规律。在经济发展给环境带来巨大污染的背景下,为了国家的长治久安,习近平总书记提出了"绿水青山就是金山银山"的科学论断,并于十九大将其写入党章,推动气象信息公开。"深圳天气"在全国首创由当值预报员负责微博更新的制度,24小时跟踪天气,基于用户偏好将网络用语融入气象报道,配以雷达卫星图片,用诙谐的语言化晦涩为通俗。同时,由于所在区域夏季多有暴雨,为应对突发天气,一旦天气状况达到发布相应预警信号的标准,服务人员就自动到岗,保证微博信息的更新。当下,政府正持续公开与公众生活、健康、出行息息相关的气象信息,优质的微博服务模式以及防灾应急的迫切需求激发了社会广大群众的高度关注,这也使得气象类政务微博不断走热。

· 意见领袖共生模式检验

同理,结合表 3-8、表 3-12、表 3-13 数据,应用 MATLAB 2017 软件,调用 nlinfit 函数,实现参数估计得到各类微博种群间共生作用系数,具体如表 3-15 所示。

表 3-15　意见领袖博文与粉丝种群共生作用系数

共生作用系数	陈士渠	中一在线	段郎说事
γ_{ab}	8.2E−08	4.95E−07	2.28E−07
γ_{ba}	−2.63E−05	−4.31E−06	1.18E−04

由表 3-15 可知,"陈士渠"博文对粉丝的共生作用系数大于 0,粉丝对博文的共生作用系数小于 0,处于寄生模式。博文与粉丝种群发展步调不一致,博文种群处于高速成长期时,粉丝种群已进入增速缓慢的一体化期,符合寄生模式的种群规律。时任公安部刑事侦查局副局长陈士渠为法学博士,曾先后获得全国特级优秀人民警察、法治人物、三农人物、中央国家机关党代表、青联委员、青年五四奖章标兵、央企青联委员等称号,作为意见领袖常年在微博上发布公安法制类博文供公众阅读学习,所公开的政务信息也受到公众的认可与关注。结合图 3-7 不难发现,2015 年以前该账号的博文与粉丝种群始保持同步高速增长,之后博文种群增速相较粉丝种群放缓,这说明公安类政务信息已经产生了一定的社会价值,信息公开正从追求数量转移到保证质量上来,而同时,公众对于公安信息的关注也并没有因此产生递减,可归属于重叠位良性寄生。

"中一在线"博文对粉丝的共生作用系数大于 0,粉丝对博文的共生作用系数小于 0,处于寄生模式。博文与粉丝种群发展步调不一致,博文种群处于高速成长期时,粉丝种群已进入增速缓慢的一体化期,符合寄生模式的种群规律。海宁市司法局局长金中一在互联网有着多重身份,"标语书法家""车窗摄影家""无股资本家""搭车旅行家""茅庐建筑师""乡村规划师""贫农园艺师""无照律师""什杂咨询师""事后评论员""法治营销商"等，都是支撑其作为意见领袖的重要抓手。在发布司法类政务信息的同时，"中一在线"更关注与人民生活息息相关的社会事件，时刻把握着舆情传导的正确反向，正因为如此，自开设政务微博以来圈粉甚多。不过2016年以来，其博文增长相对乏力，粉丝增速愈演愈烈，形成了一定的寄生性现象，人们期待这位"多面手"领袖带来更新鲜的政务信息。

"段郎说事"博文与粉丝之间的相互共生作用系数均大于 0 且不等，处于非对称互惠共生模式。博文与粉丝种群发展步调一致，均处于高速增长的成长期，符合非对称互惠共生模式增长规律。九江市公安局纪委副书记段兴焱作为一位普通民警，他的工作就是数十年如一日在一线为社会公众服务，而全国"十大公务人员微博""十大政法官员有影响力微博""南方人物周刊中国魅力官员"等殊荣也促使其进入了政务微博公务人员之列。"段郎说事"擅长通过互联网将工作中遇到的业务配合政务信息散播给群众，在他的微博中具体的公安事件以及对事件的分析层出不穷，受到微博用户广泛好评。结合图 3 - 7 可知，"段郎说事"账号中博文与粉丝种群密度的饱和度一直处于振荡波动状态，也就是说，虽整体模型呈现互惠共生模式，但阶段性体现出了寄生形态，未来将进一步优化。

3.4.2 微政务信息公开实证分析对象的稳定性分析

微政务信息公开的稳定性分析能够映射政务生态平衡的发展水平和要求，通过已得到的相互共生作用系数以及最大环境容量，分析实证分析对象的生态位和均衡性，指明政府官微与微政务用户种群的后续演化趋势。

• 政务机构稳定性实证分析

通过对政务机构的政府官微与微政务用户种群共生模式的检验可知，"中国警方在线"与"深圳天气"处于互惠共生模式，而"成都发布"与"南昌铁路"则处于寄生模式。为了分析政务机构种群间进一步的共生演化趋势,本节对种群演化的稳定性进行实证分析。根据表 3 - 12 以及已经得到的共生作用系数和各政务微博的实际种群密度判断其生态位,结合第三章各生态平衡状态下的种群密度稳定性分析,计算实证分析对象的种群稳定值,为政务机构种群稳定性的饱和度计算提供基础,具体如表 3 - 16 所示。

表 3 - 16 政务机构种群演化稳定性分析

政务机构	共生模式	生态位	种群密度		
			值域	博文	粉丝
中国警方在线	非对称互惠共生	生态位重叠	实际值	50572	29316058
			稳定值	124628	30395977
成都发布	寄生	生态位重叠	实际值	81832	7242549
			稳定值	137386	10406564
南昌铁路	寄生	生态位重叠	实际值	63324	4184271
			稳定值	95731	4540064
深圳天气	非对称互惠共生	生态位重叠	实际值	44298	1876008
			稳定值	71539	3220445

由表 3 - 16 可知,无论是处于非对称互惠共生状态下的"中国警方在线"和"深圳天气",抑或是处于寄生状态下的"成都发布"和"南昌铁路",均处于生态重叠位,具备进一步的良性发展潜力。此外,通过计算求得各政务机构微博的种群稳定值,绘制百分比堆积图,反映实际种群占种群稳定值的百分比,可更直观地探索政务机构稳定性的饱和度以及达到种群稳定值的增长空间(图 3 - 8)。

由图 3 - 8 可知,就处于非对称互惠共生阶段的"中国警方在线"来说,博文稳定饱和度达到 41%,粉丝稳定饱和度则达到 96%,即微博粉丝即将达到稳定状态,而政务博文还有很大上涨空间,说明公安依旧是社会广泛关注的焦点,当下政务信息尚无法满足公众对公共安全信息的需要。因此,"中国警方在线"需要整合多源、异构渠道,通过组织获

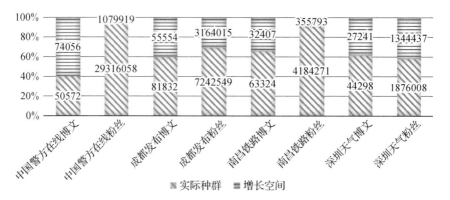

图 3-8 政务机构种群稳定饱和度

取到的公众安全信息,为微政务用户提供更多公安政务服务,提高博文稳定饱和度,以使二者均达到生态平衡,在连续稳定状态下质变为对称互惠共生。

就处于寄生阶段的"成都发布"来说,博文稳定饱和度达到 59%,粉丝稳定饱和度则达到 69%,即政务博文与微博粉丝均有较大上涨空间,说明新闻类微博的政务信息公开需协同各方,发挥信息价值优势。因此,"成都发布"需要构建更为科学合理的政务生态环境,从寄生稳定状态向互惠共生演化。

就处于寄生阶段的"南昌铁路"来说,博文稳定饱和度达到 66%,粉丝稳定饱和度则达到 92%,二者种群稳定饱和度相差甚多,表明了交通类政务信息公开主体间的利益不均衡。因此,"南昌铁路"需要不断提高自身政务服务力水平,努力缩小二者种群间的差距,由寄生稳定状态向互惠共生演化。

就处于非对称互惠共生阶段的"深圳天气"来说,博文稳定饱和度达到 62%,粉丝稳定饱和度则达到 58%,虽都有较大上涨空间,但二者几乎齐头并进,有利于政务共生系统内种群的稳定演化。因此,"深圳天气"应总结在过去天气公开工作中的经验,保持发展演化惯性,在连续稳定状态下质变为对称互惠共生。

  • **意见领袖稳定性实证分析**

　　通过意见领袖共生模式的检验可知，"陈士渠"与"中一在线"均处于寄生模式，而"段郎说事"则处于非对称互惠共生模式，种群稳定值如表3-17所示。

表 3-17　意见领袖种群演化稳定性分析

政务机构	共生模式	生态位	种群密度		
			值域	博文	粉丝
陈士渠	寄生	生态位重叠	实际值	30458	7292533
			稳定值	36128	7459965
中一在线	寄生	生态位重叠	实际值	50122	1608529
			稳定值	53893	2577294
段郎说事	非对称互惠共生	生态位重叠	实际值	50572	1524022
			稳定值	94591	2834436

　　由表3-17可知，无论是处于寄生状态下的"陈士渠"和"中一在线"，抑或是处于非对称互惠共生状态下的"段郎说事"，均处于生态重叠位，具备进一步的良性发展潜力，其种群稳定性饱和度如图3-9所示。

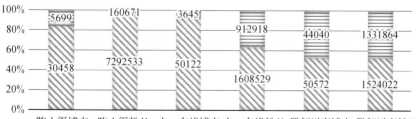

图 3-9　意见领袖种群稳定饱和度

　　由图3-9可知，就处于寄生阶段的"陈士渠"来说，博文稳定饱和度达到84%，粉丝稳定饱和度则达到98%，二者都十分接近稳定状态，粉丝种群演化较快,说明"陈士渠"粉丝即将到达寄生模式下的稳定状态,并将随着博文种群的后续演化共同从寄生模式演化至互惠共生模式。

就处于寄生阶段的"中一在线"来说,博文稳定饱和度达到 93%,粉丝稳定饱和度则只有 63%,二者种群稳定饱和度相差甚多,表明了"中一在线"发博数量即将饱和,需进一步提高博文质量促进后续粉丝种群的发展,努力缩小二者种群间的差距并达至稳定状态,由寄生模式下的稳定状态向互惠共生演化。

就处于非对称互惠共生阶段的"段郎说事"来说,博文与粉丝稳定饱和度均为 53%,虽都有较大上涨空间,但二者几乎齐头并进,有利于政务共生系统内种群的稳定演化。因此,段兴焱应当继续发挥并积极发扬其在政务服务中的作用,保持服务力发展水平,在连续稳定状态下质变为对称互惠共生。

3.5　本章小结

本章首先基于 Logistic 方程,通过种群间的共生演化关系研究了微政务信息公开参与主体协同发展的行为模式;其次,引入 Logistic 增长曲线探讨了微政务信息公开共生演化现状;最后,对政务机构与意见领袖进行了实证分析检验,定量分析了我国目前政务服务的水平,为微政务信息公开提供了生态学研究视角。

3.5.1　本章结论

(一) Logistic 增长曲线指导下的微政务信息公开种群演化阶段参差不齐

通过本章研究可知,微政务信息公开种群饱和度将 Logistic 曲线划分为萌芽期(0%～20%)、成长期(20%～60%)、成熟期(60%～90%)以及一体化期(90%～100%),此间种群密度和增长率会伴随着发展阶段的演化而改变,反映了在微政务信息公开过程中政府官微与微政务用户之间参差不齐的种群演化现状。

政务机构与意见领袖间 Logistic 曲线的种群演化均存在共生作用系数。通过对博文种群和粉丝种群独立生存下的非线性回归分析,可以发现或实际种群密度超过了最大环境容量,或种群饱和度与种群增长率不匹配,非共生状态下的 Logistic 演化曲线不能很好地描述实际演化过程,而引入分时段叠加的共生发展 Logistic 演化曲线能够很好地契合实际演化过程,故二者的博文与粉丝种群间存在共生作用系数。

就政务机构而言,公安与天气类 Logistic 曲线种群增长步调总体保持一致,新闻与交通类种群增长整体缺乏均衡性。"中国警方在线"的博文与粉丝种群均从萌芽期过渡到了成长期,且粉丝种群率先进入了一体化期;"成都发布"的博文与粉丝种群均从成长期迈入了成熟期,区别在于博文种群始终保持高速上升,而粉丝种群在经历缓慢增长后速度提高;"南昌铁路"的博文种群从萌芽期过渡到成熟期,粉丝种群从成长期初期过渡到一体化期;"深圳天气"的博文与粉丝种群均从成长期后期过渡到成熟期。

就意见领袖而言,"陈士渠"与"中一在线"Logistic 曲线种群增长步调始终保持一致,"段郎说事"种群增长速度严重不均且呈现出反相关。"陈士渠"的博文与粉丝种群均从成长期初期过渡到成长期中后期甚至一体化期;"中一在线"的博文与粉丝种群均从成长期初期或成熟期过渡到一体化期;"段郎说事"的博文与粉丝种群均从成长期初期过渡到后期,但在增长过程中二者增长速度不断波动,甚至呈现反相关。

(二)寄生和互惠共生是微政务信息公开种群共生演化的重要阶段

寄生模式($\gamma_{ab} > 0$,$\gamma_{ba} < 0$)是微政务信息公开共生发展的转折点,引导微政务信息公开共生单元由相互孤立走向合作共赢;互惠共生模式

($\gamma_{ab} > 0$, $\gamma_{ba} > 0$)是微政务信息公开共生发展的稳定点,使得微政务信息公开主体由合作走向互惠互利。本章通过 Logistic 曲线对共生作用系数的求解,揭示了政务机构与意见领袖所处共生模式,以此深度映射我国微政务信息公开的现实表征。

就政务机构来言,新闻类、交通类博文和粉丝种群均发展不协调,处于寄生模式;公安类、气象类博文和粉丝种群均和谐发展,处于非对称互惠共生。"成都发布"博文与粉丝种群的相互共生作用系数不等且异号(3.34E-8、-1.96E-5);"南昌铁路"博文与粉丝种群的相互共生作用系数不等且异号(7.42E-8、-2.42E-5)。作为新闻类、交通类优秀微博,二者种群发展均不协调,且都表现为政务微博收益小于投入,微博用户收益大于支出。"中国警方在线"博文与粉丝种群的相互共生作用系数不等且大于零(4.37E-9、1.28E-5);"深圳天气"博文与粉丝种群的相互共生作用系数不等且大于零(2.87E-8、8.5E-06)。作为公安类、气象类优秀微博,二者种群均协同发展,各自收益均大于投入。

就意见领袖来言,"陈士渠""中一在线"博文和粉丝种群均发展不均,处于寄生模式;"段郎说事"博文和粉丝种群均和谐发展,处于非对称互惠共生。"陈士渠"博文与粉丝种群的相互共生作用系数不等且异号(8.2E-08、-2.63E-05);"中一在线"博文与粉丝种群的相互共生作用系数不等且异号(4.95E-07、-4.31E-06)。两位意见领袖都表现为政务微博收益小于投入,微博用户收益大于支出。"段郎说事"博文与粉丝种群的相互共生作用系数不等且大于零(2.28E-07、1.18E-04)。该领袖虽整体表现出内部种群均协同发展,各自收益均大于投入,但其各子阶段也处于寄生模式,有进一步优化空间。

(三) 微政务信息公开种群共生演化的稳定性尚显不足

本章基于 Logistic 方程,分别从非共生、寄生、偏利共生、互惠共生出发,探讨了微政务信息公开种群演化的稳定性,求得了政务机构和意见领袖的博文与粉丝种群稳定性饱和值,研究发现我国微政务信息公开的稳定性尚显不足。

就政务机构而言,无论是处于互惠共生状态下的"中国警方在线"和"深圳天气",抑或是处于寄生状态下的"成都发布"和"南昌铁路",其博文与粉丝种群均未达到稳定饱和值。"中国警方在线"博文稳定饱和度达到41%,粉丝稳定饱和度达到96%,即微博粉丝即将达到稳定状态,而政务博文还有很大上涨空间,二者需同时达到生态平衡,在连续稳定状态下质变为对称互惠共生;"成都发布"博文稳定饱和度达到59%,粉丝稳定饱和度达到69%,即政务博文与微博粉丝均有较大上涨空间,从寄生稳定状态往互惠共生演化;"南昌铁路"博文稳定饱和度达到66%,粉丝稳定饱和度达到92%,由寄生稳定状态往互惠共生演化;"深圳天气"博文稳定饱和度达到62%,粉丝稳定饱和度达到58%,在连续稳定状态下质变为对称互惠共生。

就意见领袖而言,无论是处于寄生状态下的"陈士渠"和"中一在线",抑或是处于非对称互惠共生状态下的"段郎说事",其博文与粉丝种群均未达到稳定饱和值。"陈士渠"博文种群的稳定饱和度达到84%,粉丝种群的稳定饱和度达到98%,二者都十分接近稳定状态,将从寄生模式演化至互惠共生模式;"中一在线"博文种群的稳定饱和度达到93%,粉丝种群的稳定饱和度达到63%,需要促进后续粉丝种群的发展,由寄生模式下的稳定状态往互惠共生演化;"段郎说事"博文种群与粉丝种群的稳定饱和度均为53%,将齐头并进至稳定状态,进而质变为对称互惠共生。

3.5.2　对策建议

通过本章研究可知,建立一个互惠互利、均衡发展的共生系统,对于微政务信息公开的发展、顺应"互联网＋政务"的时代潮流具有积极意义。在此笔者针对理论探讨模型与实证分析结果从引导正确共生演化路径的角度给出几点建议。

(一) 协同微政务信息公开种群演化的发展步调

微政务信息公开种群间的协同发展对于塑造积极共生系统具有重要意义。通过对政务机构与意见领袖的实证不难发现,"成都发布""南昌铁路"以及"段郎说事"政府官微的博文种群与粉丝种群的 Logistic 曲线发展阶段不一,种群滞后需要提高自身种群密度与共生对象维持在同一水平,而微政务信息公开种群密度的提升与公众观念、传输媒介以及政务公开环境等因素有关,因此,建议从以下三个方面入手。

第一,引入公平关切心理,树立政府、微政务信息公开平台和公众之间正确的共生关系。引导共生单元由主体理性、自私自利向非自私自利(公平偏好、利他主义和互惠行为)发展,正确判断组织行为和个体心理,分析微政务信息公开各利益主体的行为动机,归纳各自工作的行为特征,总结相互的行为规律,制定有效的信息公开政策,以使得种群(政府、微博平台、微信平台、公众等)间逐渐由主体理性转为公平关切。

第二,鉴别新浪和腾讯中信息传输的滞后方,提高媒介的稳定性。政府应该实时统计微博和微信政务信息的阅读量和转载量,运用大数据技术筛选合适的软件,避免传输媒介之间的恶性竞争,防止内部紊乱。同时,规范信息公开的方式和渠道,促进微政务对于软件功能的完善,并设置政府对传输媒介的考量标准,引导积极的信息公开。

第三,完善公共事业建设,减少共生能量的浪费。督促公众积极提升社会责任意识,引导社会组织结构由无序向有序发展;优化政府和公众的关系,促成两者间权利和职责的良性转化;鼓励公众更主动地去投身公共事业,约束自身的行为活动,利用政府公开的信息在社会事务中承担更多的责任,与政府工作形成呼应。

(二) 持续优化微政务信息公开种群演化的共生模式

微政务信息公开的种群演化需要不断追求利益均衡,以形成公平的共生模式。本章通过计算政务机构与意见领袖的相互共生作用系数,指导微政务信息公开的共生模式,揭示了政务官微与微政务用户间的共生状态。然而,对于向对称互惠共生阶段演化的"成都发布""南昌铁路""段郎说事"以及向非对称互惠共生阶段演化的"中国警方在线""深圳天气""陈士渠""中一在线"来说,需要进一步优化博文与粉丝种群间的共生作用系数。笔者建议从全局意识、制度完善以及持续补齐短板等三个方面,强化政府官微与微政务用户之间公平共生的理念,具体做法如下。

第一,公平共生的理念不应该局限于政府部门,还应该包括公众、微政务信息公开平台等整个社会。在公平、共生理念深入人心的时代,作为微政务信息公开的各参与方——政府、微政务信息公开平台(新浪、腾讯)和公众的依存关系日益紧密。因此,必须提升和扩大微政务信息公开供给者、管理者和使用者之间的合作频率、范围和程度,进而协调各方的分工协作,并通过合理的分工均衡各主体的工作成本,优化各主体的工作效率。

第二,公平共生的理念不应该局限于简单制度,应该致力于利益均衡。除了制定合适的制度法规,还必须将微政务信息公开供给者、管理者和使用者之间的利益由单向流通转为双向流通,不懈推进各主体间的利益分配,使之趋于平衡。只有如此,才能完全体现公平、共生,推动微政务信息公开的健康发展。

第三,公平共生的理念不会一蹴而就,需要不断完善,补齐短板。结合微政务信息公开共生模式的演进过程和实证分析,不难发现微政务信息公开的公平和共享理念,是一个不断完善、逐步优化的过程,需要不断调整和优化。

(三) 不断提高微政务信息公开种群演化的稳定性

通过微政务信息公开种群共生演化的稳定性分析可知,微政务信息公开需要在发展的重要阶段不断提高种群稳定性,进而促进共生体向高阶状态演化。

第一,从无共生向寄生演化需要营造微政务信息公开的共生稳定关系。面对形同虚设的"僵尸微博",要激励管理者规范政府线上职能,协调供给者优化微政务信息公开平台运营体系,引导使用者培养公众社会意识。

第二,从寄生向互惠共生演化需要努力达成共生单元间利益的稳定均衡。面对民政关系不协调的政府官微,可以培养一批能够指引社会意识导向的粉丝种群(意见领袖),由于此类人群通常为公众所信任的价值标杆,使得在遇到社会性问题时,其意见会成为公平的衡量标准,从而维持共生系统稳定。

第三,从非对称互惠共生向互惠共生演化需要掌握适度原则,以推进微政务信息公开稳定发展。信息资源、技术水平、舆情传播分别是政府、微政务信息公开平台以及公众的核心优势,过度依赖他方价值抑或一味看重自身能力都不利于微政务的长足进步。只有各方坚持适度原则,才能推进微政务信息公开的可持续发展。

(四) 微政务信息公开要在实践中不断提升服务力水平

依据政务机构、意见领袖的博文与粉丝种群共生演化现状,可知无论从种群发展曲线和共生模式,还是从种群稳定性饱和度来说,我国微政务信息公开尚存很大发展空间,故笔者从实证分析对象的现实状况入手,提出提升微政务信息公开服务水平的对策。

第一,就政务机构而言,对于诸如"成都发布""南昌铁路"等寄生类政务微博,协同各方发展步调乃第一要义,这就要求高阶一方不能急功冒进,低阶一方不能因循守旧。"成都发布"应放眼今后形象的长远建设,构造共建共享的协同治理格局;"南昌铁路"当致力于提升信息的服务力水平,努力弥补我国现行铁路服务短板。对于诸如"中国警方在线""深圳天气"等非对称互惠共生类政务微博,秉持公平偏好才是必然选择,这就要求利益双方始终站在对方立场，以互为关切为驱动达成投入产出均衡状态。

第二，就意见领袖而言，对于诸如"陈士渠""中一在线"以及"段郎说事"等意见领袖政务微博，由于其代表个体而并非政府官方，不断提升个人形象、深化微政务信息公开生活内涵为其下一步改进方向。就"陈士渠""中一在线"而言，继续保持政务公开的效能是修补当前劣势的重要方法；对于"段郎说事"来说，虽然整体的互惠共生能够在短期内给各主体带来益处，但立足做好每一个阶段才是后续发展的核心要义。

第四章 基于 Logistic 方程与 Markov 模型的微政务信息公开公众参与行为分析

政府数字化建设是新时代建设"数字中国"的重要组成部分,从公众参与行为的视角剖析微政务信息公开的服务力、互动力以及传播力,对消除政府与公众间数字鸿沟以及提高政府信息公开的公众参与度具有重要意义。为此,本章融合 Logistic 方程与 Markov 模型,探索并预测了公众参与行为随时间变化的趋势,对中国社会科学院国家文化安全与意识形态建设研究中心官微"思想火炬"进行实证分析,揭示公众对微政务信息公开的参与度水平。

4.1 政府数字化建设下公众参与行为的相关研究工作

数字时代的来临驱使着社会信息化的发展以及传统产业与信息技术的融合,微政务信息公开作为数字时代社会管理模式的一次重大革新正在全球范围内迅速崛起①。近年来,各国政府纷纷发布数字化转型战略

---

① 徐雅倩,王刚. 数据治理研究:进程与争鸣 [J]. 电子政务,2018 (08):38-51.

规划,如欧洲《2016—2020 年电子政务行动计划》、英国政府《英国数字化战略(2017)》、丹麦政府《2016—2020 年数字战略》、法国政府"2022 年公共行动"等①。与此同时,我国政府的数字化进程也正处于稳步推进阶段。党的十九大明确提出了建设"数字中国"的重要思想②,微政务信息公开作为其重要组成部分,已经成为数字时代收集和发布政务数字资源、改善公共服务以及实现政府智慧决策的国家管理形式。

随着政府数字化建设的不断推进,过去以政府网站为代表的单向服务模式已经无法满足公众对政府表达态度、观点以及反馈的需求,继而催生出了以公众参与为主导的政府官微模式。公众的点赞、评论以及转发等参与行为已经成为新时代衡量微政务信息服务力、互动力以及传播力的重要指标,故而基于上述指标探索微政务信息公开的公众参与行为,对消除政府与公众间的数字鸿沟以及提高政府数字资源的公众参与度具有重大现实意义。

起初,学界大多聚焦于传统的政府数字化建设。其中,政府网站是公众早期获取数字资源的主要方式,但由于政府网站本身缺少网络数字技术,这使得公共部门很难产生较为广泛的影响③。此外,由于体制安排、组织结构和管理过程往往不利于政府间的协作和信任,缺少跨组织信息集成④,为政府的数字化治理带来了难题。随着后续研究的深入,有学者

---

① 刘密霞. 深入推进电子政务 加快政府数字化转型——《2018 年联合国电子政务调查报告》解读之三 [J]. 行政管理改革,2019 (03):82 - 87.

② 鲍静,贾开. 习近平新时代信息化建设重要思想研究与阐释 [J]. 中国行政管理,2018 (04):33 - 38.

③ West D M. Digital government:technology and public sector performance [M]. Princeton:Princeton University Press,2011.

④ Luna-Reyes L F,Gil-Garcia J R,Cruz C B. Collaborative digital government in Mexico:some lessons from federal Web-based interorganizational information integration initiatives [J]. Government Information Quarterly,2007,24 (4):808 - 826.

针对此问题提出从地方一级开始层层递进完善数字治理与民主实践的基层建设,然而这对电子素养、建设能力和宽带支持均有较高的要求。① 直到政府迎来了新一轮的数字化转型,公共部门所使用的技术与数据可用性和数据质量产生融合,使得政府数字化建设在创新、合作生产、透明度和创造公众价值等方面取得深层进展。②

在经历过技术的大规模进步之后,近年来政府又回归到以公众为核心的政务服务中,正如国外学者C. C. Flores等利用Twitter允许公众参与的特点,有效加强了数字政府与公众间的联系③,继而也引发了对公众参与的讨论④。其中,具有代表性的如Hillier等鼓励工程师通过有效的参与实践加强与公众间的接触,进而处理社会环境问题⑤,而Cochrane等则提出使用沟通和推广渠道优化公众参与方式,为市政计划和决策提供一定的指导⑥。除了Cochrane所强调的计划因素以外,国内学

① Kiran P. E-governance policy for modernizing government through digital democracy in India [J]. Journal of Information Policy, 2012, 2：183 - 203.

② Gil-Garcia J R, Dawes S S, Pardo T A. Digital government and public management research：finding the crossroads [J]. Public Management Review, 2017, 20 (5)：1 - 14.

③ Flores C C, Rezende D A. Twitter information for contributing to the strategic digital city：towards citizens as co-managers [J]. Telematics and Informatics, 2018, 35 (5)：1082 - 1096.

④ Donoghue, Jane. The rise of digital justice：courtroom technology, public participation and access to justice [J]. The Modern Law Review, 2017, 80 (6)：995 - 1025.

⑤ Cochrane, Robyn. Community visioning：the role of traditional and online public participation in local government [J]. Asia Pacific Journal of Public Administration, 2015, 37 (1)：18 - 32.

⑥ Hillier, Joseph. Politics of the ring：limits to public participation in engineering practice [J]. International Journal of Urban and Regional Research, 2018, 42 (2)：334 - 356.

者翟玥等融合了动机因素,指出公众参与在抑制不实信息传播的作用。[①] 然而,这些研究对公众自身参与行为的探索还略显单薄。

随着微政务信息资源的开放与社会化媒体的推动[②],公众参与行为逐渐演变为一种对政府官微价值表达的反馈行为[③],正如在社交媒体中,用户开展信息发布、转发、浏览、点赞、评论和回复等信息行为一样[④],而此种反馈行为的深入能够有效反映公众在一定时间内对微政务信息资源态度、期望与诉求[⑤],这就使得公众参与行为在时间脉络下的变化趋势成为衡量微政务公开信息价值的指标[⑥]。但是,已有研究大多还拘泥于对公众参与意愿影响因素的探索[⑦][⑧][⑨],忽略了公众与政府之间的交互关系,这使得公众参与行为的变化趋势难以得到精准刻画。

在微政务信息公开的每个周期内,公众参与行为会随着微政务信息

---

① 翟玥,夏志杰,王筱莉,罗梦莹,何音. 突发事件中公众参与应对社会化媒体不实信息的意愿研究 [J]. 情报杂志,2016,35(09):104-110.

② 韩普. 社会化媒体环境下公众参与智慧城市管理的众包概念模型研究 [J]. 现代情报,2018,38(07):19-24.

③ Bobbio L. Designing effective public participation [J]. Policy and Society, 2018(1):1-17.

④ 叶凤云,邵艳丽,张弘. 基于行为过程的移动社交媒体用户信息质量评价实证研究 [J]. 情报理论与实践,2016,39(04):71-77.

⑤ 陈卫东,杨若愚. 政府监管、公众参与和环境治理满意度——基于CGSS2015 数据的实证研究 [J]. 软科学,2018,32(11):49-53.

⑥ 钱明辉,徐志轩,王珊. 基于用户参与的在线健康平台信息服务质量研究 [J]. 情报学报,2019,38(02):132-142.

⑦ 沙勇忠,田生芃,肖桂芳. 在线公共事务讨论的用户参与行为影响因素研究 [J]. 图书与情报,2015(03):125-133.

⑧ Brighton L J, Pask S, Benalia H, et al. Taking patient and public involvement online: qualitative evaluation of an online forum for palliative care and rehabilitation research [J]. Research Involvement and Engagement,2018(12):4-14.

⑨ 李洁,韩啸. 公民自愿、技术接受与网络参与:基于结构方程模型的实证研究 [J]. 情报杂志,2019,38(02):201-207.

资源价值水平的提高而逐渐上升①，且往往会在前期产生"集聚效应"②后趋于平稳，故可看作种群在信息资源条件下发展的过程。众所周知，Logistic 方程具有很强的随时间脉络发展的特性③④⑤，这就使得 Logistic 方程为处理此类问题提供了研究思路。黄炜等基于 Logistic 方程构建了微信消息转发模型，通过验证微信消息转发的影响因素为引导微信舆情提供决策参考。⑥ 朱晓峰等将黄炜构建的模型进行改进，利用博文与粉丝种群探索了我国政府与公众在不同领域内协同发展的现状。⑦ 然而，按照上述研究思路为公众参与行为建立 Logistic 方程，只能从理论层面验证种群发展过程，如基于这些验证规律对公众参与行为进行预测，可以进一步挖掘数字政府开放信息资源的价值。

　　Markov 模型被广泛应用于时间序列的预测问题。⑧⑨⑩ S. M.

---

　　① 王芳，彭超然. 公众集聚度与政府审计质量——基于公共选择理论的分析 [J]. 中南财经政法大学学报，2015（02）：72-79.
　　② 邓崧，葛百潞. 中外政府数据开放比较研究 [J]. 情报杂志，2017，36（12）：138-144.
　　③ 朱卫东，张超，吴勇，库泉，张帆. 员工与股东的劳资共生演化动力模型研究——基于增加价值与利益相关者理论 [J]. 管理科学学报，2019，22（02）：112-126.
　　④ 张鹏翼，王丹雪，焦祎凡，陈秀雨，王军. 基于用户浏览日志的移动购买预测研究 [J]. 数据分析与知识发现，2018，2（01）：51-63.
　　⑤ 常春，杨婧. 基于生物种群增长规律的概念词频变化特征研究 [J]. 情报科学，2018，36（10）：128-132.
　　⑥ 黄炜，宋为，李岳峰. 基于 Logistic 种群增长模型的微信消息转发影响因素研究 [J]. 情报理论与实践，2018，41（07）：78-86.
　　⑦ 朱晓峰，张卫，张琳. 基于种群密度的微政务信息公开共生演化研究 [J]. 情报学报，2018，37（08）：822-835.
　　⑧ 饶浩，文海宁，林育曼，陈晓锋. 改进的支持向量机在微博热点话题预测中的应用 [J]. 现代情报，2017，37（03）：46-51.
　　⑨ 郭红莲，侯云先. 北京市知识密集型服务业增加值的 Markov SCGM（1，1）_C 预测模型 [J]. 系统工程理论与实践，2012，32（02）：292-298.
　　⑩ 张冬青，宁宣熙，刘雪妮. 考虑影响因素的隐马尔可夫模型在经济预测中的应用 [J]. 中国管理科学，2007（04）：105-110.

Verma 等探讨了 Markov 模型短期内在风速预测中的应用,为提高可再生资源利用率提供指导。[①] 张和平等基于改进的灰色马尔可夫模型对"罗一笑事件"进行案例分析,对网络舆情发展趋势做出了准确预测。[②] 李电生和张腾飞通过 Markov 模型构造风险转移概率矩阵,有效地解决了港口投资风险的测度问题。[③] 融合 Logistic 方程与 Markov 模型,可以刻画种群随时间从一个状态发展至另一个状态的过程[④],也可以精准刻画公众参与行为种群状态的变化趋势。

综上所述,本章拟将 Logistic 方程与 Markov 模型融合,通过两阶段建模将 Logistic 方程的种群饱和度作为 Markov 模型的状态转移指标,探索并预测公众参与行为随时间发展的脉络,为政府官微强化各方能力水平进而有效提高公众参与度提供实践参考。

4.2 微政务信息公开公众参与行为模型构建

对微政务信息公开公众参与行为进行模型解析的实质,是通过种群映射、两阶段模型融合以及关联行为讨论探索公众参与行为表现的过程(图 4 - 1)。

---

① Verma S M, Reddy V, Verma K, et al. Markov models based short term forecasting of wind speed for estimating day-ahead wind power [C] // 2018 International Conference on Power, Energy, Control and Transmission Systems (ICPECTS). IEEE, 2018.

② 张和平, 陈齐海. 基于灰色马尔可夫模型的网络舆情预测研究 [J]. 情报科学, 2018, 36 (01): 75 - 79.

③ 李电生, 张腾飞. 基于 Logistic 生长方程——马尔可夫模型的港口投资风险测度 [J]. 中国管理科学, 2018, 26 (03): 33 - 42.

④ 郑岩岩, 舒彤, 陈收, 黎建强. 外商直接投资趋势研究——基于灰色马尔可夫预测模型与时间序列模型的对比 [J]. 系统工程理论与实践, 2016, 36 (04): 897 - 909.

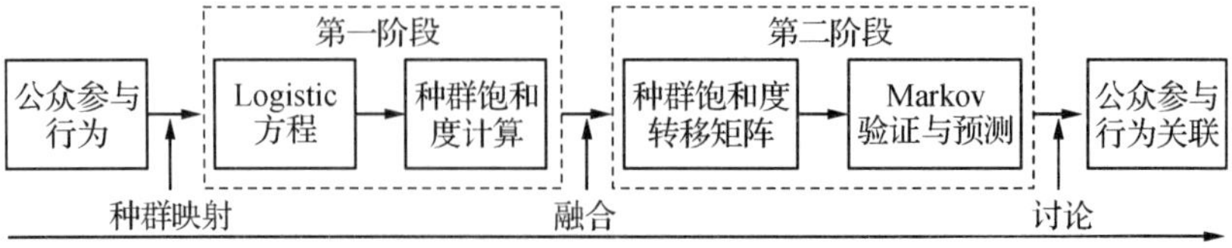

图 4-1　微政务信息公开公众参与行为模型解析

如图 4-1 所示,微政务信息公开公众参与行为的模型解析分为以下几个步骤:第一阶段的核心是通过种群映射,对公众参与行为建立 Logistic 方程,结合 Logistic 曲线,从时间序列角度探索公众参与行为并计算参与行为的种群饱和度;第二阶段的任务是将 Logistic 方程与 Markov 模型进行融合,将公众参与行为的种群饱和度作为状态转移指标建立转移矩阵,对公众参与行为进行验证和预测;最后阶段,构建公众参与行为的关联函数,并结合已有数据对新建函数进行曲面拟合,从而讨论公众不同参与行为之间的关联。

4.2.1　基于 Logistic 方程的微政务信息公开公众参与行为分析

微政务信息公开的公众参与行为是一个不断增强政府信息资源认可度、互动水平以及传播效能的过程。其中,点赞行为可以视作公众表达认同与支持度的行为方式,反映政府对公众的服务力水平;评论行为视为公众发表观点的行为方式,反映政府与公众的互动力水平;转发行为视为公众传播并扩散信息的行为方式,反映政府信息的传播力水平。① 因此,本章通过点赞种群、评论种群以及转发种群,构建 Logistic 方程,量化公众参与行为,从而探索微政务信息公开服务力、互动力以及传播力的发展水平。

① 刘嘉琪,齐佳音,朱舸. 社交媒体中企业生成内容(EGC)的社会化传播行为研究——基于内容和情感分析视角 [J]. 情报科学,2018,36(08):135-141.

　　传统 Logistic 方程的增长曲线是一条 S 型递增曲线[①]，其增长规律难以满足本章的研究需求。这是因为，从生态理论上来说，不是所有生物种群都一直处于增长状态，自然界中会出现阶段性增长、生态退化甚至种群灭绝等现象[②③④⑤]。从现实意义来说，公众的点赞、评论以及转发等参与行为可能存在多个增长周期[⑥]，且不会随着时间无止境扩大，难以仅仅通过一条 Logistic 曲线进行描绘。基于此，为了更精确地描述微政务信息公开公众参与行为，本章构建了分时段叠加的双向 Logistic 曲线（图 4－2）。

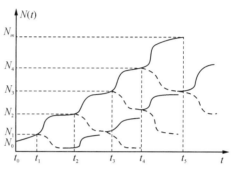

图 4－2　分时段叠加的双向 Logistic 曲线

　　如图 4－2 所示，分时段叠加的双向 Logistic 曲线能够反映微政务信息公开公众参与行为种群变化的阶段性和双向性。Logistic 曲线的阶段性表现为公众参与行为种群的整体变化轨迹是由若干个 Logistic 曲线组

①　张亮，张玲玲，陈懿冰，腾伟丽. 基于信息融合的数据挖掘方法在公司财务预警中的应用［J］. 中国管理科学，2015，23（10）：170－176.

②　Ausloos M. Gompertz and Verhulst frameworks for growth and decay description［J］. Quantitative Biology，2013.

③　Dax T，Fischer M. An alternative policy approach to rural development in regions facing population decline［J］. European Planning Studies，2018，26（2）：297－315.

④　刘普幸. 疏勒河中下游绿洲胡杨种群结构与动态研究［J］. 自然资源学报，2011，26（03）：429－439.

⑤　李红丽，智颖飙，赵磊，安树青，邓自发，周长芳，顾舒平. 大米草（Spartina anglica）自然衰退种群对 N、P 添加的生态响应［J］. 生态学报，2007（07）：2725－2732.

⑥　唐强荣，徐学军，何自力. 生产性服务业与制造业共生发展模型及实证研究［J］. 南开管理评论，2009，12（03）：20－26.

合而成,其中上一阶段种群发展的末值将会是下一阶段种群发展的初值。Logistic 曲线的双向性能够反映从上一阶段过渡到下一阶段是正向增长还是反向减少,此时需要引入种群饱和度加以阐释。

种群饱和度是指在一定时区内,实际种群数量占最大环境承受容量(政府数字资源可产生的最大影响价值)的比重。[①] 考虑到 Logistic 曲线双向性的特征,本章种群饱和度的取值范围为 $[-100\%, 100\%]$,其中正负号代表的是种群变化方向,数值大小代表种群饱和水平。当 Logistic 曲线处于递增状态时,种群饱和度取值范围由 0 至 100%,饱和水平正向提高,种群增长趋势由快至慢,曲线的头部与尾部分别为种群数量的局部极小值和局部极大值;当 Logistic 曲线处于递减状态时,饱和度取值范围由 0 至 -100%,种群饱和水平反向提高,种群衰退趋势由快至慢,曲线的头部与尾部分别为种群数量的局部极大值和局部极小值。

例如,当 $t \in (t_0, t_1)$ 时,公众点赞行为的种群饱和度在 t_1 时刻内达到最大,此时点赞种群数量达到局部极大值 N_1,能够反映微政务信息公开在 (t_0, t_1) 内所达到的最大服务力水平。如果政府数字资源的服务力在 t_1 之后进一步上升,公众点赞行为的种群饱和水平将在 (t_1, t_2) 区间内的 t_1 时刻降为正向最小,种群数量开启新一轮快速增长(如实线所示)。反之,若 t_1 之后政府数字资源的服务力开始下降,种群饱和水平将于 t_1 时刻降为反向最小,种群数量开始快速下降(如虚线所示)。所以,如果微政务信息公开信息资源的服务力不断提高,公众点赞种群的数量将不断上升(如图中连续实线所示);相应的,在任何一个阶段数字资源服务力的下降都会引发公众点赞种群的下降。其中,当种群处于最大饱和水平状态时,公众参与种群会面临增长或下降两极走势,分化的关键在于微政务信息公开后续服务力、互动力以及传播力的发展水平。不难发现,公众参与

---

① 朱晓峰,张卫,张琳. 基于种群密度的微政务信息公开共生演化研究 [J]. 情报学报,2018,37 (08):822-835.

行为的种群变化能够实时反映政府信息资源价值水平的发展。值得注意的是,点赞行为、评论行为与转发行为之间是否具备内在作用关系,对公众参与行为的种群发展结果也会产生深层影响。

基于上述讨论,本章将以公众参与的点赞行为、评论行为、转发行为作为种群对象构建 Logistic 方程,通过分时段叠加的双向 Logistic 曲线映射微政务信息公开的服务力、互动力以及传播力水平。设 t 为时间索引,t_i 为时间索引 t 内所截取出的子时区 $[t_{i-1},t_i]$($i=1,2,3,\cdots,n$),若干个子时区相互叠加形成一个完整的时区 t。在子时区 $[t_{i-1},t_i]$ 内,$N_a(t_i)$、$N_b(t_i)$、$N_c(t_i)$ 分别为公众的点赞行为、评论行为、转发行为在 t_i 时刻的种群数量,r_a^i、r_b^i、r_c^i 为相应的种群自然变化率,N_{ma}^i、N_{mb}^i、N_{mc}^i 为相应的最大环境承受容量。此外,本章将考虑公众参与的三种行为间是否存在相互作用系数(无作用则系数为 0),故设 γ_{ab}、γ_{ac} 分别为评论种群与转发种群对点赞种群的作用系数,γ_{ba}、γ_{bc} 分别为点赞种群与转发种群对评论种群的作用系数,γ_{ca}、γ_{cb} 分别为点赞种群与评论种群对转发种群的作用系数,具体方程如式(4-1)所示。

$$
\begin{cases}
\dfrac{\mathrm{d}N_a(t_i)}{\mathrm{d}t}=r_a^i N_a(t_i)\left(1-\dfrac{N_a(t_i)}{N_{ma}^i}+\gamma_{ab}N_b(t_i)+\gamma_{ac}N_c(t_i)\right) \\[2ex]
\dfrac{\mathrm{d}N_b(t_i)}{\mathrm{d}t}=r_b^i N_b(t_i)\left(1-\dfrac{N_b(t_i)}{N_{mb}^i}+\gamma_{ba}N_a(t_i)+\gamma_{bc}N_c(t_i)\right) \\[2ex]
\dfrac{\mathrm{d}N_c(t_i)}{\mathrm{d}t}=r_c^i N_c(t_i)\left(1-\dfrac{N_c(t_i)}{N_{mc}^i}+\gamma_{ca}N_a(t_i)+\gamma_{cb}N_b(t_i)\right)
\end{cases} \quad (4-1)
$$

如式(4-1)所示,在每个子区间内,种群变化趋势会有增长或下降的可能,通过叠加所有双向子区间能够探讨公众参与行为种群的整体变化规律。不难发现,公众参与行为的种群变化与自身种群变化量、自身种群饱和度以及自身以外的种群有关。以点赞种群的变化趋势为例,方程左侧为点赞种群的一阶导数,通过局部线性逼近反映点赞种群在 t_i 时间节点附近的变化率。在方程右侧,$r_a^i N_a(t_i)$ 是自然变化率与点赞种群的乘积,即自然变化量。显然,点赞的变化必定影响自身种群的变化率。$\dfrac{N_a(t_i)}{N_{ma}^i}$ 是点赞种群的饱和度,$1-\dfrac{N_a(t_i)}{N_{ma}^i}$ 则可以理解为点赞种群变化的剩余空间。从现实意义而言,政府信息资源所具备的价值在一定时间内是有限的,而在其面向公众的过程中使价值得到认可从而赢得点赞的数量也是既定的。因此,点赞种群饱和度越大,其所剩余的点赞变化空间越小,从而影响点赞种群的变化率。$\gamma_{ab}N_b(t_i)$、$\gamma_{ac}N_c(t_i)$ 是指点赞行为与评论、转发二者间所产生的作用,从现实意义上来说,公众的评论往往会引起支持者或反对者的跟帖,公众的转发则会为微政务信息公开带来进一步的流量,二者皆会影响点赞种群的变化率。综合以上讨论,本章所构建的 Logistic 方程能够反映微政务信息公开公众参与行为的变化特征。

进一步,为了更好地从时间维度探讨微政务信息公开公众参与行为的种群变化,还需要做以下两点处理:一方面,当一条完整的曲线上所截取的子区间足够多,或者说,子区间的时间间隔足够小的时候,曲线就可以被近似看作由代表所有子区间的诸多散点连接而成,本章中此类散点取子区间的中点。此时,公众参与行为的种群数量便通过子区间中点的种群数量(平均值)近似表示,而又考虑到单个子区间内的 Logistic 曲线的曲率较小,可近似看作一条直线,故使用子区间端点所连直线的斜率表示子区间的变化趋势[①]。另一方面,由于引入了不同参与行为之间的相互作用,故需要对方程做降维处理。在考虑公众参与行为间相互作用的基础上,定义种群自然变化率 μ_a、μ_b、μ_c,最大环境承受容量 M_a、M_b、M_c,并建立其与不考虑相互作用的参数之间的关系式。基于这两点,对式(4-1)进行处理得到改进的 Logistic 方程如式(4-2)所示。

---

① 庞博慧. 中国生产服务业与制造业共生演化模型实证研究 [J]. 中国管理科学,2012,20 (02):176-183.

$$
\begin{cases}
\dfrac{\Delta N_a(t_i)}{\Delta t} = \mu_a^i \left(1 - \dfrac{\overline{N}_a(t_i)}{M_a^i}\right)\overline{N}_a(t_i) \\[2ex]
\dfrac{\Delta N_b(t_i)}{\Delta t} = \mu_b^i \left(1 - \dfrac{\overline{N}_b(t_i)}{M_b^i}\right)\overline{N}_b(t_i) \\[2ex]
\dfrac{\Delta N_c(t_i)}{\Delta t} = \mu_c^i \left(1 - \dfrac{\overline{N}_c(t_i)}{M_c^i}\right)\overline{N}_c(t_i) \\[2ex]
\mu_a^i = R_a\left(1 + \gamma_{ab}\overline{N}_b(t_i) + \gamma_{ac}\overline{N}_c(t_i)\right), \\[2ex]
M_a^i = N_{ma}\left(1 + \gamma_{ab}\overline{N}_b(t_i) + \gamma_{ac}\overline{N}_c(t_i)\right) \\[2ex]
\mu_b^i = R_b\left(1 + \gamma_{ba}\overline{N}_a(t_i) + \gamma_{bc}\overline{N}_c(t_i)\right), \\[2ex]
M_b^i = N_{mb}\left(1 + \gamma_{ba}\overline{N}_a(t_i) + \gamma_{bc}\overline{N}_c(t_i)\right) \\[2ex]
\mu_c^i = R_b\left(1 + \gamma_{ta}\overline{N}_a(t_i) + \gamma_{cb}\overline{N}_b(t_i)\right), \\[2ex]
M_c^i = N_{mc}\left(1 + \gamma_{ca}\overline{N}_a(t_i) + \gamma_{cb}\overline{N}_b(t_i)\right)
\end{cases}
\tag{4-2}
$$

由式（4-2）可知，第一步处理一方面用公众参与行为子区间内的平均值 $\overline{N}_a(t_i)$、$\overline{N}_b(t_i)$、$\overline{N}_c(t_i)$ 表示子区间的种群数量，另一方面通过子区间内两个端点连线的斜率 $\dfrac{\Delta N_a(t_i)}{\Delta t}$、$\dfrac{\Delta N_b(t_i)}{\Delta t}$、$\dfrac{\Delta N_c(t_i)}{\Delta t}$ 表示种群变化趋势；第二步的降维处理，构建了考虑相互作用的自然增长率 μ_a^i、μ_b^i、μ_c^i 与最大环境承受容量 M_a^i、M_b^i、M_c^i 各自的方程判别式，不难发现二者变化均是随着 $\overline{N}_a(t_i)$、$\overline{N}_b(t_i)$、$\overline{N}_c(t_i)$ 的改变而改变，而 $\overline{N}_a(t_i)$、$\overline{N}_b(t_i)$、$\overline{N}_c(t_i)$ 的变化均是随着时间序列 t 的改变而改变，因此种群特征表现为 μ_a^i、μ_b^i、μ_c^i 和 M_a^i、M_b^i、M_c^i 随着 t 变化。通过两步处理，使得 Logistic 方程可以更好地从时间序列维度刻画公众参与行为的种群变化。

接下来，需要结合式（4-1）、式（4-2）求得微政务信息公开的公众参与行为种群的最大环境承受容量，进而通过计算种群饱和度判断公众行为的变化趋势。首先,式(4-2)中的 Logistic 方程可以转换为以 μ_a^i、μ_b^i、μ_c^i 为自变量,M_a^i、M_b^i、M_c^i 为因变量的形式,此时通过给定前者估计值 $\hat{\mu}_a^i$、$\hat{\mu}_b^i$、$\hat{\mu}_c^i$,便可以计算求得后者估计值 $\hat{M}_a^i$、$\hat{M}_b^i$、$\hat{M}_c^i$。其次,对式(4-1)的降维形式进行分离变量与积分,并代入上述估计值便可以构建以 $\hat{\mu}_a^i$、$\hat{\mu}_b^i$、$\hat{\mu}_c^i$ 和 $\hat{M}_a^i$、$\hat{M}_b^i$、$\hat{M}_c^i$ 为自变量,$\hat{N}_a(t_i)$、$\hat{N}_b(t_i)$、$\hat{N}_c(t_i)$ 为因变量的迭代方程式:

$$
\begin{cases}
\hat{N}_a(t_i) = \dfrac{\hat{M}_a^i}{1+\left(\dfrac{\hat{M}_a^i}{N_a(t_{i-1})}-1\right)e^{-\hat{\mu}_a^i \Delta}}, & \hat{M}_a^i = \dfrac{\overline{N}_a(t_i)}{1-\dfrac{\Delta N_a(t_i)}{\hat{\mu}_a^i \, \overline{N}_a(t_i)}} \\[6mm]
\hat{N}_b(t_i) = \dfrac{\hat{M}_b^i}{1+\left(\dfrac{\hat{M}_b^i}{N_b(t_{i-1})}-1\right)e^{-\hat{\mu}_b^i \Delta}}, & \hat{M}_b^i = \dfrac{\overline{N}_b(t_i)\Delta}{1-\dfrac{\Delta N_b(t_i)}{\hat{\mu}_b^i \, \overline{N}_b(t_i)}} \\[6mm]
\hat{N}_c(t_i) = \dfrac{\hat{M}_c^i}{1+\left(\dfrac{\hat{M}_c^i}{N_c(t_{i-1})}-1\right)e^{-\hat{\mu}_c^{i+1} \Delta}}, & \hat{M}_c^i = \dfrac{\overline{N}_c(t_i)}{1-\dfrac{\Delta N_c(t_i)}{\hat{\mu}_c^i \, \overline{N}_c(t_i)}}
\end{cases}
$$

$$(4-3)$$

由式(4-3)可知,迭代方程的核心是通过公众参与行为种群的自然增长率与最大环境承受容量的初始估计值分别计算点赞种群、评论种群以及转发种群的估计值 $\hat{N}_a(t_i)$、$\hat{N}_b(t_i)$、$\hat{N}_c(t_i)$。其中,子区间中点的种群数量 $\overline{N}_a(t_i)$、$\overline{N}_b(t_i)$、$\overline{N}_c(t_i)$ 与两端点的种群数量差值 $\Delta N_a(t_i)$、$\Delta N_b(t_i)$、$\Delta N_c(t_i)$ 能够通过公众参与行为的现实数据获得。随后,在求得公众参与行为种群初始值的基础上,计算其与实际值的平方差:

$$
\begin{cases}
\Delta e_a^2(k) = \displaystyle\sum_{i=0}^{n}\left(N_a(t_i)-\hat{N}_a(t_i)\right)^2 \\[4mm]
\Delta e_b^2(k) = \displaystyle\sum_{i=0}^{n}\left(N_b(t_i)-\hat{N}_b(t_i)\right)^2 \quad (k=1,2,\cdots,n) \quad (4-4) \\[4mm]
\Delta e_c^2(k) = \displaystyle\sum_{i=0}^{n}\left(N_c(t_i)-\hat{N}_c(t_i)\right)^2
\end{cases}
$$

由式(4－4)可知,当 $\Delta e_a^2(k)$、$\Delta e_c^2(k)$、$\Delta e_c^2(k)$减小到某一阈值且不再改变,此时的子区间拟合已达到较好效果,公众参与行为种群的估计值无限趋近于实际值,迭代所获得的自然增长率 μ_a^i、μ_b^i、μ_c^i 与最大环境承受容量 M_a^i、M_b^i、M_c^i 也可以认定为稳定可靠解。最后,求得公众参与行为种群的实际值与最大环境承受容量可靠解的比值,便能够获得公众参与行为的种群饱和度。

4.2.2　基于 Markov 模型的微政务信息公开公众参与行为预测分析

对公众参与行为进行预测分析,是微政务信息公开发挥信息流效能的重要方式,更是微政务信息公开进行服务力研判和社会管理预警的重要手段。考虑到公众参与行为对政府信息资源实时反馈的特点,契合 Markov 模型未来状态只受当前状态而不受历史状态影响的性质[①],本章将通过 Markov 模型对微政务信息公开的公众参与行为的系统状态进行预测分析。

第一步,利用聚类分析将各时间点种群饱和度划分为若干个等级。聚类分析法是一种无监管式的分群算法[②],是通过提取所有对象的特征进行相似度计算,进而将其划分为由相近对象所组成的多个类的过程。在聚类算法的应用中,以 K-means 聚类较为典型[③],其核心是在给定初始聚类的基础上计算各对象与中心之间的距离,通过反复迭代优化计算距离的整体最小值,最终确定代表所有对象的最优聚类中心。本章将借助 K-means 聚类对第一阶段建模求得的公众参与行为的种群饱和度进行级

①　张耀辉,周森鑫,李超. 多态有奖马尔可夫学术期刊动态评价模型研究［J］. 情报理论与实践,2016,39（05）:46－52.

②　王若佳,魏思仪,赵怡然,王继民. 数据挖掘在健康医疗领域中的应用研究综述［J］. 图书情报知识,2018（05）:114－123.

③　翟姗姗,许鑫,夏立新. 融合链接分析和内容分析视角的主题门户网站信息组织研究——以国际组织 WHO 为例［J］. 情报学报,2017,36（08）:821－833.

别划分。

第二步,依据划分的级别获得公众参与行为种群变化的状态空间,具体过程如下:记公众参与行为种群饱和度在 t 时刻所有可能状态为 s_n,其集合 $E=s_t(t=1,2,3,\cdots,n)$,表示公众参与行为种群饱和度的状态空间。设公众参与行为种群饱和度在 i 时刻的状态 s_i 经过 k 步转移到另一个不同的种群饱和度状态 s_j 的概率为 $p_{ij}^{(k)}$,则公众参与行为种群饱和度的转移概率为:

$$p_{ij}^{(k)}=p\{s(t+k)=j\,|\,s(t)=i\} \qquad (4-5)$$

其中,$p_{ij}^{(k)}$ 是公众参与行为种群饱和度状态变化的条件概率,反映的是处于 t 时刻的公众参与系统在状态 s_i 的条件下经过 k 步转移到状态 s_j 的转移概率,具体过程如图 4-3 所示。

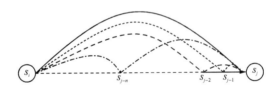

图 4-3 微政务信息公开公众参与行为的 Markov 链

由图 4-3 可知,整个转移过程可以看作公众参与系统在状态 s_i 的条件下直接经过 k 步转移到状态 s_j;也可以看作是公众参与系统首先经过 $(k-1)$ 次状态转移后到达状态 s_{j-1},再由状态 s_{j-1} 转移一次到达状态 s_j;还可以看作公众参与系统首先经过 $(k-n)$ 次状态转移后到达状态 s_{j-n},再由状态 s_{j-n} 转移 n 次到达状态 s_j。如此,在状态 s_i 与状态 s_j 之间便形成了一条完整的公众参与行为 Markov 链,通过对每一次转移步骤概率值的计算,所获得的最大值即为公众参与行为下一步最有可能发生的状态。具体计算公式为:

$$p_{ij}^{(k)}=m_{ij}^{(k)}/(m_i-k_i) \qquad (4-6)$$

其中,$m_{ij}^{(k)}$ 是指存在多少条 Markov 子链使得公众参与行为的种群饱和

度能够从状态 s_i 经过 k 步转移到状态 s_j；m_i 指的是在微政务信息公开公众参与行为的整条 Markov 链中，种群饱和度状态处于 s_i 的所有样本数。由于处于 Markov 链倒数第 k 节的状态无法进行 k 步转移，故设 k_i 为 Markov 链从最后一级状态起往前 k 级状态中种群饱和度处于 s_i 状态的样本数，如此，$m_i - k_i$ 就是指公众参与行为的种群饱和度状态处于 s_i 且能够进行 k 步转移的所有样本数。

第三步，通过 Markov 模型构建种群饱和度变化的转移概率矩阵，以此刻画不同种群饱和度等级之间的状态转换的可能性。在此之前，首先声明公众参与行为种群饱和度的转移概率具有以下性质：

$$\begin{cases} p_{ij}^{(k)} \in [0,1] \\ \sum_{j=1}^{n} p_{ij}^{(k)} = 1 \end{cases} (i,j=1,2,3,\cdots,n) \tag{4-7}$$

如式（4-7）所示，在 Markov 链中种群饱和度从状态 s_i 转移到状态 s_j 所有状态空间的概率之和为 1，反映的现实意义是公众参与行为随时间从某一状态发展至另一状态所有可能性的概率之和为 1。在此基础上，公众参与行为种群饱和度从状态 s_i 经过 k 步转移到状态 s_j 的转移概率矩阵为：

$$p = \begin{bmatrix} p_{11}^{(k)} & p_{12}^{(k)} & \cdots & p_{1(n-1)}^{(k)} & p_{1n}^{(k)} \\ p_{21}^{(k)} & p_{22}^{(k)} & \cdots & p_{2(n-1)}^{(k)} & p_{2n}^{(k)} \\ \vdots & \vdots & \ddots & \vdots & \vdots \\ p_{(n-1)1}^{(k)} & p_{(n-1)2}^{(k)} & \cdots & p_{(n-1)(n-1)}^{(k)} & p_{(n-1)n}^{(k)} \\ p_{n1}^{(k)} & p_{n2}^{(k)} & \cdots & p_{n(n-1)}^{(k)} & p_{nn}^{(k)} \end{bmatrix} \tag{4-8}$$

第四步，对公众参与行为的 Markov 转移矩阵进行验证和预测，具体过程为：从时间序列的最后一个状态开始往前回溯 k 步，计算每一步的 Markov 转移矩阵，并结合每一步的状态值 l 抽取矩阵对应的转移概率，

计算加权和 $h_j (j=1,2,\cdots,n)$。其中,l 的取值取决于每次转移后所处的状态,此处为了方便说明,分别在 k 次转移中给 l 赋值 $1,2,\cdots,n$,具体如表 4-1 所示。

表 4-1 微政务信息公开公众参与行为的 **Markov** 转移概率矩阵预测

转移次数(k)	对应状态(l)	公众参与行为转移概率矩阵(p)
一次转移	$l=1$	$\begin{bmatrix} p_{11}^{(1)} & p_{12}^{(1)} & \cdots & p_{1(n-1)}^{(1)} & p_{1n}^{(1)} \\ p_{21}^{(1)} & p_{22}^{(1)} & \cdots & p_{2(n-1)}^{(1)} & p_{2n}^{(1)} \\ \vdots & \vdots & \ddots & \vdots & \vdots \\ p_{(n-1)1}^{(1)} & p_{(n-1)2}^{(1)} & \cdots & p_{(n-1)(n-1)}^{(1)} & p_{(n-1)n}^{(1)} \\ p_{n1}^{(1)} & p_{n2}^{(1)} & \cdots & p_{n(n-1)}^{(1)} & p_{nn}^{(1)} \end{bmatrix}$
二次转移	$l=2$	$\begin{bmatrix} p_{11}^{(2)} & p_{12}^{(2)} & \cdots & p_{1(n-1)}^{(2)} & p_{1n}^{(2)} \\ p_{21}^{(2)} & p_{22}^{(2)} & \cdots & p_{2(n-1)}^{(2)} & p_{2n}^{(2)} \\ \vdots & \vdots & \ddots & \vdots & \vdots \\ p_{(n-1)1}^{(2)} & p_{(n-1)2}^{(2)} & \cdots & p_{(n-1)(n-1)}^{(2)} & p_{(n-1)n}^{(2)} \\ p_{n1}^{(2)} & p_{n2}^{(2)} & \cdots & p_{n(n-1)}^{(2)} & p_{nn}^{(2)} \end{bmatrix}$
⋮	⋮	⋮
k 次转移	$l=n$	$\begin{bmatrix} p_{11}^{(k)} & p_{12}^{(k)} & \cdots & p_{1(n-1)}^{(k)} & p_{1n}^{(k)} \\ p_{21}^{(k)} & p_{22}^{(k)} & \cdots & p_{2(n-1)}^{(k)} & p_{2n}^{(k)} \\ \vdots & \vdots & \ddots & \vdots & \vdots \\ p_{(n-1)1}^{(k)} & p_{(n-1)2}^{(k)} & \cdots & p_{(n-1)(n-1)}^{(k)} & p_{(n-1)n}^{(k)} \\ p_{n1}^{(k)} & p_{n2}^{(k)} & \cdots & p_{n(n-1)}^{(k)} & p_{nn}^{(k)} \end{bmatrix}$
加权和		$\quad h_1 \qquad h_2 \qquad \cdots \qquad h_{n-1} \qquad h_n$

由表 4-1 可知,在一次转移后公众参与系统处于状态 1,此时需要探讨以 s_1 为初始状态的 Markov 链,故抽取转移矩阵第一行;二次转移后公众参与系统处于状态 2,故抽取转移矩阵第二行;在经历 k 次转移后公众参与系统处于状态 n,故抽取转移矩阵第 n 行。进一步,将每次转移所抽取的值进行加权求和(本章取平均值),如 $h_1=(p_{11}^{(1)}+p_{21}^{(2)}+\cdots+p_{n1}^{(k)})/k$,加权和最大值所对应的状态即为下一阶段转移至的最大可能状态。

4.3　微政务信息公开公众参与行为实证分析

本节将对政府官微的公众参与行为进行实证分析,通过分时段叠加的双向 Logistic 曲线求得公众参与行为的种群饱和度,借助聚类分析对种群饱和度进行分级得到公众参与行为的状态空间,并基于此构建 Markov 模型计算概率转移矩阵,对公众参与行为的种群饱和度状态进行验证和预测。

4.3.1　实证分析数据获取

微政务信息公开的服务力、互动力、传播力可以通过公众的点赞、评论以及转发等行为体现,故本章选取政府官微的点赞种群、评论种群以及转发种群数据量化分析公众的参与行为。此外,为了凸显微政务信息公开对社会管理的贡献,本章选取中国社会科学院国家文化安全与意识形态建设研究中心官微"思想火炬"作为研究对象和数据来源。该中心是我国第一家专门研究文化安全与意识形态的机构,是中国社会科学院领导下的重要思想智库[1],其开放的数字资源紧贴时政热点,可以用来刻画微政务信息公开的公众参与行为。

首先,应用 Python 3.6 的 urllib 与 request 模块,爬取官微"思想火炬"的开放数据,时间跨度为 2017 年 8 月～2019 年 3 月,爬取时间为2019 年 4 月 1 日,共获得 3412 条数据记录,从每条数据所获取的字段包括"发布时间""微博内容""点赞数""评论数"以及"转发数"(图 4 - 4)。

---

① 陈晨. 国家文化安全与意识形态建设研究中心开通官方微博［N/OL］. 中国青年网,2013 - 12 - 26［2019 - 04 - 23］. http：//news. youth. cn/gn/201312/ t20131226 _ 4446270. htm.

	A	B	C	D	E
1	发布时间	微博内容	点赞数	评论数	转发数
2	2019/3/31	#思想微评#7202【#意识形态要闻# 中国不是发达国家的垃圾场：来自韩国的243.7吨"洋垃圾"	171	42	35
3	2019/3/31	#思想微评#7201【#意识形态要闻# 脸书CEO：严管互联网，支持政府干预】"在网络监管方面	47	30	27
4	2019/3/31	角色范式国家是剥削者反国家情绪同角色思维范式是连接在一起的在意识操纵中这样的范式都	31	10	15
5	2019/3/31	短期记忆与政治操纵在改革年代在反苏的宣传热潮中世纪初的俄国政治历史图画在大众意识中	40	12	18
6	2019/3/31	#思想微评#7200【#意识形态要闻# 纪念毛主席等欢送四野"打过长江去，解放全中国"70周年：	142	39	74
7	2019/3/31	#思想微评#7199【#意识形态要闻# 纪念马克斯（今译马克思）学说研究会成立99周年：认真	30	4	10
8	2019/3/31	#思想微评#7198【#意识形态要闻# @上海交通大学 师生发起网络拉歌：献礼新中国70华诞】	41	10	4
9	2019/3/31	#思想微评#7197【#意识形态要闻# 山西沁源县半月内连续发生两次森林火灾：6名消防员牺牲	48	22	16
10	2019/3/30	#思想微评#7195【#意识形态要闻# 意识形态操纵术：俄罗斯资本化的隐喻】在俄联邦共产党	81	27	67
11	2019/3/30	#思想微评#7194【#意识形态要闻# 官方回应河南一#理发店广告调侃英烈刘胡兰#：责令停业	57	46	30
12	2019/3/30	#思想微评#7193【#意识形态要闻# 王立强：关于美国大幅度调整对华政策的思考】美国想要	68	13	42
13	2019/3/30	#思想微评#7191【#意识形态要闻# 负责任的担当大国：中国首批民生物资抵达委内瑞拉[赞][	162	52	97
14	2019/3/30	#思想微评#7190【#意识形态要闻# 美国：沙特炸也门真可怕，但……自己查吧，要透明哦！】	33	3	7
15	2019/3/30	#思想微评#7189【#意识形态要闻# 霸气：华为2018年全球销售收入＞腾讯＋阿里】今日，华	98	36	27
16	2019/3/29	#思想微评#7188【#意识形态要闻# 8个女儿给母亲过寿视频走红：老人瘫痪后孩子们抢着往家	98	43	16
17	2019/3/29	#思想微评#7187【#意识形态要闻# 致敬新时代的"愚公"："两路精神"见证者、传承人】你见过	37	3	8
18	2019/3/29	#思想微评#7186【#意识形态要闻#：曲玉权烈士能瞑目吗？】曲玉权同志被黑龙江省人民政	211	67	123
19	2019/3/29	#思想微评#7185【#意识形态要闻# 波多黎各向白宫喊话：打烂你的嘴！】在CNN28日发布的	43	12	8
20	2019/3/29	#思想微评#7184【#意识形态要闻# @华北电力大学 回应院长被曝性侵教师：已免去院长职务	55	39	12
21	2019/3/29	#思想微评#7183【#意识形态要闻# 纪念西藏民主改革60周年：党的光辉照耀雪域高原】今年	104	0	21
22	2019/3/29	#思想微评#7182【#意识形态要闻# 西藏百万农奴解放纪念馆开馆第一天：一起来回顾雪域高	83	17	21
23	2019/3/29	#思想微评#7181【#意识形态要闻# 国防部新闻发言人：台湾前途在于国家统一，台胞福祉系	62	25	20
24	2019/3/28	#思想微评#7180【#意识形态要闻# 台湾当局处罚中天台：韩国瑜新闻太多，不够中立、客观】	39	24	24
25	2019/3/28	#思想微评#7179【#意识形态要闻#：国家网信办组织"抖音"等短视频平台试点青少年防沉迷系	28	10	8
26	2019/3/28	#思想微评#7178【#意识形态要闻# 波音737MAX 停飞：坑惨了的美、加航空公司】美国西南	23	9	5

图 4-4 "思想火炬"公众参与行为种群爬取数据截图

随后,按照月份对所爬取的数据进行组织,分别获得"思想火炬"每个月的点赞数、评论数以及转发数(表 4-2)。

表 4-2 微政务信息公开公众参与行为种群数据(2017/08~2019/03)

时间	2017/08	2017/09	2017/10	2017/11	2017/12	2018/01	2018/02
点赞数	20703	27582	14541	18484	21543	25265	16715
评论数	8402	11364	4685	7305	8317	11287	6470
转发数	7381	10154	3847	7028	7271	23229	5389
时间	2018/03	2018/04	2018/05	2018/06	2018/07	2018/08	2018/09
点赞数	20494	20689	15487	20206	21988	117016	38546
评论数	9273	10199	8251	12306	12443	38509	22313
转发数	9661	10991	5783	21173	11731	52455	21023
时间	2018/10	2018/11	2018/12	2019/01	2019/02	2019/03	
点赞数	19130	15771	21771	20938	16662	19676	
评论数	11331	8042	9705	8991	8795	7787	
转发数	9325	6830	9823	9068	8964	8523	

4.3.2　基于 Logistic 方程的微政务信息公开公众参与行为实证分析

此节的核心是利用分时段叠加的双向 Logistic 曲线，求得公众参与行为的种群饱和度，为下文构建 Markov 模型的状态空间提供判别指标。由式（4－3）可知，在利用数据对方程进行迭代之前需要找到估计值的初始点，由于本章所讨论的曲线具有双向性，故当公众参与行为种群处于增长状态时，种群的自然变化率与最大环境承受容量均大于 0；当种群处于衰退状态时，种群的自然变化率与最大环境承受容量均小于 0。结合式（4－3）进行整理则有 $|\hat{\mu}_a^i| > \dfrac{\Delta N_a(t_i)}{\overline{N}_a(t_i)}$、$|\hat{\mu}_b^i| > \dfrac{\Delta N_b(t_i)}{\overline{N}_b(t_i)}$、$|\hat{\mu}_c^i| > \dfrac{\Delta N_c(t_i)}{\overline{N}_c(t_i)}$。由于 $\overline{N}_a(t_i)$、$\overline{N}_b(t_i)$、$\overline{N}_c(t_i)$、$\Delta N_a(t_i)$、$\Delta N_b(t_i)$、$\Delta N_c(t_i)$ 可以根据表（4－2）数据计算获得，故通过式（4－3）迭代方程便可以计算求得初始估计值 $\hat{\mu}_a^i$、$\hat{\mu}_b^i$、$\hat{\mu}_c^i$ 以及 $\hat{M}_a^i$、$\hat{M}_b^i$、$\hat{M}_c^i$（表 4－3）。

表 4－3　微政务信息公开公众参与种群 Logistic 模型动态演化初始估计值

时间索引	点赞		评论		转发	
	$\hat{\mu}_a^{i+1}$	$\hat{M}_a^{i+1}$	$\hat{\mu}_b^{i+1}$	$\hat{M}_b^{i+1}$	$\hat{\mu}_c^{i+1}$	$\hat{M}_c^i$
2017/09	0.33	161723	0.35	69123	0.37	64228
2017/10	−0.57	−239759	−0.78	−125556	−0.85	−119140
2017/11	0.29	95373	0.49	58395	0.64	69057
2017/12	0.20	81194	0.18	28051	0.08	12010
2018/01	0.21	97844	0.35	69202	1.10	334410
2018/02	−0.36	−150010	−0.49	−87461	−1.20	−342491
2018/03	0.25	94185	0.41	63932	0.62	92965
2018/04	0.06	24492	0.15	28256	0.18	36926
2018/05	−0.24	−85952	−0.16	−29735	−0.57	−95773
2018/06	0.31	112227	0.44	91379	1.19	321278

时间索引	点赞		评论		转发	
	$\hat{\mu}_a^{i+1}$	$\hat{M}_a^{i+1}$	$\hat{\mu}_b^{i+1}$	$\hat{M}_b^{i+1}$	$\hat{\mu}_c^{i+1}$	$\hat{M}_c^{i+1}$
2018/07	0.13	56737	0.06	15115	−0.52	−172388
2018/08	1.42	1970062	1.07	546796	1.32	846573
2018/09	−0.96	−1491619	−0.48	−293509	−0.81	−591901
2018/10	−0.62	−359482	−0.60	−202818	−0.72	−218786
2018/11	−0.14	−49730	−0.29	−56094	−0.26	−41823
2018/12	0.37	138771	0.24	42134	0.41	68187
2019/01	−0.03	−38146	−0.03	−4932	−0.04	−12126
2019/02	−0.18	−66720	−0.01	−9774	−0.01	−10984
2019/03	0.22	78449	−0.07	−11869	−0.03	−8897

进一步,将 $\hat{\mu}_a^i$、$\hat{\mu}_b^i$、$\hat{\mu}_c^i$ 以及 $\hat{M}_a^i$、$\hat{M}_b^i$、$\hat{M}_c^i$ 代入式(4-3),计算得到估计值 $\hat{N}_a(t_i)$、$\hat{N}_b(t_i)$、$\hat{N}_c(t_i)$,并将其代入式(4-4),结合表4-2数据,运用 MATLAB 2017 的 fminsearch 函数,通过 Nelder-Mead Simplex 算法实现 Logistic 方程的最小二乘优化,即可获得自然增长率 μ_a^i、μ_b^i、μ_c^i 与最大环境承受容量 M_a^i、M_b^i、M_c^i 的稳定值。此时,再将公众参与行为的实际值与最大环境承受容量相比便获得了种群饱和度,具体如表4-4所示。

表4-4 微政务信息公开公众参与种群 Logistic 方程迭代稳定值与种群饱和度

时间	点赞			评论			转发		
	μ_a^i	M_a^i	饱和度	μ_b^i	M_b^i	饱和度	μ_c^i	M_c^i	饱和度
2017/09	0.33	167708	16%	0.35	70730	16%	0.37	65642	15%
2017/10	−0.59	−236044	−6%	−0.83	−118240	−4%	−0.92	−109478	−4%
2017/11	0.29	95486	19%	0.49	60993	12%	0.65	70577	10%
2017/12	0.20	85209	25%	0.18	28477	29%	0.08	12045	60%
2018/01	0.21	98147	26%	0.35	71280	16%	1.21	342224	7%
2018/02	−0.36	−151915	−11%	−0.51	−85713	−8%	−1.4	−291694	−2%

续表

时间	点赞			评论			转发		
	μ_a^i	M_a^i	饱和度	μ_b^i	M_b^i	饱和度	μ_c^i	M_c^i	饱和度
2018/03	0.25	95832	21%	0.41	64620	14%	0.63	95729	10%
2018/04	0.06	24438	85%	0.14	29231	35%	0.18	37643	29%
2018/05	−0.24	−87512	−18%	−0.16	−30082	−27%	−0.59	−93993	−6%
2018/06	0.31	116706	17%	0.45	92954	13%	1.35	338110	6%
2018/07	0.13	56501	39%	0.06	15136	82%	−0.54	−170083	−7%
2018/08	1.72	2121270	6%	1.18	576244	7%	1.55	865759	6%
2018/09	−1.06	−1363652	−3%	−0.49	−286201	−8%	−0.86	−571911	−4%
2018/10	−0.65	−350456	−5%	−0.63	−197591	−6%	−0.76	−205266	−5%
2018/11	−0.14	−50125	−31%	−0.29	−57098	−14%	−0.26	−41996	−16%
2018/12	0.37	145180	15%	0.24	42563	23%	0.41	69946	14%
2019/01	−0.03	−43237	−48%	−0.04	−9725	−92%	−0.04	−11073	−82%
2019/02	−0.18	−68816	−24%	−0.01	−9230	−95%	−0.007	−14123	−63%
2019/03	0.21	82008	24%	−0.07	−12050	−65%	−0.026	−10021	−85%

由表 4 - 4 可知，基于分时段叠加 Logistic 曲线的性质，在公众参与的每一个时间索引点上都存在对应的自然变化率与最大环境承受容量，种群的变化存在增长或下降两种变化走向（＋/－），并可以计算求得公众参与行为的种群饱和度随时间变化的趋势。接下来，为了进一步寻找公众参与行为的变化规律并适当预测其未来状态，后续将基于种群饱和度建立 Markov 模型探索其状态空间及转移过程。

4.3.3 基于 K-means 聚类的微政务信息公开公众参与行为状态空间构建

本节将基于聚类分析法对各时间点上公众参与行为的种群饱和度进行分级，从而构造公众参与行为种群变化的状态空间。本节应用 Python

3.6 的 K-means 算法,实现种群饱和度的聚类分级;使用最小欧氏距离进行聚类分析,使散点间实际距离之和最小:

$$\min \sum_{i=1}^{n} \sqrt{(t_{i+1} - t_i)^2 + (N_{i+1} - N_i)^2} \qquad (4-9)$$

将表 4-4 数据代入式(4-9)进行迭代,点赞种群、评论种群、转发种群的饱和度均形成 5 个聚类中心,具体如表 4-5 所示。

表 4-5　微政务信息公开公众参与种群饱和度聚类值

公众参与行为	聚类中心	对应聚类	迭代次数	平均均方误差
点赞	[3.5,0.12]	[1,0.16],[2,−0.06],[3,0.19],[4,0.25],[5,0.26],[6,−0.11]	11	20.1
	[8.5,0.26]	[7,0.21],[8,0.85],[9,−0.18],[10,0.17]		
	[12,0.14]	[11,0.39],[12,0.06],[13,−0.03]		
	[15,−0.069]	[14,−0.05],[15,−0.31],[16,0.15]		
	[18,−0.16]	[17,−0.48],[18,−0.24],[19,0.24]		
评论	[2.5,0.13]	[1,0.16],[2,−0.04],[3,0.12],[4,0.29]	10	18.9
	[7,0.06]	[5,0.16],[6,−0.08],[7,0.14],[8,0.35],[9,−0.27]		
	[11,0.34]	[10,0.13],[11,0.82],[12,0.07]		
	[14.5,−0.013]	[13,−0.08],[14,−0.06],[15,−0.14],[16,0.23]		
	[18,−0.84]	[17,−0.92],[18,−0.95],[19,−0.65]		
转发	[3,0.18]	[1,0.15],[2,−0.04],[3,0.1],[4,0.6],[5,0.07]	12	18.8

续表

公众参与行为	聚类中心	对应聚类	迭代次数	平均均方误差
	$[8,0.074]$	$[6,-0.02]$，$[7,0.1]$，$[8,0.29]$，$[9,-0.06]$，$[10,0.06]$		
	$[12,-0.017]$	$[11,-0.07]$，$[12,0.06]$，$[13,-0.04]$		
	$[15,-0.023]$	$[14,-0.05]$，$[15,-0.16]$，$[16,0.14]$		
	$[18,-0.77]$	$[17,-0.82]$，$[18,-0.63]$，$[19,-0.85]$		

此外，调用 Python 3.6 的 matplotlib 包，对聚类过程进行迭代跟踪，最终将聚类结果可视化，具体如图 4-5～图 4-7 所示。

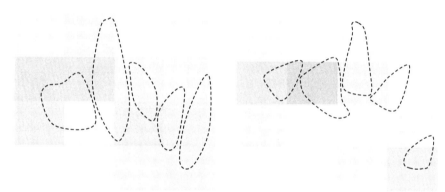

图 4-5　微政务信息公开点赞种群
饱和度 K-means 聚类

图 4-6　微政务信息公开评论种群
饱和度 K-means 聚类

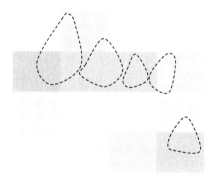

图 4-7　微政务信息公开转发种群饱和度 K-means 聚类

就微政务信息公开公众参与行为点赞种群而言,聚类经过11次迭代形成的中心有(3.5,0.12)、(8.5,0.26)、(12,0.14)、(15,−0.069)、(18,−0.16),平均误差20.1;就微政务信息公开公众参与行为评论种群而言,聚类经过10次迭代形成的中心有(2.5,0.13)、(7,0.06)、(11,0.34)、(14.5,−0.013)、(18,−0.84),平均误差18.9;就微政务信息公开公众参与行为转发种群而言,聚类经过12次迭代形成的中心有(3,0.18)、(8,0.074)、(12,−0.017)、(15,−0.023)、(18,−0.77),平均误差18.8,均已形成最佳聚类。进一步,根据聚类中心对种群饱和度进行分级(表4-6)。

表4-6 微政务信息公开公众参与种群饱和度分级标准

公众参与行为	分级状态1	分级状态2	分级状态3	分级状态4	分级状态5
点赞	−48%~−16%	−16%~−6.9%	−6.9%~14%	14%~26%	26%~85%
评论	−95%~−84%	−84%~−1.3%	−1.3%~13%	13%~34%	34%~82%
转发	−85%~−77%	−77%~−1.7%	−1.7%~7.4%	7.4%~18%	18%~60%

由表4-6可知,当公众参与行为处于分级状态1时,点赞种群饱和度区间为−48%~−16%,公众的点赞意愿以较快速度下降,下降速度即将放缓;评论种群饱和度区间为−95%~−84%,公众的评论意愿正以十分缓慢的速度下降;转发种群饱和度区间为−85%~−77%,公众的转发意愿正缓慢下降。

当公众参与行为处于分级状态2时,点赞种群饱和度区间为−16%~−6.9%,公众的点赞意愿正持续快速下降;评论种群饱和度区间为−84%~−1.3%,公众的评论意愿处于下降状态,下降趋势由快变慢;转发种群饱和度区间为−77%~−1.7%,公众的转发意愿也处于下降状态,下降趋势由快变慢。

状态3是公众参与行为变化的转折阶段。在此区间内,点赞种群饱

和度区间为 $-6.9\%\sim14\%$，评论种群饱和度区间为 $-1.3\%\sim13\%$，转发种群饱和度区间为 $-1.7\%\sim7.4\%$。不难发现，此时公众的点赞、评论、转发等行为容易发生较大波动，既有可能快速上升，也有可能急剧下降，说明这一阶段微政务信息公开的价值差异性较大，使得公众参与行为在短时间内容易受到较大影响。

当公众参与行为处于分级状态 4 时，点赞种群饱和度区间为 $14\%\sim26\%$，评论种群饱和度区间为 $13\%\sim34\%$，转发种群饱和度区间为 $7.4\%\sim18\%$，公众的点赞、评论以及转发意愿均快速上涨，且持续保持上涨趋势。

当公众参与行为处于分级状态 5 时，点赞种群饱和度区间为 $26\%\sim85\%$，公众的点赞意愿处于上升状态，上升趋势由快变慢；评论种群饱和度区间为 $34\%\sim82\%$，公众的评论意愿处于上升状态，上升趋势由快变慢；转发种群饱和度区间为 $18\%\sim60\%$，公众的转发意愿处于快速上涨状态，将有放缓趋势。

4.3.4　基于 Markov 模型的微政务信息公开公众参与行为实证分析

通过前两节的分析，笔者求得了微政务信息公开公众参与行为在各时间段的种群饱和度以及状态空间，本节将构建 Markov 模型分析种群变化的动态趋势。

分级状态 1、2 均代表公众参与行为种群处于下降状态，其中，状态 1 整体区间内的种群饱和水平要大于状态 2，其种群变化的剩余空间却小于状态 2，故状态 2 的整体下降趋势较状态 1 更快；状态 3 代表种群增长与下降相互转换的转折点，其种群水平较低，变化速度较快；状态 4、5 均代表种群处于上升状态，其中，状态 4 整体区间内的种群饱和水平要小于状态 5，其种群变化的剩余空间较状态 5 更大，故状态 4 的整体上升趋势较状态 5 更快。进一步，根据公众参与行为的种群饱和度判断其所处状态，具体如表 4-7 所示。

表4-7　微政务信息公开公众参与种群饱和度状态等级

时间索引	点赞		评论		转发	
	饱和度	等级	饱和度	等级	饱和度	等级
2017/09	16%	4	16%	4	15%	4
2017/10	−6%	2	−4%	2	−4%	2
2017/11	19%	4	12%	3	10%	4
2017/12	25%	4	29%	4	60%	5
2018/01	26%	4	16%	4	7%	3
2018/02	−11%	2	−8%	2	−2%	2
2018/03	21%	4	14%	4	10%	4
2018/04	85%	5	35%	5	29%	5
2018/05	−18%	1	−27%	2	−6%	2
2018/06	17%	4	13%	3	6%	3
2018/07	39%	5	82%	5	−7%	2
2018/08	6%	3	7%	3	6%	3
2018/09	−3%	3	−8%	2	−4%	2
2018/10	−5%	3	−6%	2	−5%	2
2018/11	−31%	1	−14%	2	−16%	2
2018/12	15%	4	23%	4	14%	4
2019/01	−48%	1	−92%	1	−82%	1
2019/02	−24%	1	−95%	1	−63%	2
2019/03	24%	4	−65%	2	−85%	1

以点赞等级为例进行说明,表4-7中点赞种群处于状态1且能进行1步转移的样本数为4,其经过1步转移后能够到达1次状态1和3次状态4,故 $p_{11}^{(1)}=0.25$、$p_{14}^{(1)}=0.75$。结合式(4-6)~式(4-8)反复进行以上操作,构造微政务信息公开公众参与种群饱和度的5步转移矩阵,具体如表4-8所示。

表 4 - 8　微政务信息公开公众参与种群饱和度转移矩阵

转移次数（K）	点赞转移矩阵（$P^K_{点赞}$）	评论转移矩阵（$P^K_{评论}$）	转发转移矩阵（$P^K_{转发}$）
1 次转移	$\begin{bmatrix} 0.25 & 0 & 0 & 0.75 & 0 \\ 0 & 0 & 0 & 1 & 0 \\ 0.33 & 0 & 0.67 & 0 & 0 \\ 0.13 & 0.29 & 0 & 0.29 & 0.29 \\ 0.5 & 0 & 0.5 & 0 & 0 \end{bmatrix}$	$\begin{bmatrix} 0.5 & 0.5 & 0 & 0 & 0 \\ 0 & 0.34 & 0.33 & 0.33 & 0 \\ 0 & 0.34 & 0 & 0 & 0.33 \\ 0.2 & 0.4 & 0.2 & 0.2 & 0 \\ 0 & 0.5 & 0.5 & 0 & 0 \end{bmatrix}$	$\begin{bmatrix} 0 & 0 & 1 & 0 & 0 \\ 0.13 & 0.25 & 0.25 & 0 & 0 \\ 0 & 1 & 0 & 0.37 & 0 \\ 0.25 & 0.25 & 0 & 0 & 0.5 \\ 0.5 & 0.5 & 0.5 & 0 & 0.5 \end{bmatrix}$
2 次转移	$\begin{bmatrix} 0.34 & 0 & 0 & 0.33 & 0.33 \\ 0 & 0 & 0 & 0.5 & 0.5 \\ 0.34 & 0 & 0.33 & 0.33 & 0 \\ 0.29 & 0.14 & 0.14 & 0.43 & 0 \\ 0.5 & 0 & 0.5 & 0 & 0 \end{bmatrix}$	$\begin{bmatrix} 0.17 & 1 & 0 & 0 & 0 \\ 0.17 & 0 & 0.33 & 0.33 & 0.33 \\ 0 & 0.34 & 0.33 & 0.33 & 0 \\ 0.2 & 0.4 & 0.2 & 0.2 & 0 \\ 0 & 0.5 & 0.5 & 0 & 0 \end{bmatrix}$	$\begin{bmatrix} 0 & 0 & 0 & 0 & 0.29 \\ 0.14 & 0.43 & 0 & 0.14 & 0 \\ 0 & 0.34 & 0.33 & 0.33 & 0 \\ 0.25 & 0.5 & 0.25 & 0.25 & 0 \\ 0 & 0.5 & 0.5 & 0 & 0 \end{bmatrix}$
3 次转移	$\begin{bmatrix} 0.5 & 0 & 0.5 & 0 & 0 \\ 0.5 & 0 & 0.5 & 0 & 0 \\ 0.34 & 0 & 0.66 & 0 & 0 \\ 0 & 0.14 & 0.14 & 0.58 & 0.14 \\ 0.5 & 0 & 0.5 & 0 & 0 \end{bmatrix}$	$\begin{bmatrix} 0.33 & 0.17 & 0.17 & 0.33 & 0 \\ 0 & 1 & 0 & 0 & 0 \\ 0 & 0.2 & 0.2 & 0.4 & 0.2 \\ 0 & 0.5 & 0 & 0 & 0.5 \\ 0 & 0.5 & 0.5 & 0 & 0 \end{bmatrix}$	$\begin{bmatrix} 0 & 0 & 0 & 0 & 0 \\ 0.14 & 0.43 & 0.29 & 0.14 & 0 \\ 0 & 0.67 & 0.67 & 0 & 0.33 \\ 0.25 & 0.25 & 0 & 0.5 & 0.25 \\ 0 & 0.5 & 0.5 & 0 & 0 \end{bmatrix}$
4 次转移	$\begin{bmatrix} 0 & 0 & 0.5 & 0.5 & 0 \\ 0 & 0.5 & 0.5 & 0 & 0 \\ 0.66 & 0 & 0 & 0.34 & 0 \\ 0.17 & 0 & 0.17 & 0.33 & 0.33 \\ 0.5 & 0 & 0.5 & 0 & 0 \end{bmatrix}$	$\begin{bmatrix} 0.34 & 0 & 0.16 & 0 & 0 \\ 0 & 0.5 & 0 & 0.66 & 0 \\ 0 & 0.34 & 0.66 & 0.25 & 0.5 \\ 0 & 0.25 & 0.25 & 0 & 0 \\ 0 & 0.5 & 0 & 0 & 0 \end{bmatrix}$	$\begin{bmatrix} 0 & 0 & 0 & 0 & 0 \\ 0.29 & 0.57 & 0.14 & 0 & 0 \\ 0 & 0.67 & 0 & 0.33 & 0.25 \\ 0 & 0.34 & 0.33 & 0.33 & 0 \\ 0 & 0.5 & 0.5 & 0 & 0.5 \end{bmatrix}$

续表

转移次数(K)	点赞转移矩阵($P^K_{点赞}$)	评论转移矩阵($P^K_{评论}$)	转发转移矩阵($P^K_{转发}$)
5次转移	$\begin{bmatrix} 0 & 0 & 1 & 0 & 0.5 \\ 0 & 0 & 0 & 0.5 & 0 \\ 0.66 & 0 & 0 & 0.34 & 0.16 \\ 0.34 & 0.16 & 0.16 & 0.16 & 0.5 \\ 0 & 0 & 0.5 & 0 & 0 \end{bmatrix}$	$\begin{bmatrix} 0 & 0 & 0 & 0 & 0.2 \\ 0.2 & 0.4 & 0 & 0.2 & 0.2 \\ 0.34 & 0.33 & 0 & 0 & 0.33 \\ 0 & 0.5 & 0.5 & 0 & 0 \\ 0 & 0.5 & 0.5 & 0.33 & 0 \end{bmatrix}$	$\begin{bmatrix} 0.17 & 0 & 0 & 0 & 0 \\ 0.34 & 0.5 & 0 & 0.33 & 0 \\ 0 & 0.33 & 0.33 & 0 & 0 \\ 0 & 0.34 & 0.33 & 0 & 0.33 \\ 0 & 1 & 0 & 0 & 0 \end{bmatrix}$

如表 4-8 所示,转移概率矩阵能够反映公众参与行为的状态随时间变化的概率。进而,通过表 4-8 中的转移矩阵与表 4-3 中对概率转移矩阵的预测方式,将 2019 年 2 月数据回溯 4 个月(至 2018 年 10 月),验证 2019 年 3 月公众参与行为的状态是否准确,本节以点赞种群为例进行说明(表 4-9)。

表 4-9　微政务信息公开公众参与点赞种群饱和度验证(2019/03)

转移次数	时间	状态	1	2	3	4	5	概率来源
1	2019/02	1	0.25	0	0	0.75	0	$P^{(1)}_{点赞}$
2	2019/01	1	0.34	0	0	0.33	0.33	$P^{(1)}_{点赞}$
3	2018/12	4	0	0.14	0.14	0.58	0.14	$P^{(4)}_{点赞}$
4	2018/11	1	0	0	0.5	0.5	0	$P^{(1)}_{点赞}$
5	2018/10	3	0.66	0	0	0.34	0	$P^{(3)}_{点赞}$
加权和			0.25	0.028	0.13	<u>0.5</u>	0.094	

由表 4-9 可知,公众点赞行为种群的加权最大值为 0.5,对应状态为 4,故点赞种群处于分级状态 4。对评论种群与转发种群进行相同操作,得到评论种群的加权最大值为 0.52,对应状态为 2;转发种群的加权最大值为 0.37,对应状态 1。经过验证可知状态结果准确,说明本节对公众参与行为构造的概率转移矩阵具有较高可靠性,故可进一步对公众参与行为在未来 5 个月内的状态进行预测,具体如表 4-10 所示。

此外,为了结合政府数字资源探索种群发展规律,本章提取 2018 年 10 月～2019 年 3 月微政务信息公开所开放信息资源的重点,并结合种群状态进行分析。调用 Python 3.6 的 jieba 模块,对所爬取的微博内容进行分词,通过统计词频抽取每个月的高频词,探讨公众参与种群的状态变化,具体如图 4-8 所示。

表 4－10　微政务信息公开公众参与行为种群数据 Markov 验证与预测

参与行为	时间索引	微政务信息公开公众参与种群饱和度验证（2019/03）						微政务信息公开公众参与种群饱和度预测（2019/04）					
		2019/02	2019/01	2018/12	2018/11	2018/10	加权和	2019/03	2019/02	2019/01	2018/12	2018/11	加权和
点赞	状态	1	1	4	1	3		4	1	1	4	1	
	1	0.25	0.34	0	0	0.66	0.25	0.13	0.34	0.5	0.17	0	0.23
	2	0	0	0.14	0	0	0.028	0.29	0	0	0	0	0.058
	3	0	0	0.14	0.5	0	0.13	0	0	0.5	0.17	1	0.33
	4	0.75	0.33	0.58	0.5	0.34	0.5	0.29	0.33	0	0.33	0	0.19
	5	0	0.33	0.14	0	0	0.094	0.29	0.33	0	0.33	0	0.19
	概率来源	$P^{(1)}_{点赞}$	$P^{(2)}_{点赞}$	$P^{(3)}_{点赞}$	$P^{(4)}_{点赞}$	$P^{(5)}_{点赞}$		$P^{(1)}_{点赞}$	$P^{(2)}_{点赞}$	$P^{(3)}_{点赞}$	$P^{(4)}_{点赞}$	$P^{(5)}_{点赞}$	
评论	状态	1	1	4	2	2		2	1	1	4	2	
	1	0.5	0	0	0.34	0.2	0.21	0	0	0	0	0.2	0.04
	2	0.5	1	0.2	0.5	0.4	0.52	0.34	1	0	0.25	0.4	0.4
	3	0	0	0.2	0.16	0	0.072	0.33	0	0	0	0	0.066
	4	0	0	0.4	0	0.2	0.12	0.33	0	0	0.25	0.2	0.16
	5	0	0	0.2	0	0.2	0.08	0	0	0	0.5	0.2	0.14
	概率来源	$P^{(1)}_{评论}$	$P^{(2)}_{评论}$	$P^{(3)}_{评论}$	$P^{(4)}_{评论}$	$P^{(5)}_{评论}$		$P^{(1)}_{评论}$	$P^{(2)}_{评论}$	$P^{(3)}_{评论}$	$P^{(4)}_{评论}$	$P^{(5)}_{评论}$	

续表

参与行为	时间索引	微政务信息公开公众参与种群饱和度验证（2019/03）						微政务信息公开公众参与种群饱和度预测（2019/04）					
		2019/02	2019/01	2018/12	2018/11	2018/10	加权和	2019/03	2019/02	2019/01	2018/12	2018/11	加权和
	状态	2	1	4	2	2		1	2	1	4	2	
转发	1	0.13	1	0.25	0.29	0.17	0.37	0	0.14	0	0	0.17	0.062
	2	0.25	0	0.25	0.57	0.5	0.31	1	0.43	0	0.34	0.5	0.45
	3	0.25	0	0.25	0.14	0	0.13	0	0	0	0.33	0	0.066
	4	0.37	0	0	0	0.33	0.14	0	0.14	0	0.33	0.33	0.16
	5	0	0	0.25	0	0	0.05	0	0.29	0	0	0	0.058
	概率来源	$P_{转发}^{(1)}$	$P_{转发}^{(2)}$	$P_{转发}^{(3)}$	$P_{转发}^{(4)}$	$P_{转发}^{(5)}$		$P_{转发}^{(1)}$	$P_{转发}^{(2)}$	$P_{转发}^{(3)}$	$P_{转发}^{(4)}$	$P_{转发}^{(5)}$	

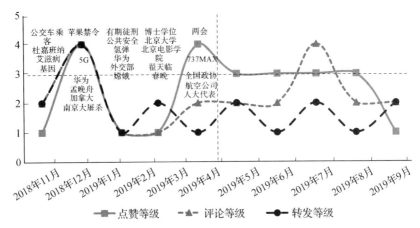

图 4 - 8 微政务信息公开公众参与行为种群状态变化图谱

由图 4 - 8 可知,纵向虚线左侧为 2018 年 11 月～2019 年 3 月公众参与行为的种群饱和度状态,虚线右侧是由概率转移矩阵的预测状态,横向虚线代表状态 3。进一步分析可知,2018 年 11 月,微政务信息公开主要聚焦于"重庆公交车坠江""杜嘉班纳辱华"以及"艾滋病基因编辑婴儿"等事件,对社会意识形态的建设范围主要包括公共安全、历史文化以及人类伦理。公众的点赞行为处于状态 1,种群饱和水平较高,下降速度较慢;评论与转发行为处于状态 2,种群饱和水平较低,下降速度较快。此时,公众参与行为均处于不同程度的下降状态。

2018 年 12 月,热点事件包括"苹果销售禁令""孟晚舟被捕"以及"南京大屠杀"等,意识形态的建设范围包括国际法律关系、国际科技关系以及国际历史关系。此时,公众的点赞、评论、转发等行为均处于状态 4,种群饱和水平较低,公众参与行为均处于快速上升状态。

2019 年 1 月,热点事件包括"有期徒刑""氢弹之父逝世"以及"嫦娥登月"等,意识形态的建设范围包括公共安全、历史伟人以及两弹一星。此时,公众的点赞、评论、转发等行为均处于状态 1,种群饱和水平较高,公众参与行为以较慢速度下降。

2019 年 2 月,热点事件包括"翟天临学术造假"和"春晚",意识形态的建设范围包括学术不端和春节。公众的点赞与评论行为均处于状态 1,种群饱和水平较高,下降速度较慢;转发种群处于状态 2,种群饱和水平较低,下降速度较快。此时,公众参与行为均处于不同程度的下降状态。

2019 年 3 月,热点事件包括"两会"和"737MAX 停飞",意识形态的建设范围包括民主问政和交通安全。公众的点赞行为处于状态 4,种群饱和水平较低,上升速度较快;评论行为处于状态 2,种群饱和水平较低,下降速度较快;转发种群处于状态 1,种群饱和水平较高,下降速度较慢。此时,点赞行为处于快速上升状态,评论与转发行为处于不同程度的下降状态。

因此,在过去的 5 个月中,当微政务信息公开的热点集中于法律、科技以及历史等国际关系时,公众参与行为能够有较好的表现。进一步,由未来 5 个月的预测状态可知,公众点赞种群将长期处于状态 3 并有可能于 2019 年 8 月转移至状态 1,说明下一阶段点赞种群的变化处于波动状态并有下滑趋势。因此,需要在 2019 年 8 月对微政务信息公开的服务力进行实时预警。评论种群将长期处于状态 2 并有可能在 2019 年 6 月上升至状态 4 后于 2019 年 7 月产生回落,说明下一阶段评论种群将在短暂的反弹上升后继续保持快速下降。因此,需要在 2019 年 7 月对微政务信息公开的互动力进行实时预警。转发种群将于状态 1 与状态 2 之间来回更替,说明转发种群将一直处于下降状态但下降速度的快慢不一。因此,需要从 2019 年 4 月开始就立即对微政务信息公开的传播力进行实时预警。

综上所述,此阶段无论微政务信息公开的服务力、互动力抑或传播力,均有较大上升空间。就微政务信息公开的服务力而言,在诸如"杜嘉班纳辱华""国家公祭日""氢弹之父逝世"等事件中,官微可以发表更多有关历史典故、伟人经历以及具有思想引导价值的档案资料,进而提高公众认同感;就微政务信息公开的互动力而言,在诸如"艾滋病基因编辑婴儿""苹果销售禁令""翟天临学术造假""两会"等事件中,官微可以从社会事件本身的争议性入手,广泛获取公众意见并通过"您怎么看"之类的术语引导公众积极讨论;就微政务信息公开的传播力而言,在诸如"重庆公交车坠江""孟晚舟被捕""737MAX 停飞"等事件中,官微应当立足于事件本身的社会影响力,充分挖掘所开放的数字资源对公众传播共享的价值。

4.4　微政务信息公开公众参与行为相互作用分析

章节 4.3 的研究主要探索公众参与行为在微政务信息资源条件下随时间发展的趋势,而公众参与行为之间是否存在关联则具有进一步研究的价值。因此,结合式(4-2)构造关于相互作用系数的关联函数:

$$\begin{cases} \mu_a^i M_a^i = R_a N_{ma} (1 + \gamma_{ab} \overline{N}_b(t_i) + \gamma_{ac} \overline{N}_c(t_i))^2 \\ \mu_b^i M_b^i = R_b N_{mb} (1 + \gamma_{ba} \overline{N}_a(t_i) + \gamma_{bc} \overline{N}_c(t_i))^2 \\ \mu_c^i M_c^i = R_c N_{mc} (1 + \gamma_{ca} \overline{N}_a(t_i) + \gamma_{cb} \overline{N}_b(t_i))^2 \end{cases} \quad (4-10)$$

以式(4-10)中的点赞种群为例进行说明,$R_a N_{ma}$、γ_{ab}、γ_{ac} 可看作固定参数,μ_a^i、M_a^i、$\overline{N}_b(t_i)$、$\overline{N}_c(t_i)$ 均已通过计算获得,方程的求解即可看成以 $\overline{N}_b(t_i)$、$\overline{N}_c(t_i)$ 为自变量,$\mu_a^i M_a^i$ 为因变量,$R_a N_{ma}$、γ_{ab}、γ_{ac} 为参数的三元曲面拟合问题。故本节利用表 4-2、表 4-4 数据,应用 Orijin 2018 实现曲面拟合,通过三元方程的参数估计得到公众参与行为种群间相互作用系数,具体参数如表 4-11 所示。

表 4-11　微政务信息公开公众参与行为种群拟合值

公众参与行为	点赞		评论		转发	
作用系数	γ_{ab}	γ_{ac}	γ_{ba}	γ_{bc}	γ_{ca}	γ_{cb}
拟合值	2.09E-04	-2.79E-04	-6.10E-04	9.59E-04	-0.23	0.5

此外,通过 Orijin 2018 能够实现曲面拟合,图中曲面分别为公众点赞行为、评论行为以及转发行为的拟合曲面,曲面上的散点在空间中的位置对应三元变量值,结合图例 R 平方(0.78、0.54、0.69)可知,关联模型的拟合具备较好的拟合度(图 4-9～图 4-11)。

(一) 评论种群与转发种群对点赞行为的作用

由表 4-11 可知,就本节实证分析对象点赞种群而言,评论种群对其具有正向影响作用,转发种群对其具有反向影响作用。从实践意义上来说,转发行为对点赞种群的反向作用说明,单靠数字资源的传播往往并不会带来更多的社会认同感,而评论行为对点赞种群的正向作用则说明,互动能够进一步扩充数字资源的内涵(新观点、新态度、新意见等),进而促使公众进行点赞表达对互动内涵的认可。

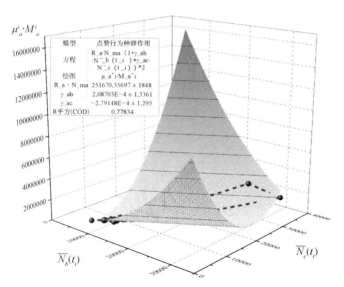

图 4-9　数字政府公众参与行为种群拟合曲面(点赞行为)

（二）点赞种群与转发种群对评论行为的作用

就评论种群而言，点赞种群对其具有反向影响作用，转发种群对其具有正向影响作用。从实践意义上来说，点赞行为对评论种群的反向作用说明公众对于自身所认可的社会事件往往不会进行深度讨论，而转发行为对评论种群的正向作用则说明数字资源的扩散能够促使公众进行深入互动。

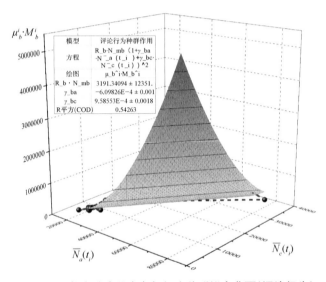

图 4 - 10　数字政府公众参与行为种群拟合曲面（评论行为）

（三）点赞种群与评论种群对转发行为的作用

就转发种群而言，点赞种群对其具有反向影响作用，评论种群对其具有正向影响作用。从实践意义上来说，点赞行为对转发种群的反向作用说明了具有认可度的数字资源不一定会对公众产生价值，而评论行为对转发种群的正向作用则说明公众往往会偏好于互动所产生的具有争议性和交流作用的数据，并将其转发至自身网络空间产生新的传播作用。此外,由相互作用系数的数值大小可知,转发行为更容易受到点赞行为与评论行为的作用,这就说明了政府数字资源的服务力与互动力会对数字资源的传播力产生深远影响。

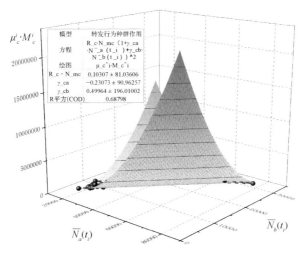

图 4‐11　数字政府公众参与行为种群拟合曲面(转发行为)

4.5　本章小结

在微政务信息公开的过程中,公众对政府信息资源的参与行为至关重要,本章通过融合 Logistic 方程与 Markov 模型进行两阶段建模,探索了微政务信息公开公众参与行为随时间变化的趋势。首先,文章提出了一种基于公众点赞、评论与转发种群的分时段叠加双向 Logistic 曲线,以此计算公众参与行为的种群饱和度;然后,通过对各时间点的种群饱和度进行聚类分析,得到公众参与行为的状态空间,并构建 Markov 模型计算公众参与行为的转移概率矩阵;最后,以政府官微"思想火炬"为实证分析对象,验证并预测了公众参与行为的实际状态,对公众参与行为间的作用关系展开讨论。

（一）公众参与行为间具备相互作用关系，转发行为更易受到点赞行为与评论行为影响

通过对公众参与行为间关联模型的讨论可知，点赞行为会受到评论行为的正向影响作用（2.09E−04），受到转发行为的反向影响作用（−2.79E−04）；评论行为会受到点赞行为的反向影响作用（−6.10E−04），受到转发行为的正向影响作用（9.59E−04）；转发行为会受到点赞行为的反向影响作用（−0.23），受到评论行为的正向影响作用（0.5）。其中，公众转发行为更易受到点赞行为与评论行为的作用，这反映了微政务信息公开的信息资源的服务力与互动力会对信息资源的传播力产生深远影响。

（二）融合模型能够预测公众参与行为的发展脉络，进而指导政府进行实时预警

由融合模型对未来5个月的预测结果可知，公众点赞种群的变化将处于波动状态（状态3），并在2019年8月有下滑的可能（状态1），微政务信息公开需要在2019年8月对数字资源的服务力进行实时预警；公众评论种群将在2019年6月历经短暂反弹上升（状态4）后，于2019年7月起继续保持快速下降（状态2），微政务信息公开需要在2019年7月对政府数字资源的互动力进行实时预警；公众转发种群将一直处于下降状态，但下降速度的快慢不一（状态1、状态2），微政务信息公开需要从2019年4月开始就立即对数字资源的传播力进行实时预警。

（三）当政府数字资源聚焦国际关系时，公众参与度显著提升

在微政务信息公开面向公众服务的过程中，当数字资源的热点集中于国际法律关系、科技关系以及历史关系时，公众参与的点赞种群、评论种群以及转发种群均处于状态4，具备较小的正向饱和水平，种群处于快速上涨状态，表明聚焦于国际关系的政府数字资源更有益于促进公众参与度的提高。

第五章 微政务信息公开质量监管分析

本章将通过对微政务信息公开质量监管的分析,进一步探索微政务信息公开的质量优化问题。首先,从声誉视角借助演化博弈探索微政务信息公开的管理者、供给者和使用者之间的动态演化过程;其次,针对上下级政府间信息的不对称,通过委托代理模型探索微政务信息公开主体之间的激励机制,为优化各级政府间信息传输提供参考。

5.1 微政务信息公开质量监管的相关研究工作

2011 年以来,微政务作为一种"互联网+"的新兴领域方兴未艾,并且在政府信息公开领域发挥着越来越重要的作用[①]。实行微政务信息公开,不仅可以保障公民知情权,还能提高社会资源的配置效率。[②] 目前,国内外关于微政务信息公开的研究较多且相对成熟,学者们主要从微政务信息公开的概念辨析、政策研究、影响因素等方面进行了研究。莫祖英等从信息生产者和管理者、信息使用者、信息公开过程三个角度分析了微

---

① 朱晓峰,崔露方,潘芳. 基于公平关切的微政务信息公开收益共享契约研究 [J]. 现代情报,2017,37 (01):31-36.

② 吕红,马海群. 国内政府信息公开研究现状与展望——迈向政府数据开放 [J]. 现代情报,2016,36 (05):158-164.

政务信息公开的概念及内涵。① 郑磊通过对国内外相关研究文献的梳理,对政府信息开放的基本概念进行了总结,并在此基础上对政府信息开放、政府数据公开等相近概念之间的异同进行了辨析。② 马海群和冯畅利用 S-CAD 方法对我国制定的一系列关于政府信息开放的政策文件实施效果进行评估,全面地检验了这一系列政策文件的逻辑性和实施的必要性,发现了在政策制定与实施过程中的问题,并联系大数据背景提出相应的对策。③ K. Vorada 等首次运用 EDA 方法(全阵列多边形应用)构建中国政府环境信息公开政策评估系统,研究结果表明国内在制定环境信息公开政策的过程中依然存在着诸多的问题。④ 黄艳茹等系统地整合了政府环境信息公开中的四大影响因素——政治规范、同级竞争、外部压力以及创新意愿,并在此基础上,利用中国城市 PITI 指数进行实证研究,研究结果表明省级政府环境政策采纳、人大和政协的建议提案、省内其他城市信息公开、创新能力和企业压力对政府环境信息公开起到明显的正向激励作用。⑤ 参照朱晓峰和张琳等学者对国内外微政务信息服务研究脉络、研究趋势的梳理与总结⑥⑦,不难发现,近年来焦点渐渐集中于政府信

---

① 莫祖英,白清礼,马费成."政府公开信息质量"概念及内涵解析 [J]. 情报杂志,2015,34 (10):151-155.

② 郑磊. 开放不等于公开、共享和交易:政府数据开放与相近概念的界定与辨析 [J]. 南京社会科学,2018 (09):83-91.

③ 马海群,冯畅. 基于 S-CAD 方法的国家信息政策评估研究 [J]. 情报学报,2018,37 (10):1060-1076.

④ Vorada K,Miao C,Xueying X,et al. The design and application of a government environmental information disclosure index in China [J]. Journal of Cleaner Production,2018:S0959652618323904.

⑤ 黄艳茹,孟凡蓉,陈子韬,刘佳. 政府环境信息公开的影响因素——基于中国城市 PITI 指数的实证研究 [J]. 情报杂志,2017,36 (07):149-155.

⑥ 朱晓峰,崔露方,陆敬筠. 国内外政府信息公开研究的脉络、流派与趋势——基于 WOS 与 CNKI 期刊论文的计量与可视化 [J]. 现代情报,2016,36 (10):141-148.

⑦ 张琳,倪超,朱晓峰. 基于计量与可视化的国内外微政务对比研究 [J]. 现代情报,2017,37 (12):138-143.

息开放质量的研究。C. Reuter 等基于对 Facebook、Twitter 等微政务信息公开平台的研究,设计了针对应急舆情的可跟踪信息质量评估服务。① 王云娣探讨了政府信息公开质量的影响因素并构建了政府信息公开质量的保障体系。② 张晓娟等立足于用户视角,构建了科学的政务微博、微信服务质量评价模型。③ 夏一雪等综合考量了微信舆情的传播特征,提倡构建微信舆情突发事件的生态治理体系④。莫祖英采用数据统计方法,选取 2016 年河南省 18 个省辖市政府信息公开年度报告为实证分析对象,分别对地市级政府信息公开过程中主动公开的信息质量和依申请公开的信息质量进行了综合评价。⑤ 唐琼和陈思任分析美国联邦政府信息质量保障政策的内容,并讨论了我国政府信息质量保障政策设计与优化的路径。⑥

由于信息质量、信息公开的监管力度应与考核挂钩⑦⑧,所以如何考核和评价信息公开质量成为必然。已有的相关研究主要集中在:第一,信息质量的影响因素,如朱娜指出应该以公众的体验为基础,将影响公众体验的因素作为评价指标,以便对我国当前的电子政务信息服务水平做出

① Reuter C,Ludwig T,Ritzkatis M,et al. Social-QAS:tailorable quality assessment service for social media content [J]. 2015,9083:156 - 170.

② 王云娣. 我国政府信息公开质量保障机制研究 [J]. 浙江师范大学学报(社会科学版),2016,41 (6):81 - 87.

③ 张晓娟,刘亚茹,邓福成. 基于用户满意度的政务微信服务质量评价模型及其实证研究 [J]. 图书与情报,2017 (2):41 - 47.

④ 夏一雪,兰月新,李昊青,等. 面向突发事件的微信舆情生态治理研究 [J]. 现代情报,2017,37 (5):28 - 32.

⑤ 莫祖英. 地市级政府开信息质公量评价实证研究 [J]. 情报科学,2018,36 (08):112 - 117.

⑥ 唐琼,陈思任. 美国联邦政府信息质量保障政策体系及其借鉴 [J]. 情报理论与实践,2018,41 (4):155 - 160.

⑦ 孙彩红. 地方政府信息公开现状及完善——以地级市为例 [J]. 中国行政管理,2013 (12):80 - 83.

⑧ 寿志勤. 政府网站群绩效评估方法研究 [D]. 合肥:合肥工业大学,2011.

科学的评价，从而有针对性地提升政府的信息服务质量①；马昕晨和冯缨基于扎根理论，对新媒体信息公开质量的影响因素进行研究，由研究结果可知新媒体信息质量的提高依赖于信息质量监管机制的建立、健全②；冯缨和王娟针对目前社会化媒体环境背景下存在的信息质量问题，以双路径模型和"把关人"理论为基础，从信息源、信息内容、信息受众以及媒体平台四个方面，构建信息质量影响因素模型，该模型研究的结果可为社会化媒体环境下的信息质量监管及绩效评价提供一定的依据③。第二，微政务信息质量实证分析，T. A. Horan 等以美国两个主要大城市——洛杉矶和明尼阿波利斯为实证对象，对其政府—公民信息服务系统公开的信息质量进行评估，评估结果对政府如何提高信息质量具有指导价值④；张佳玮建立了政府信息公开质量监管力度绩效评价体系，运用平衡计分卡构建了政府信息公开绩效评价指标，最后利用所构建的指标对海林市公开的信息质量进行实证研究⑤；周雨从政府绩效评价的概念出发，基于结果导向与公众满意度导向，立足独立第三方立场，使用层次分析法，运用专家咨询手段，构建针对政府信息质量监管的绩效评价体系，并在此基础上以全国 31 个省级政府及 38 个国务院部门为评价对象，对其监管绩效展开实证研究，研究结果表明目前国内大部分省份政府信息质量监管

①　朱娜. 基于公众体验的电子政务信息服务质量影响因素研究［D］. 天津师范大学，2014.

②　马昕晨，冯缨. 基于扎根理论的新媒体信息质量影响因素研究［J］. 情报理论与实践，2017，40（4）：32 - 36.

③　冯缨，王娟. 社会化媒体环境下的信息质量影响因素研究［J］. 图书馆学研究，2017，（7）：2 - 8.

④　Horan T A，Abhichandani T，Rayalu R. Assessing user satisfaction of e-government services：development and testing of quality-in-use satisfaction with Advanced Traveler Information Systems（ATIS）［C］// IEEE. Hawaii International Conference on System Sciences. Washington：IEEE Computer Society，2006：83. 2.

⑤　张佳玮. 基于平衡计分卡的我国县级政府信息公开绩效评价的实证研究［D］. 黑龙江大学，2014.

的绩效水平较低,与国务院部门的监管绩效水平存在明显差异①;路明基于 AHP-模糊综合评价法,建立信息质量的绩效评价模型,并选取 2015 年人民网刊登的《新浪政务微博影响力年度报告》前十名的政务微博作为实证研究对象,对政务微博公共信息质量的绩效展开实证研究②;郭高晶从政务微博评价的绩效价值导向出发,构建了超效率 DEA 模型,并运用该模型对 27 个省级政府政务微博开放信息质量的监管绩效进行了评价,结果表明该模型具有良好的区分度,对信息质量监管绩效的评价结果更加科学和公正③。这些研究,大多是对信息质量进行绩效评价,都属于事后监管,往往落后于现实发展,不能适应工作需求。微政务信息公开工作迫切需要建立新型的考核和评价机制,以便在信息公开的事前、事中和事后各个阶段都能发挥监管作用。

为了对政府信息公开质量进行全方位动态监管,越来越多的学者倾向从声誉视角出发,引入演化博弈动态监管模型。岳向华和林毓铭从声誉视角出发,构建私人部门—第三方—政府部门三者间的演化博弈模型,对私人部门提供的养老服务质量进行监管。研究结果显示,声誉机制不仅可以有效地约束私人部门的行为,还能对私人部门所提供的服务质量进行全面的监管。④ 李小莉为探析声誉对公私合作(PPP)项目监管的影响,构建了演化博弈模型,分析了声誉对私人部门及政府监管部门行为的影响,并通过仿真研究证实了声誉机制可有效抑制政府的权力寻租或投

---

① 周雨.《政府信息公开条例》绩效评价实证研究——以省级政府及国务院部门为例 [D]. 广州:华南理工大学,2015.

② 路明. 我国政务微博公共信息服务绩效评价研究 [D]. 湘潭:湘潭大学,2016.

③ 郭高晶. 基于 DEA 方法的省级政府政务微博运营绩效评价 [J]. 现代情报,2017,37 (10):66-71.

④ 岳向华,林毓铭. 养老 PPP 服务质量监管三方演化博弈关系研究 [J]. 江西财经大学学报,2019 (02):71-80.

机取巧行为,肯定了政府声誉管理的重要性。①

近几年,较多学者发现基于声誉视角,运用委托代理模型也可以实现事前、事中及事后全过程的政府信息公开质量监管。李健等引入声誉效应,建立了一个关于物流企业声誉机制与显性机制相结合的委托代理模型。研究结果发现相较于单一的显性监管机制,考虑声誉后的动态监管机制可以有效减轻银行的监管压力,同时提升物流企业的努力程度。②刘惠萍和张世英基于声誉理论,设计了一个关于经理人声誉机制的动态监管契约委托代理模型,以形成长期监管与短期监管相结合的监管模式,并通过实例验证了动态监管契约委托代理模型的合理性,研究结论对如何有效地发挥声誉机制对我国经理人的监管产生作用具有指导意义。③

综上,本章引入声誉机制,分别构建演化博弈模型和委托代理理论模型,以期实现基于事前监管、事中管理、事后评估的全生命周期的信息质量监管机制。具体而言,在接下来的 5.2 节,本章将微政务信息公开视为"多阶段博弈"④,并在此基础上构建演化博弈模型,研究声誉对信息质量监管的影响,探究在考虑声誉的情况下管理者如何制定合理的监管策略;在 5.3 节,本章将以"三微一端"为例,在服务质量监管契约中引入声誉理论,综合考虑对下级政府的显性激励(如工资激励、奖金激励、晋升激励等)⑤和隐性激励(下级政府对于声誉、精神、情感等非物质形式激励的隐

---

① 李小莉. 考虑声誉的公私合作项目监管演化博弈分析 [J]. 系统工程学报,2017,32 (02):199-206.

② 李健,王雅洁,吴军,杨丰梅. 考虑声誉效应的存货质押融资中银行对物流企业的激励机制研究 [J]. 中国管理科学,2017,25 (07):86-92.

③ 刘惠萍,张世英. 基于声誉理论的我国经理人动态激励模型研究 [J]. 中国管理科学,2005 (04):78-86.

④ Kreps D M,Wilson R. Reputation and imperfect information [J]. Journal of Economic Theory,1982,27 (2):253-279.

⑤ 中商情报网. 2017 年地方政府数据开放平台分析:共涉及 19 个数据平台 [EB/OL]. http://www.askci.com/news/chanye/.

性需求)①,设计线性声誉监管合同,定量分析声誉效应对下级政府的内部及外部影响,探讨声誉效应对下级政府的努力行为和上级政府最优监管契约的影响,以期实现显性激励与隐性激励相结合,达到上下级政府长期利益最大化的目标。

5.2　基于演化博弈的微政务信息公开质量监管分析

演化博弈理论整合了理性经济学和演化生物学的思想,是博弈理论分析和动态演化过程分析的结合,该模型不再假设博弈双方都是完全理性的个体,其认为人都是通过试错达到博弈均衡的,它的核心概念是"演化稳定策略"和"复制动态方程"②。

在微政务信息公开中,由于信息的不对称、推理判断能力的局限性,以及周围环境的动态变化,管理者和供给者都是有限理性的个体,彼此之间的博弈是一个动态演化的过程。

5.2.1　质量监管演化博弈模型的构建

(一) 未考虑声誉的质量监管演化博弈模型构建

在该演化博弈模型中,有两个博弈方:微政务信息公开供给者 A 与微政务信息公开管理者 B。对于供给者 A 而言,可供选择的策略有提供高质量的微政务信息和提供低质量的微政务信息;对于管理者 B 而言,可供选择的策略有监管和不监管。因此,总策略集为"提供高质量微政务信息,监管""提供低质量微政务信息,监管""提供高质量微政务信息,不监

---

① 迪莉娅. 政府数据开放监管模式研究 [J]. 情报理论与实践，2018，(5)：22 - 26.

② 崔露方，翟利鹏，朱晓峰. 基于演化博弈的同级政府间信息公开研究 [J]. 情报理论与实践，2016，39 (06)：56 - 60.

管""提供低质量微政务信息,不监管"。

假设微政务信息公开供给者 A 以 x 的概率提供高质量的微政务信息,以 $1-x$ 的概率提供低质量的微政务信息。其中,提供高质量微政务信息的成本为 C_1,提供低质量微政务信息的成本为 C_2,可实现的收益为 R_1。对于微政务信息公开管理者 B 而言,以 y 的概率选择对供给者 A 进行监管,以 $1-y$ 的概率选择不监管;当选择监管策略时,B 可获得的收益记为 R_2(包括中央政府对管理者的额外激励和公众对管理者的信任),需要付出的成本为 C_3;当供给者提供低质量的微政务信息并被微政务信息公开管理者发现时,遭受的惩罚为 F_1;同时,假设供给者可能会以概率 α ($0<\alpha<1$)选择寻租行为,所需的寻租成本为 S(寻租成本指的是供给者为了免遭惩罚而支付的礼品、金钱以及管理者为帮助供给者隐瞒公众所耗费的精力、时间和资源);当供给者提供低质量微政务信息而管理者选择不监管并以 η($0<\eta<1$)的概率被社会公众曝光时,微政务信息公开管理者应受到的惩罚为 F_2。

根据上述假设,当供给者提供高质量微政务信息,而且微政务信息公开管理者选择监管策略的时候,供给者的收益为 R_1-C_1,微政务信息公开管理者的收益为 R_2-C_3;当供给者选择提供高质量微政务信息而且管理者选择不监管的时候,供给者的收益为 R_1-C_1,微政务信息公开管理者的收益为 0;当供给者提供低质量的微政务信息、微政务信息公开管理者选择监管策略时,供给者的收益为 $R_1-C_2-\alpha(S-F_1)-(1-\alpha)F_1$,微政务信息公开管理者的收益为 $R_2-C_3+\alpha S$;当供给者提供低质量微政务信息、管理者选择不监管策略时,供给者的收益为 $R_1-C_2-\eta F_1$,微政务信息公开管理者的收益为 $-\eta F_2$。由此,微政务信息公开供给者与管理者的博弈支付矩阵如表 5-1 所示。

表 5-1　微政务信息公开供给者和管理者博弈支付矩阵

供给者	微政务信息公开管理者	
	监管(y)	不监管($1-y$)
提供高质量的微政务信息(x)	R_1-C_1,R_2-C_3	$R_1-C_1,0$
提供低质量的微政务信息($1-x$)	$R_1-C_2-\alpha(S-F_1)-(1-\alpha)F_1$, $R_2-C_3+\alpha S$	$R_1-C_2-\eta F_1$, $-\eta F_2$

由上述博弈支付矩阵可知,微政务信息公开供给者 A 选择提供高质量的微政务信息的期望收益为:

$$E_x=y(R_1-C_1)+(1-y)(R_1-C_1)=R_1-C_1 \tag{5-1}$$

提供低质量微政务信息的期望收益为:

$$E_{1-x}=y\Big((R_1-C_2)-\alpha(S-F_1)-(1-\alpha)F_1\Big)+ \tag{5-2}$$
$$(1-y)(R_1C_2-\eta F_1)$$

同时,供给者平均期望收益为:

$$\overline{E_X}=xE_x+(1-x)E_{1-x} \tag{5-3}$$

由此可得,微政务信息公开供给者的复制者动态方程为:

$$\frac{\mathrm{d}x}{\mathrm{d}t}=x(E_X-\overline{E})=x(1-x)(C_2-C_1+\eta F_1- \tag{5-4}$$
$$y\alpha(F_1-S)-(1-\alpha)F_1+\eta F_1)$$

同理,微政务信息公开管理者 B 选择监管策略时的期望收益为:

$$E_Y=x(R_2-C_3)+(1-x)(R_2-C_3+\alpha S) \tag{5-5}$$

选择不监管策略时的期望收益为:

$$E_Y=-\eta F_2 \tag{5-6}$$

同时,管理者平均期望收益为:

$$\overline{E}_Y = yE_Y + (1-y)E_{1-Y} \tag{5-7}$$

由此可得，微政务信息公开管理者的复制者动态方程为：

$$\frac{\mathrm{d}y}{\mathrm{d}t} = y(E_Y - \overline{E}) = y(1-y)(R_2 - C_3 + \alpha S + \eta F_2 - x(\alpha S + \eta F_2)) \tag{5-8}$$

令 $\mathrm{d}x/\mathrm{d}t = 0, \mathrm{d}y/\mathrm{d}t = 0$，分析得出五个相应的均衡点，分别为 $F_1(0, 0)$、$F_2(0,1)$、$F_3(1,0)$、$F_4(1,1)$、$F_5(x^*, y^*)$。同时，$x^* = \dfrac{R_2 - C_3 + \alpha S + \eta F_2}{\alpha S + \eta F_2}$，$y^* = \dfrac{C_2 - C_1 + \eta F_1}{\alpha(F_1 - S) - (1-\alpha)F_1 + \eta F_1}$，对式(5-4)和式(5-5)依次求关于 x 和 y 的偏导数，可以得出雅可比矩阵为：

$$J = \begin{bmatrix} \dfrac{\partial X}{\partial x} & \dfrac{\partial X}{\partial y} \\ \dfrac{\partial Y}{\partial x} & \dfrac{\partial Y}{\partial y} \end{bmatrix} = \begin{bmatrix} a_{11} & a_{12} \\ a_{21} & a_{22} \end{bmatrix}$$

其中，$a_{11} = (1-2x)(C_2 - C_1 + \eta F_1 - y(\alpha(F_1 - S) - (1-\alpha)F_1 + \eta F_1))$，$a_{12} = -x(1-x)(\alpha(F_1 - S) - (1-\alpha)F_1 + \eta F_1)$，$a_{21} = -y(1-y)(\alpha S + \eta F_2)$，$a_{22} = (1-2y)(R_2 - C_3 + \alpha S + \eta F_2 - x(\alpha S + \eta F_2))$。

由此，可得该雅可比矩阵的解为：

$$\begin{aligned} detJ &= a_{11}a_{22} - a_{12}a_{21} \\ &= (1-2x)(C_2 - C_1 + \eta F_1 - y(\alpha(F_1 - S) - \\ &\quad (1-\alpha)F_1 + \eta F_1))(1-2y)(R_1 - C_3 + \alpha S + \eta F_2 - x(\alpha S + \eta F_2)) - \\ &\quad x(1-x)(\alpha(F_1 - S) - (1-\alpha)F_1 + \eta F_1)y(1-y)(\alpha S + \eta F_2) \end{aligned} \tag{5-9}$$

与此同时，可得该矩阵的迹为：

$$trJ = a_{11} + a_{22}$$
$$= (1-2x)(C_2 - C_1 + \eta F_1 - y(\alpha(F_1 - S) - (1-\alpha)F_1 + \eta F_1)) + (1-2y)(R_2 - C_3 + \alpha S + \eta F_2 - x(\alpha S + \eta F_2))$$

$$(5-10)$$

(二) 未考虑声誉的质量监管演化博弈模型分析

根据式(5-4)和式(5-5)求出的均衡点,不一定是管理者和供给者之间演化稳定策略(ESS),只有同时满足 $trJ < 0$(迹条件)和 $detJ > 0$(雅可比行列式条件),该均衡点才是演化稳定策略。因此,需要分别对管理者和供给者之间的局部稳定性进行分析,找出四种情形所对应的演化策略稳定点(ESS)并展开相关讨论。

● 情形一

当 $R_2 < C_3$、$S < \min\left(\dfrac{C_1 - C_2 + (1-2\alpha)F_1}{\alpha} \ , \ \dfrac{C_3 - R_2 - \eta F_2}{\alpha}\right)$、$F_1 < \dfrac{C_1 - C_2}{\eta}$ 时,系统的局部稳定性分析如表5-2所示。微政务信息公开管理者和供给者演化策略的稳定点只有 $F_1(0,0)$,即当管理者的监管收益无法弥补监管成本、对供给者的惩罚小于某一范围且供给者的寻租成本较低的时候,最终会演化成为供给者提供低质量的微政务信息,而管理者选择不监管。

表 5-2　情形一的局部稳定性分析

平衡点	trJ	$detJ$	结果
$F_1(0,0)$	－	＋	ESS
$F_2(0,1)$	±	－	鞍点
$F_3(1,0)$	±	－	鞍点
$F_4(1,1)$	＋	＋	不稳定点
$K(x^*, y^*)$	0	±	鞍点

● 情形二

当 $R_2 < C_3$、$\dfrac{C_1 - C_2 + (1 - 2\alpha)F_1}{\alpha} < S < \dfrac{C_3 - R_2 - \eta F_2}{\alpha}$、$F_1 < \dfrac{C_1 - C_2}{\eta}$

时,系统的局部稳定性分析如表5-3所示。管理者和供给者的演化策略稳定点只有 $F_2(0,1)$,即当微政务信息公开管理者的监管收益小于监管成本、对供给者的惩罚小于某一范围但供给者的寻租成本高于临界值之时,会出现供给者提供低质量微政务信息而管理者包庇的现象。

表5-3　情形二的局部稳定性分析

平衡点	trJ	$detJ$	结果
$F_1(0,0)$	$\pm$	$-$	鞍点
$F_2(0,1)$	$-$	$+$	ESS
$F_3(1,0)$	$\pm$	$-$	鞍点
$F_4(1,1)$	$+$	$+$	不稳定点
$K(x^*, y^*)$	0	$\pm$	鞍点

● 情形三

当 $R_2 < C_3$、$S < \min\left(\dfrac{C_1 - C_2 + (1 - 2\alpha)F_1}{a}, \dfrac{C_3 - R_2 - \eta F_2}{\alpha}\right)$、$F_1 >$

$\dfrac{C_1 - C_2}{\eta}$时,系统的局部稳定性分析如表5-4所示。

表5-4　情形三的局部稳定性分析

平衡点	trJ	$detJ$	结果
$F_1(0,0)$	$\pm$	$-$	鞍点
$F_2(0,1)$	$\pm$	$-$	鞍点
$F_3(1,0)$	$-$	$+$	ESS
$F_4(1,1)$	$+$	$+$	不稳定点
$K(x^*, y^*)$	0	$\pm$	鞍点

由表 5-4 可以看出,管理者和供给者演化策略的稳定点只有 $F_3(1,0)$,即当管理者的监管收益小于监管成本、对供给者的惩罚高于某一水平且供给者寻租成本较低的时候,即使管理者选择不监管策略,供给者依然提供高质量的微政务信息。

● 情形四

当 $R_2 < C_3$、$S < \dfrac{C_1 - C_2 + (1-2\alpha)F_1}{\alpha}$ 时,系统的局部稳定性分析如表 5-5 所示。

表 5-5　情形四的局部稳定性分析

$F_1 > \dfrac{C_1-C_2}{\eta}$	$F_1 < \dfrac{C_1-C_2}{\eta}$					
平衡点	trJ	$detJ$	结果	trJ	$detJ$	结果
$F_1(0,0)$	+	+	不稳定点	±	−	鞍点
$F_2(0,1)$	±	−	鞍点	±	−	鞍点
$F_3(1,0)$	±	−	鞍点	+	+	不稳定点
$F_4(1,1)$	−	+	ESS	−	+	ESS
$K(x^*,y^*)$	0	±	鞍点	0	±	鞍点

由表 5-5 可以看出,管理者和供给者演化策略的稳定点只有 $F_4(1,1)$,即当管理者的监管收益大于监管成本且供给者付出的寻租成本较低的时候,最终会演化成为供给者提供高质量的微政务信息而管理者选择监管策略。

(三)考虑声誉的微政务信息公开质量监管模型构建

在微政务信息公开中,管理者、供给者由于彼此间的信息不完全对称,管理者对供给者所完成的工作了解有限,管理者进行监管时要花费大量的监管成本,根据前述的情形一和情形二,当管理者的监管收益小于监管成本的时候,会发生管理者不监管或者出现供给者贿赂管理者的情况。

为了防止上述情形的发生,在双方的博弈过程中考虑供给者的声誉,除了利用惩罚机制对供给者的行为进行约束之外,还可利用声誉机制对供给者的行为进行正向引导,促使供给者提供高质量的微政务信息。在这一博弈过程中,管理者可以增加(减少)对较高(低)声誉水平供给者的财政补贴,从而形成新的博弈关系。

假设供给者提供高质量的微政务信息可以获得较高的声誉水平 E,此时,管理者对供给者的绩效考核水平较高,供给者会获得更多的财政补贴,因此将供给者的声誉水平转化为预期收益 $Rt = \gamma E$(其中 $\gamma \geqslant 0$,为声誉水平转化系数,即声誉水平越高,供给者绩效考核水平也越高,可以获得更多的政策奖励、名声奖励和财政补贴)。综上,考虑声誉时管理者与供给者的博弈支付矩阵如表 5-6 所示。

表 5-6　考虑声誉时管理者、供给者之间的博弈支付矩阵

供给者	微政务信息公开管理者	
	监管(y)	不监管($1-y$)
提供高质量的微政务信息(x)	$R_1 - C_1 + \gamma E, R_2 - C_3$	$R_1 - C_1 + \gamma E, 0$
提供低质量的微政务信息($1-x$)	$R_1 - C_2 - \alpha(S - F_1) - (1-\alpha)F_1,$ $R_2 - C_3 + \alpha S$	$R_1 - C_2 - \eta F_1 + (1-\eta)\gamma E,$ $-\eta F_2$

由上述博弈支付矩阵可知,在考虑声誉的情形下,微政务信息公开供给者 A 选择提供高质量微政务信息的期望收益为:

$$E_x = y(R_1 - C_1 + \gamma E) + (1-y)(R_1 - C_1 + \gamma E) = R_1 - C_1 + \gamma E$$

$$(5-11)$$

提供低质量微政务信息的期望收益为:

$$E_{1-x} = y[(R_1 - C_2) + \alpha(S - F_1) - (1-\alpha)F_1] + \qquad (5-12)$$
$$(1-y)(R_1 - C_2 - \eta F_1)$$

同时,供给者平均期望收益为:

$$\overline{E}_X = xE_x + (1-x)E_{1-x} \qquad (5-13)$$

由此可得,微政务信息公开供给者的复制者动态方程为:

$$\frac{dx}{dt} = x(E_X - \overline{E}_X) = x(1-x)(C_2 - C_1 + \eta(F_1 + \gamma E) -$$

$$y(\alpha(F_1 - S) - (1-\alpha)F_1 + \eta F_1 - (1-\eta)\gamma E))$$

$$(5-14)$$

同理,微政务信息公开管理者 B 选择监管策略时的期望收益为:

$$E_Y = x(R_2 - C_3) + (1-x)(R_2 - C_3 + \alpha S) \qquad (5-15)$$

选择不监管策略时的期望收益为:

$$E_Y = -\eta F_2 \qquad (5-16)$$

同时,管理者平均期望收益为:

$$\overline{E}_Y = yE_Y + (1-y)E_{1-y} \qquad (5-17)$$

由此可得,微政务信息公开管理者的复制者动态方程为:

$$\frac{dy}{dt} = y(1-y)(R_2 - C_3 + \alpha S + \eta F_2 - x(\alpha S + \eta F_2)) \quad (5-18)$$

令 $dx/dt = 0, dy/dt = 0$,则管理者、供给者之间信息质量演化博弈有五个相应的均衡点,分别为 $F_1(0,0)$、$F_2(0,1)$、$F_3(1,0)$、$F_4(1,1)$、$C(x^*, y^*)$。 同 时, $x^* = \dfrac{R_2 - C_3 + \alpha S + \eta F_2}{\alpha S + \eta F_2}$, $y^* = \dfrac{C_2 - C_1 + \eta(F_1 + \gamma F)}{\alpha(F_1 - S) - (1-\alpha)F_1 + \gamma F_1 - (1-\eta)\gamma E}$,依次对微分方程组(5-8)、(5-9)求关于 x 和 y 的偏导数,可以得出雅可比矩阵为:

$$J = \begin{bmatrix} \dfrac{\partial X}{\partial x} & \dfrac{\partial X}{\partial y} \\ \dfrac{\partial Y}{\partial x} & \dfrac{\partial Y}{\partial y} \end{bmatrix} = \begin{bmatrix} a_{11} & a_{12} \\ a_{21} & a_{22} \end{bmatrix}$$

其中，$a_{11} = (1-2x)(C_2 - C_1 + \eta(F_1 + \gamma E) - y(\alpha(F_1 - S) - (1-\alpha)F_1 + \eta F_1 - (1-\eta)\gamma E))$，$a_{12} = -x(1-x)(\alpha(F_1 - S) - (1-\alpha)F_1 + \eta F_1 - (1-\eta)\gamma E)$，$a_{21} = -y(1-y)(\alpha S + \eta F_2)$，$a_{22} = (1-2y)(R_2 - C_3 + \alpha S + \eta F_2 - x(\alpha S + \eta F_2))$。

由此，可得该雅可比矩阵的解为：

$$\begin{aligned} detJ = &(1-2x)(C_2 - C_1 + \eta(F_1 + \gamma E) - y(\alpha(F_1 - S) - (1-\alpha)F_1 + \\ & \eta F_1 - (1-\eta)\gamma E))(1-2y)(R_2 - C_3 + \alpha S + \eta F_2 - x(\alpha S + \eta F_2)) - \\ & x(1-)x(\alpha(F_1 - S) - (1-\alpha)F_1 + \eta F_1 - (1-\eta)\gamma E)y(1-y) \\ & (\alpha S + \eta F_2) \end{aligned}$$

$$(5-19)$$

该雅可比矩阵的迹为：

$$\begin{aligned} trJ = &(1-2x)(C_2 - C_1 + \eta(F_1 + \gamma F) - y(\alpha(F_1 - S) - (1-\partial)F_1 + \\ & \eta F_1 - (1-\eta)\gamma E))(1-2y)(R_2 - C_3 + \alpha S + \eta F_2 - x(\alpha S + \eta F_2)) \end{aligned}$$

$$(5-20)$$

（四）考虑声誉的质量监管演化博弈模型分析

● 情形五

当 $S < \dfrac{C_3 - R_2 - \eta F_2}{\alpha}$、$\gamma < \dfrac{C_1 - C_2 - \eta F_1}{\eta E}$ 时，系统稳定性分析如表 5-7 所示，可以看出管理者和供给者的演化策略的稳定点只有一个 F_1 (0,0)，由于声誉转换系数较小，声誉机制不起作用。

表 5-7　情形五的局部稳定性分析

$\min\left(\dfrac{C_1-C_2+(1-2\alpha)F_1}{\alpha},\dfrac{C_3-R_2-\eta F_2}{\alpha}\right)$				$\dfrac{C_1-C_2+(1-2\alpha)F_1}{\alpha}<S<\dfrac{C_3-R_2-\eta F_2}{\alpha}$		
平衡点	trJ	$detJ$	结果	trJ	$detJ$	结果
$F_1(0,0)$	$-$	$+$	ESS	$-$	$+$	ESS
$F_2(0,1)$	$\pm$	$-$	鞍点	$+$	$+$	不稳定点
$F_3(1,0)$	$\pm$	$-$	鞍点	$\pm$	$-$	鞍点
$F_4(1,1)$	$+$	$+$	不稳定点	$\pm$	$-$	鞍点
$T(x^*,y^*)$	0	$\pm$	鞍点	0	$\pm$	鞍点

● 情形六

当 $S>\dfrac{C_3-R_2-\eta F_2}{\alpha}$、$\gamma<\min\left(\dfrac{C_1-C_2+(1-2\alpha)F_1+\alpha S}{\alpha E},\right.$

$\left.\dfrac{C_1-C_2-\eta F_1}{\eta E}\right)$时,管理者和供给者的演化策略的稳定性如表 5-8 所示,此时系统只有 $F_2(0,1)$ 这一个稳定点。由于供给者愿意支付的寻租成本较高,声誉机制此时无法发挥它的正向作用。

表 5-8　情形六局部稳定性分析

平衡点	trJ	$detJ$	结果
$F_1(0,0)$	$\pm$	$-$	鞍点
$F_2(0,1)$	$-$	$+$	ESS
$F_3(1,0)$	$\pm$	$-$	鞍点
$F_4(1,1)$	$+$	$+$	不稳定点
$K(x^*,y^*)$	0	$\pm$	鞍点

● 情形七

当 $\gamma>\dfrac{C_1-C_2-\eta F_1}{\eta E}$时,对系统稳定性分析的结果如表5-9所示,此时管理者和供给者的演化策略只有 $F_3(1,0)$ 这个稳定点,可以得出当声誉机制转化系数高于某一水平的时候,声誉机制可以起到正向的作用。为了提高绩效考核的成绩,同时获得更高的财政补贴,微政务信息公开的供给者会自觉地提供高质量的公共产品和服务。因此,微政务信息公开的管理者在建立惩罚机制的基础上,更应该增加合理的声誉机制,完善对供给者的绩效考核制度并给予相应的财政补贴作为奖励,以此来促进供给者积极参与到声誉机制的建设中,提供高质量的微政务信息。

表 5 - 9　情形七局部稳定性分析

平衡点	trJ	$detJ$	结果
$F_1(0,0)$	±	－	鞍点
$F_2(0,1)$	±	－	鞍点
$F_3(1,0)$	－	＋	ESS
$F_4(1,1)$	＋	＋	不稳定点
$K(x^*,y^*)$	0	±	鞍点

5.2.2　质量监管演化博弈模型的实证分析

(一) 数据来源及设置

本节以"共青团微博账号影响力排行榜(2017 年 5 月、6 月)"为依据,将总分排名第一的"共青团中央"在 2018 年 5 月份发布的博文总量,缩小倍数后作为"高质量信息成本 C_1"的实证数值;将总分排名倒数第一的"甘肃共青团"在 2018 年 5 月发布的博文总量,缩小倍数后作为"低质量信息成本 C_2"的实证数值。与此同时,通过"清博"网中的"舆情监控"功能,对上述榜单中总分排名后五位政务微博中的负面评论进行实时监控,将 2018 年 5 月 6 日当天负面评论的具体数值进行均值处理,作为"提供低质量微政务信息的惩罚 F_1"的实证数值;将"甘肃共青团"政务微博在 2018 年 5 月 6 日"@管理者"的数量占整个评论数量的比值,作为"实施不监管策略被曝光的惩罚 F_2"的实证数值;将"甘肃共青团"2018 年 3～5

月"@管理者"评论的回复数,作为"监管成本 C_3"的实证数值;将"甘肃共青团"2018 年 3～5 月管理者回复"@管理者"所得点赞数,作为"监管收益 R_2"的实证数值;将 2018 年 3～5 月"甘肃共青团"中"@管理者"不回复的数量除以同时期负面评论数量所得比值,作为"供给者选择寻租行为的概率 α"数值参考;对于"社会公众曝光的概率 η",根据经验设为 10%。具体参数值如表 5-10 所示。

表 5-10　演化博弈相关参数设置

参数名称	参数值	参数名称	参数值
提供高质量微政务信息成本 C_1	67	提供低质量的微政务信息的惩罚 F_1	120
提供低质量微政务信息成本 C_2	28	实施不监管策略被曝光的惩罚 F_2	40
监管成本 C_3	25	监管收益 R_2	5
供给者选择寻租行为的概率 α	0.6	社会公众曝光的概率 η	0.1

(二)是否考虑声誉情形下的演化博弈轨迹

在有无引入微政务信息供给者声誉机制的情形下,本节利用 MATLAB 2016 对微政务信息的供给者和管理者之间的演化博弈进行实证研究,探究声誉机制能否起到正向引导供给者行为的作用。

· 未考虑声誉情形的演化博弈轨迹

基于表 5-10 的参数设置,在未引入声誉机制的情形下,利用 MATLAB 2016 对微政务信息供给者付出的寻租成本 S 分别取值为 0、10、20、30 和 40 时的演化博弈轨迹进行实证研究,研究结果如图 5-1 所示。

基于图 5-1 可知,在未考虑声誉的情况下,若微政务信息供给者寻租成本小于 20 时($S<20$),系统最终演化的稳定点为(0.6,0.6)。当微政务信息供给者寻租成本大于 30 时($S>30$),系统最终演化的稳定点为(0,1)。现实中,随着微政务信息供给者付出的寻租成本增大,当超过 30 时,即使供给者提供低质量微政务信息,管理者也不会对其进行惩罚。因此,未引入声誉机制时,会出现微政务信息管理者包庇供给者的现象。

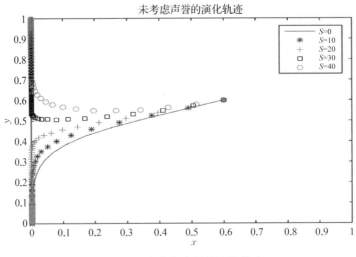

图 5-1　未考虑声誉的演化轨迹

• **考虑声誉情形的演化博弈轨迹**

基于表 5 - 10 的参数设置,在引入声誉机制的情形下,利用 MATLAB 2016 对管理者设置的声誉转化系数分别为 0.1、0.3、0.5、0.7 和 0.9 时的演化博弈轨迹进行实证研究,研究结果如图 5-2 所示。

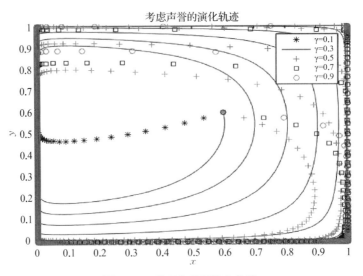

图 5-2　考虑声誉的演化轨迹

进一步利用 MATLAB 2016 对图 5-2 的演化轨迹进行迭代运算,得出了在声誉水平 $E=210$ 的情形下,声誉转化系数 γ 不同取值时演化博弈轨迹的稳定点,稳定点的具体坐标值如表 5-11 所示。

表 5-11　考虑声誉时的演化博弈轨迹的稳定点

γ 的取值	稳定点的坐标
$\gamma=0.1$	稳定点:$(4.940656\times e^{-324}, 1.000000\times e^{+0})$
$\gamma=0.3$	稳定点:$(3.560336\times e^{-167}, 9.989767\times e^{-1})$
$\gamma=0.5$	稳定点:$(1.000000\times e^{+0}, 9.881313\times e^{-324})$
$\gamma=0.7$	稳定点:$(1.000000\times e^{+0}, 9.881313\times e^{-324})$
$\gamma=0.9$	稳定点:$(1.000000\times e^{+0}, 9.881313\times e^{-324})$

由表 5-11 可知,当声誉转换系数的取值为 0.1 和 0.3 时,系统最终演化的稳定点可近似看成是 $(0,1)$;当声誉转换系数的取值为 0.5、0.7 和 0.9 时,系统最终演化的稳定点可以看成是 $F_3(1,0)$。

基于图 5-2 和表 5-11 可知,在考虑声誉的情况下,随着微政务信息供给者声誉转化系数 γ 不断提高,达到一定水平 $\gamma=0.5$,此时,$\gamma > \dfrac{C_1-C_2-\eta F_1}{\eta E}$,正好满足情形七中的条件,系统最终演化的稳定点为 $F_3(1,0)$。将声誉转化系数 γ 设置为 0.7 时,系统最终演化的结果为管理者选择不监管策略时,供给者依然会自觉提供高质量微政务信息。同时还可以发现,当 γ 等于 0.7 和 0.9 时,稳定点的坐标值完全相同,即声誉转换系数的取值大于等于 0.5,对激励供给者提供高质量微政务信息起到相同效果。因此,$\gamma=0.5$ 可以看作管理者激励供给者自觉提供高质量微政务信息所需付出的最小成本值,此时供给者供给高质量微政务信息的动力没有减少。

综上,引入声誉机制后,管理者还需设置合理的声誉转化系数,才能对微政务信息供给者的行为起到正向引导的作用。

(三) 不同声誉水平情形下的演化博弈轨迹

为了分析不同声誉水平情形下的演化博弈轨迹,首先需要设置一个声誉惩罚系数 FK, $FK=1$ 表示已有惩罚的倍数,即标准声誉惩罚系数。当供给者提供低质量微政务信息时,本节通过实证研究,在标准声誉惩罚系数($FK=1$)的基础上,缩小或者扩大惩罚系数,即在已有的惩罚基础上减轻或者加重惩罚,分析能否对供给者的行为起到正向引导作用。在其他参数设置不变的条件下,分别在供给者声誉水平较低($E=210$)和水平较高($E=400$)的情况下进行仿真,探究声誉惩罚系数 FK 不同取值对供给者行为的影响。

- **供给者声誉水平较低时的演化博弈轨迹**

基于表 5-10 的参数设置,利用 MATLAB 2016 对声誉水平 $E=210$ 时,声誉惩罚系数 FK 分别取值为 0.2、0.5、0.8、1.1 和 1.4 的演化博弈轨迹进行仿真,仿真结果如图 5-3 所示。

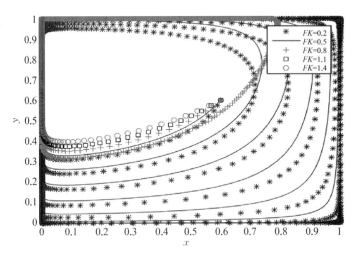

图 5-3　声誉水平 $E=210$ 时的演化博弈轨迹

进一步利用 MATLAB 2016 对图 5-3 的演化轨迹进行迭代运算,得

出了在声誉水平 $E=210$ 的情形下,对于 FK 不同取值时的演化博弈轨迹的稳定点,稳定点的具体坐标值如表 5 - 12 所示。

表 5 - 12　$E=210$ 时演化博弈轨迹的稳定点

FK 的取值	稳定点的坐标
$FK=0.2$	稳定点:$(4.621932\times10^{-74},9.999880\times10^{-1})$
$FK=0.5$	稳定点:$(1.595213\times10^{-5},1.000000\times10^{0})$
$FK=0.8$	稳定点:$(3.349035\times10^{-6},9.997670\times10^{-1})$
$FK=1.1$	稳定点:$(3.853712\times10^{-322},1.000000\times10^{0})$
$FK=1.4$	稳定点:$(1.778636\times10^{-322},1.000000\times10^{0})$

由表 5 - 12 可以看出,声誉惩罚系数 FK 取不同值的时候,对应演化博弈轨迹的稳定点的坐标都可以近似地看作是 $F_1(0,1)$。

基于图 5 - 3 和表 5 - 12 可知,在声誉水平 $E=210$ 的情况下,随着 FK 的增大,整个系统的稳定点都由 $F_1(0,0)$ 逐步趋向于 $F_2(0,1)$,即在供给者声誉水平较低的情况下,管理者无论是增大或者缩小声誉惩罚系数,都无法引导演化博弈系统正向发展(即管理者不监管时,供给者不会自觉提供高质量微政务信息),最终的演化结果依然会出现管理者包庇供给者的情况。因此,在供给者自身声誉水平较低时,声誉惩罚机制对供给者的行为不能起到正向引导作用。

- **供给者声誉水平较低时的演化博弈轨迹**

同理,基于表 5 - 8 的参数设置,利用 MATLAB 2016 对声誉水平 $E=400$ 时,声誉惩罚系数 FK 分别取值为 0.2、0.5、0.8、1.1 和 1.4 的演化博弈轨迹进行仿真,仿真结果如图 5 - 4 所示。

进一步利用 MATLAB 2016 对图 5 - 4 的演化轨迹进行迭代运算,得出了在声誉水平 $E=400$ 的情形下,对于 FK 不同取值时的演化博弈轨迹的稳定点,稳定点的具体坐标值如表 5 - 13 所示。

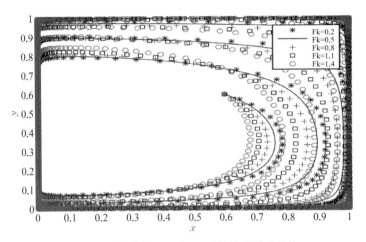

图 5-4　声誉水平 $E=400$ 时的演化博弈轨迹

表 5-13　$E=400$ 时演化博弈轨迹的稳定点

FK 的取值	稳定点的坐标
$FK=0.2$	稳定点:$(1.000000 \times e^{+0}, 9.881313 \times e^{-324})$
$FK=0.5$	稳定点:$(1.000000 \times e^{+0}, 9.881313 \times e^{-324})$
$FK=0.8$	稳定点:$(1.000000 \times e^{+0}, 9.881313 \times e^{-324})$
$FK=1.1$	稳定点:$(1.000000 \times e^{+0}, 8.389981 \times e^{-99})$
$FK=1.4$	稳定点:$(2.839518 \times e^{-88}, 9.999999 \times e^{-1})$

　　由表 5-13 可以看出,当 FK 取 1.4 时,最终的稳定点可以近似看作是 $F_1(0,1)$;当 FK 取其他值时,最终的稳定点近似为 $F_3(1,0)$。

　　基于图 5-4 和表 5-13 可知,在供给者声誉水平 $E=400$ 的情况下,当 $FK=1.4$ 时,演化博弈轨迹最终近似稳定在 $F_2(0,1)$,说明当管理者对供给者的惩罚过重时,声誉惩罚机制无法发挥正向的作用,供给者依然会提供低质量的微政务信息。而当 FK 的取值为 0.2 到 1.1 之间时,FK 的稳定点都近似趋向于 $F_3(1,0)$,说明当惩罚适量或者减轻惩罚的情况下,都可以起到正向的作用,供给者可以自觉提供高质量微政务信息。同时,还可以发现当 FK 的取值在 0.2 到 0.8 之间时,稳定点的坐标完全一致,因此,当声誉惩罚系数小于标准声誉惩罚系数时,对供给者行为正向激励的效果一致。最后将 FK 的取值在 0.2 到 0.8 之间稳定点的坐标与 FK 取值为 1.1 时稳定点的坐标进行对比,不难发现 FK 的取值在 0.2 到 0.8 时,稳定点纵坐标的值略小于 FK 取值为 1.1 时纵坐标的值,即若微政务信息管理者设置的声誉惩罚系数小于标准声誉惩罚系数时,即使管理者有更大可能性不采取监管措施,供给者依然会自觉提供高质量微政务信息,此时声誉监管机制会发挥更有效的作用。

5.3　基于委托代理的微政务信息公开质量监管分析

长期以来,上下级政府间信息的不对称,造成了下级政府的认知缺失,容易产生一系列损害公众利益的次生问题。现有的政府微政务信息公开中,激励机制已然成为质量监管的重要组成部分,但上下级政府间的"激励错位"现象,在一定程度上影响了现有的微政务信息公开质量的监管行为。大量研究发现,声誉机制能有效地约束下级政府的行为,并对下级政府产生持久的激励优化效果。

5.3.1　质量监管的激励模型构建

考虑到声誉效应对微政务信息公开作用机制的差异,将其分为外部声誉效应及内部声誉效应。其中,外部声誉效应源于同级政府间的竞争及信息公开机制,是公众通过微政务信息公开平台长期参与、感受各类公开信息后,经自身理性及情感认知共同作用,自发形成的对该政府机构微政务信息公开的直观评价效应。[①] 政府的内部声誉效应,则是在上下级政府的激励契约中,上级政府根据下级政府长期的微政务信息公开历史

---

① 曹启龙,周晶,盛昭瀚. 基于声誉效应的 PPP 项目动态激励契约模型 [J]. 软科学,2016,30 (12):20-23.

行为,形成的对下级政府的理性评价效应。

    本节模型中,微政务信息公开的行为主体包含微政务信息公开管理方(上级政府)及微政务信息公开供给方(下级政府)。在透明的市场环境下,上级政府对各下级政府微政务信息公开质量进行统一管理,并在激励机制中引入声誉效应,即依据当年的公众评价及内部测评,给出下级政府综合声誉评级,制定更为合理的新激励契约,约束并激励下级政府的行为。同时,下级政府经过对竞争对手、公开成本、信息公开能力 A 及声誉重要性的理性预期,结合上级政府的激励契约,计算自身损益与应付努力。此外,在声誉效应的影响下,下级政府将会更重视首次契约。为更好观测声誉效应的作用机制,本节构建了一个基于显性激励及隐性激励的两阶段动态激励模型,具体激励过程如图5-5所示。

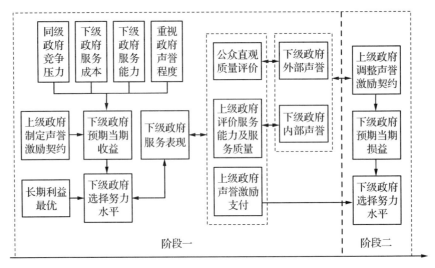

图5-5　微政务信息公开的动态激励理论模型

(一) 数理模型假设

    声誉监管的核心在于解决由上下级政府信息不对称而引起的"激励错位",提供有效监管。因此,在图5-5理论模型基础上,本节设计线性监管合同,建立基于声誉的数理模型,深入探索声誉机制对微政务信息公开服务的监管过程。相关符号的含义如表 5-14 所示。

表 5-14 符号说明

符号	具体描述	符号	具体描述
p	上下级政府契约关系的不同阶段	ρ	下级政府绝对风险规避度
κ_p	下级政府在 p 阶段的绩效产出	c_p	下级政府综合公开成本
A	下级政府的信息公开能力	λ	外部声誉效应参数
t_p	下级政府在 p 阶段的努力程度	ω	时间折现因子
S_p	上级政府给予下级政府的声誉补偿	U_{z1}	上级政府在第一阶段的整体质量绩效
α_P	满足下级政府运行微政务信息公开平台保留效用 U^0 的外生变量	U_{z2}	上级政府在第二阶段的整体质量绩效
β_p	上级政府给予下级政府的补偿激励系数	U_{q1}	下级政府在第一阶段的整体质量绩效
μ	下级政府风险偏好效用函数	U_{q1}	下级政府在第二阶段的整体质量绩效
w	下级政府从上级政府获得的实际补偿	ζ	内部声誉效应参数

假设上下级政府间的声誉契约分为两个阶段 $p=1,2$,两阶段内,下级政府微政务信息公开的绩效产出函数为:

$$\kappa_p = A + t_p + \theta_p$$

其中,$A \in (0, \sigma_A^2)$,为下级政府的信息公开能力;$\theta_p \in (0, \sigma_\theta^2)$,为不同阶段外部环境对微政务信息公开的随机干扰项,且 θ_1、θ_2 相互独立。

为提升下级政府微政务信息公开的整体绩效,上级政府与下级政府协商后,给出下级政府的声誉激励函数:

$$S_P = \alpha_P + \beta_P \kappa_P$$

其中，α_P 为满足下级政府运行微政务信息公开平台保留效用 U_0 的外生变量；β 可看作上级政府给予下级政府的补偿激励系数。

根据上下级政府的实际运作，假设上级政府为风险中性，而下级政府选择规避可能存在的风险，此时，$\mu = -t^{-\rho w}$，其中 ρ 为下级政府绝对风险规避度。

下级政府作为微政务信息公开平台的管理者，为提供优质的信息公开服务，需承担相应的维护、管理、运营等一系列成本，即下级政府综合公开成本，此时，$c_p = c(t_p) = \dfrac{1}{2}t_p{}^2$，且 $c'' = \dfrac{\partial^2 c}{\partial c_p{}^2} > 0$。

为充分研究声誉效应对上下级政府微政务信息公开行为的影响，提出以下三个假设。

假设一：公众自发形成的直观评价，在一定程度上反映了下级政府的公信力、影响力及管理能力。同级政府间愈发激烈的自由竞争，亦促使着下级政府更为重视公众的期望与诉求。为此，在第一阶段中，公众观测下级政府微政务信息公开平台的微政务信息公开表现，给出直观质量评价，形成下级政府的外部声誉。因此，假设该外部声誉效应值为 $\lambda \kappa_1$，其中 $\lambda > 0$，表示外部声誉效应参变量，下级政府微政务信息公开质量越高，声誉的溢出效应越强。

假设二：假设上下级政府皆为理性个体，双方就各自利益最大化展开博弈，且下级政府的信息公开能力 A 具有不确定性。因此，在第二阶段中，上级政府参照第一阶段中下级政府的绩效 κ_1，合理预测其信息公开能力 A，进而确定当前阶段的补偿激励系数 β。而作为微政务信息公开供给方，下级政府从理性认知得出，信息发挥作用具有连续性和长期性，为在第二阶段中获得更多的激励，下级政府选择提升其第一阶段的公开绩效 κ_1，即运用 t_1 对 κ_1 的作用机制，影响上级政府对 A 的预期。这正是内部声誉效应改变上下级政府行为的作用机制。

假设三：两阶段内，上下级政府基于自身利益最大化，展开了不完全信息博弈,为更好对比两阶段博弈中声誉对上下级政府行为的作用机制,假设在第一阶段,下级政府行为选择需考虑声誉效应,此时其行为不仅需要预测当前阶段绩效,还需合理预期其在第二阶段将产生的内部性绩效及外部性绩效;考虑到假设中政府间博弈只有两个阶段,为此,假设第二阶段无须考虑声誉效应,下级政府仅需依据当期激励契约选择行为。

(二)模型求解

考虑到模型的复杂性,利用逆向归纳法,先行求解第二阶段上级政府给予下级政府的最优补偿值。

• 求解第二阶段最优补偿

第二阶段中,基于公众评价及下级政府第一阶段服务表现,上级政府从效用最大化的角度调整声誉激励契约,下级政府则依据激励契约调整自身努力。在满足下级政府参与约束和激励相容约束的条件下,上下级政府间的第二阶段激励契约结构如下:

$$\max_{\alpha2,\beta2,t2} U_z = \max_{\alpha2,\beta2,t2} U_{z2} = \max_{\alpha2,\beta2,t2} (\kappa_2 - S_2) \tag{5-21}$$

$$(IR)\,S_2 - c_2 - \frac{1}{2}\rho\beta_2^2\sigma^2 \geqslant U^0 \tag{5-22}$$

$$(IC)\max_{t2}(S_2 - c_2 - \frac{1}{2}\rho\beta_2^2\sigma^2) \tag{5-23}$$

其中,式(5-22)代表下级政府参与约束;式(5-23)代表下级政府的激励相容约束。对上述模型进行求解,把 $S_2 = \alpha_2 + \beta_2\kappa_2$、$\kappa_2 = A + t_2 + \theta_2$、$c_2 = \frac{1}{2}t_2^2$ 代入式(5-23)中,并对 t_2 求一阶导数,得出 $c_2^* = \beta_2$;将 $c_2^* = \beta_2$ 和取等号的式(5-22)代入式(5-21)中,再对 β_2 求一阶导数,得到在第二阶段下级政府努力水平和上级政府补偿监管系数的最优值分别为 $t_2^* = \beta_2 = \frac{1}{1+\rho\sigma^2}$ 和 $\beta_2^* = \frac{1}{1+\rho\sigma^2}$。

• 求解第一阶段最优补偿

第一阶段中,上级政府在契约设计时引入声誉效应,期望减少"激励错位",以优化对下级政府的监管效用。激励过程中,下级政府选择规避可能存在的风险,而上级政府则表现为风险中性,此时,可认为上级政府的确定性等价效应与其整体绩效水平相同,得到:

$$\max_{\alpha 1,\beta 1,t 1} U_z = \max_{\alpha 1,\beta 1,t 1} U_z(U_{Z1} + \omega U_{Z2}) \qquad (5-24)$$

其中,$U_{Z1} = \kappa_1 - S_1$ 为上级政府在第一阶段的实际收益水平;$U_{Z2} = \kappa_2 - S_2$ 为上级政府在第二阶段的实际收益水平;ω 为基于时间要素的折现因子,且为外生变量。因此,式(5-24)等价为:

$$\max_{\alpha 1,\beta 1,t 1} U_Z = \max_{\alpha 1,\beta 1,t 1} U_Z[\kappa_1 - S_1 + \omega(\kappa_2 - S_2)] \qquad (5-25)$$

其中,$\kappa_p = A + t_p + \theta_p$;$p = 1,2$;$S_P = \alpha_P + \beta_P \kappa_P$。

参照理论假设,在声誉效应作用下,下级政府不仅需要考虑当前阶段的绩效,还需合理预期其在下一阶段产生的内部绩效及外部绩效。考虑到下级政府为规避风险,在微政务信息公开过程中需付出相应的时间成本,此时,下级政府两阶段的总期望绩效为:

$$U_q = U_{q1} + \omega U_{q2} + \lambda \kappa_1 - \frac{1}{2}\rho \mathrm{var}(S_1 + \omega S_2) \qquad (5-26)$$

其中,$U_{q1} = S_1 - c_1$ 为下级政府第一阶段收益;$U_{q2} = S_2 - c_2$ 为下级政府第二阶段收益;在声誉效应作用下,下级政府在第二阶段获得的声誉监管值 S_2,取决于上级政府对下级政府第二阶段的预期质量绩效 κ_2,且 κ_2 在很大程度上取决于第一阶段的预期绩效 κ_1,因此,

$$U_{q2} = E(S_2 | \kappa_1) - c_2 = \alpha_2 + \beta_2 E(\kappa_2 | \kappa_1) - c_2 \qquad (5-27)$$

其中,$\lambda \kappa_1$ 为下级政府的外部声誉效应溢出值;$\frac{1}{2}\rho \mathrm{var}(S_1 + \omega S_2)$ 为下级政府的风险成本值。

为得出 $E(\kappa_2 \mid \kappa_1)$ 的值,上级政府需先明确影响下级政府质量绩效的因子,参照数理模型 $\kappa_1 = A + t_1 + \theta_1$;同时结合理论模型可知,上级政府观测到 κ_1 值后,对下级政府的努力行为进行理性预期,得出努力期望值 $\bar{t_1}$,此时期望值 $\bar{t_1}$ 与实际值十分相近。然而,目前 A 值和 θ_1 值未知,因此,上级政府目前仅能确定下级政府的努力行为,却无法观测到 κ_1 值是信息服务能力 A 的作用结果还是外部随机干扰因素 θ_1 的作用结果。为此,令

$$\zeta = \frac{\mathrm{var}(A)}{\mathrm{var}(A) + \mathrm{var}(\theta_1)} = \frac{\sigma_A{}^2}{\sigma_A{}^2 + \sigma_\theta{}^2} \tag{5-28}$$

其中,ζ 为下级政府信息公开能力 A 的方差和公开质量绩效产出值 κ_1 的方差的比率。ζ 为一个反映出 κ_1 且包含了 A 信息大小的指标,如 A 的信息增大,ζ 值随之增大,声誉的内部性效应也随之增强。参照张维迎提出的理性预期公式及正态分布的性质,可得:

$$E(A \mid \kappa_1) = (1 - \zeta)E(A) + \zeta(\kappa_1 - \bar{t_1}) = \zeta(\kappa_1 - \bar{t_1}) \tag{5-29}$$

根据式(5-28)和式(5-29),同时参照 $\kappa_p = A + t_p + \theta_p$,得出 $E(\kappa_2 \mid \kappa_1) = \bar{t_2} + \zeta(\kappa_1 - \bar{t_1})$,$\mathrm{var}(\kappa_2 \mid \kappa_1) = (1 - \zeta^2)\sigma^2$,$\mathrm{var}(S_1 + \omega S_2) = \beta_1{}^2 \sigma^2 + \omega^2 \beta_2{}^2 (1 - \zeta^2)\sigma^2 + 2\omega\beta_1\beta_2\zeta\sigma^2$。其中,$\bar{t_1}$ 和 $\bar{t_2}$ 分别表示上级政府对下级政府在第一阶段和第二阶段努力水平的期望值。

此时,下级政府微政务信息公开在两个阶段的总期望绩效为:

$$U_q = (S_1 - c_1) + \omega(\alpha_2 + \beta_2(\bar{t_2} + \zeta(\kappa_1 - \bar{t_1})) - c_2) + \lambda\kappa_1 -$$
$$\frac{1}{2}\rho\mathrm{var}(\beta_1{}^2\sigma^2 + \omega^2\beta_2{}^2(1 - \zeta^2)\sigma^2 + 2\omega\beta_1\beta_2\zeta\sigma^2)$$

$$\tag{5-30}$$

同时,得出下级政府在参与约束与监管相容约束下的具体表达式:

$$(S_1-c_1)+\omega(\alpha_2+\beta_2(\overline{t_2}+\zeta(\kappa_1-\overline{t_1}))-c_2)+\lambda\kappa_1-$$
$$\frac{1}{2}\rho var(\beta_1{}^2\sigma^2+\omega^2\beta_2{}^2(1-\zeta^2)\sigma^2+2\omega\beta_1\beta_2\zeta\sigma^2)\geqslant U^o \tag{5-31}$$

$$\max((S_1-c_1)+\omega(\alpha_2+\beta_2(\overline{t_2}+\zeta(\kappa_1-\overline{t_1}))-c_2)+$$
$$\lambda\kappa_1-\frac{1}{2}\rho var(\beta_1{}^2\sigma^2+\omega^2\beta_2{}^2(1-\zeta^2)\sigma^2+2\omega\beta_1\beta_2\zeta\sigma^2)) \tag{5-32}$$

对由式(5-25)、式(5-31)和式(5-32)所构成声誉监管模型进行求解,把 $S_1=\alpha_1+\beta_1\kappa_1$、$\kappa_1=A+t_1+\theta_1$、$c_1=\frac{1}{2}t_1{}^2$ 代入式(5-32)中,并对 t_1 求一阶导数,得到 $t_1^*=\beta_1+\lambda+\omega\zeta\beta_2$;把 $t_1^*=\beta_1+\lambda+\omega\zeta\beta_2$ 和取等号的式(5-31)代入式(5-25)中,对 β_1 求一阶导数,得到 $\beta_1^*=\dfrac{1-\omega\beta_2\zeta\rho\sigma^2}{1+\rho\sigma^2}$。

综上,在第一阶段,下级政府努力水平和上级政府补偿激励系数最优值分别为 $t_1^*=\beta_1+\lambda+\omega\zeta\beta_2$ 和 $\beta_1^*=\dfrac{1-\omega\beta_2\zeta\rho\sigma^2}{1+\rho\sigma^2}$。

• 模型结果分析

新时代下,下级政府对微政务信息公开平台声誉的重视程度不高,为此,基于下级政府的微政务信息公开质量,对比分析上下级政府在第一阶段(考虑声誉效应)及第二阶段(不考虑声誉效应)的动态激励模型,对上下级政府的行为进行分析。模型求解结果如表5-15所示。

表5-15 不同阶段下微政务信息公开激励结果对比

	第一阶段	第二阶段
下级政府努力水平	$t_1^*=\beta_1+\lambda+\omega\zeta\beta_2$	$t_2^*=\dfrac{1}{1+\rho\sigma^2}$
上级政府补偿激励系数	$\beta_1^*=\dfrac{1-\omega\beta_2\zeta\rho\sigma^2}{1+\rho\sigma^2}$	$\beta_2^*=\dfrac{1}{1+\rho\sigma^2}$

推论1:引入声誉效应后,上级政府在第一阶段对下级政府的激励效用显著,下级政府的努力水平较第二阶段明显增高。

根据 $t_1^* = \beta_1 + \lambda + \omega\zeta\beta_2$、$t_2^* = \beta_2$ 可知,声誉效应对下级政府在努力水平的提升上有一定激励作用。若 $\beta_2^* = 0$,则 $t_2^* = \beta_2 = 0$,即当上级政府不给予固定补偿外的激励,下级政府的努力水平随着激励的减少而减少;若 $\beta_1 = 0$,即上级政府只给予下级政府固定补偿,此时,$t_1^* = \lambda + \omega\zeta\beta_2 > 0$,即当上下级政府在签订契约时引入声誉机制,上级政府对下级政府的激励机制有效,即使上级政府只给予下级政府固定补偿,下级政府亦将付出大量"额外"努力。

推论 2:引入声誉效应后,下级政府的行为受到外部声誉及内部声誉的共同作用,其努力水平随着声誉值的提升而提升。

根据 $t_1^* = \beta_1 + \lambda + \omega\zeta\beta_2$ 可知,在上下级政府的第一阶段契约中(考虑声誉效应),下级政府在微政务信息公开中的努力水平,不仅仅受该阶段的补偿激励系数值 β_1 的作用,还受到下级政府的外部声誉效应值 λ 及内部声誉效应值 ζ 的作用,且其作用方向为正向。这充分表明,当声誉效应的内部性及外部性作用越大时,下级政府在该阶段投入的努力水平越高。

推论 3:引入声誉效应后,上级政府给予下级政府的激励补偿系数随其对内部声誉重视程度的升高而降低。

已知 $\beta_2^* = \dfrac{1}{1+\rho\sigma^2}$、$\beta_1^* = \dfrac{1-\omega\beta_2\zeta\rho\sigma^2}{1+\rho\sigma^2}$,根据 $\beta_2^* - \beta_1^* = \dfrac{\omega\beta_2\zeta\rho\sigma^2}{1+\rho\sigma^2} = \dfrac{\omega\zeta\rho\sigma^2}{(1+\rho\sigma^2)^2} > 0$ 得出,$\beta_1^* < \beta_2^*$,即相较于未考虑声誉的第二阶段契约,上级政府在第一阶段需要给予下级政府的补偿激励系数减小。这也表明,在契约中引入声誉效应,有助于激发下级政府的主动性,优化上级政府给予下级政府的最优补偿激励系数,使得上级政府可以用更少的补偿激励下级政府付出更多的努力,在一定程度上能够避免上级政府对下级政府的"激励错位"现象。

5.3.2 质量监管委托代理模型的实证分析

通过基于声誉的上下级政府委托代理模型,不难推断下级政府风险偏好程度 ρ、外部声誉效应参数 λ、内部声誉效应参数 ζ 等动态因素对下级政府努力水平 t 和上级政府最优决策的影响。由已有条件可知,绝对风险规避度 $\rho>0$,外部声誉效应参数 $\lambda>0$,内部声誉效应参数 $\zeta>0$。

(一)数据来源

为使微政务动态声誉激励更有实践意义,本文以《2018 年人民日报·政务指数·微博影响力报告》中影响力前 10 的政务微博为例,将报告中"传播力指数"处理后视为"下级政府付出的努力 t";将"前十位政务微博在平台建设中投入的综合公开成本"进行数值处理后视为"下级政府综合公开成本 c";将"认同度指数"处理后视为"下级政府的公众认同程度";将"2017 年给予下级政府微博政务建设的财政补贴"估算为"补偿激励系数 β";将"互动力指数"和"公开力指数"进行数值处理后视为"下级政府信息公开能力 A"。在上述数据处理的基础上,结合计算机仿真模拟,模拟声誉效应对上下级政府行为的作用机制。

(二)仿真分析

• 两阶段最优努力水平对比

基于上述的数据来源,利用 MATLAB 2016,将相关参数值设定为时间折现因子 $\omega=0.4$,外部声誉效应系数 $\lambda=0.9$,内部声誉效应 $\zeta=0.1$,$\sigma=0.4$,以便观察当相关参数确定时,绝对风险规避系数 ρ 对下级政府最优努力水平的影响。同时,进一步分析在绝对风险规避系数 ρ 随机的情况下,声誉效应对下级政府最优努力水平的作用过程。仿真结果如图 5-6 所示。

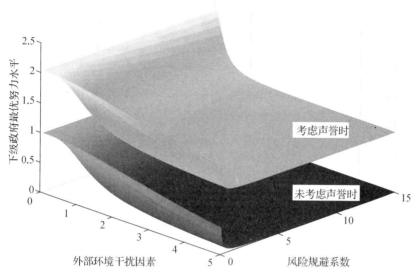

图 5-6　两阶段最优努力水平对比

基于图 5-6,可以看出,不论是否考虑声誉对微政务信息公开的影响,风险规避系数 ρ 与下级政府的最优努力水平 t 呈负相关,即下级政府越趋向于规避未知风险,其越趋向于减少在微政务信息公开工作中投入努力。

此外,基于图 5-6 可进一步比较,在微政务信息公开过程中,当在风险规避系数 ρ 随机变化的情况下,下级政府在第一阶段(考虑声誉)与第二阶段(不考虑声誉)时其最优努力水平 t 的总体变化趋势。分析后可知,不论下级政府的风险规避程度 ρ 为何数值,声誉皆对下级政府的最优努力水平 t 选择产生正向影响。现实生活中,下级政府在声誉效应作用下,为实现自身利益最大化,将选择增加其在微政务信息公开工作上的努力,以期提升公众的满意度与上级政府的认可度,进而获取更多的公众认可与财政补贴。

- **两阶段最优激励系数对比**

基于图 5-7 可以看出,不论是否考虑声誉对微政务信息公开的影响,风险规避系数 ρ 与上级政府的最优激励系数 β 间也呈负相关,即下级政府越趋向于规避未知风险,上级政府对下级政府的综合评价越低,其给予的激励程度也将随之降低。

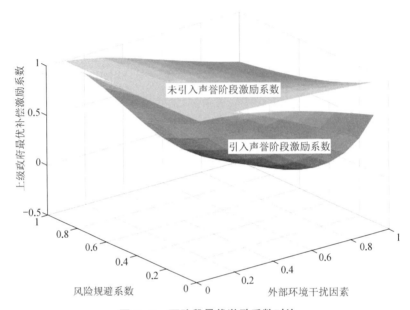

图5-7 两阶段最优激励系数对比

此外,基于图5-7可进一步比较在微政务信息公开过程中,当在风险规避系数 ρ 随机变化的情况下,上级政府在第一阶段(考虑声誉)与第二阶段(不考虑声誉)时的最优激励系数 β 的总体变化趋势。分析后可知,不论下级政府的风险规避程度 ρ 为何,声誉对上级政府的最优激励系数 β 选择产生正向影响。对比未考虑声誉的第二阶段,上级政府在第一阶段仅需给予下级政府更低的激励,便能激励下级政府付出相同的努力。现实生活中,考虑声誉能在一定程度上减轻上级政府给予下级政府的财政补贴压力,同时能够在一定程度上增强下级政府在微政务信息公开中的积极性。

综上,图5-6和图5-7验证了推论1,为了进一步研究内外部声誉效应系数对下级政府最优努力水平和上级政府最优激励水平的影响,再次利用 MATLAB 2016 进行仿真研究,并参考曹启龙①的研究结果,将参数值设定为 $\rho=0.5$、$\sigma=1.1$、$\omega=0.4$。由此,可得图 5-8 和图 5-9。

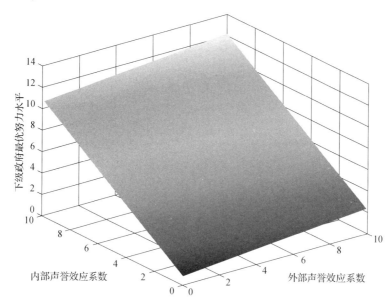

图 5-8　内外部声誉效应系数对最优努力水平的影响

图 5-8 验证了推论 2,显示了内部声誉及外部声誉对下级政府最优努力水平的作用机制。可以看出,当内部声誉、外部声誉参数越高,下级政府将越愿意去提升其最优努力水平。现实中,则可视为此时下级政府致力于构建服务型政府,愈发重视公众评价,并愿意为提升自身外部声誉付出更多的努力,以期获取上级政府更高的认同度。

此外,基于图 5-8 可知,相较于外部声誉效应系数,内部声誉效应系数更有利于促进下级政府最优努力水平的提升,换而言之,相比于公众对下级政府机构微政务的直观评价,上级政府对下级政府的理性评价更有

①　曹启龙,周晶,盛昭瀚. 基于声誉效应的 PPP 项目动态激励契约模型 [J]. 软科学,2016,30 (12):20-23.

助于促进其最优努力水平的提高,即内部声誉效应系数对下级政府最优努力水平提高发挥着更为重要的作用。

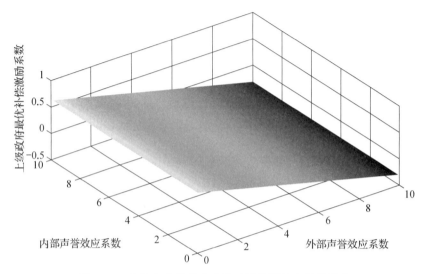

图 5‐9　内外部声誉效应系数对最优激励水平的影响

图 5‐9 验证了推论 3,显示了内部声誉对上级政府需要给予下级政府的最优补偿激励系数的作用机制。可以看出,内部声誉效应对最优补偿激励系数作用明显。在下级政府可接受范围内,当内部声誉参数越高,上级政府需要给予下级政府的激励越低。现实中,下级政府在声誉影响下,更注重长远绩效,愿意付出更多的努力,以争取下一阶段的高补偿。

5.4　本章小结

本章通过建立演化博弈模型与委托代理模型,对微政务信息公开质量监管进行了分析,实证分析结果如下。

在未考虑声誉的情况下,若管理者的监管收益无法弥补监管成本,且供给者愿意支付的寻租成本 $S \geqslant 30$,即供给者为了免受惩罚支付给管理者礼金的金额超过管理者监管收益 30% 的时候,演化博弈曲线的稳定点

为 $F_1(0,1)$,即可能会出现管理者包庇供给者的情况。

在考虑声誉的情况下,随着声誉转换系数 γ 越来越大直至 $\gamma=0.5$ 的时候,此时演化博弈轨迹的稳定点为 $F_3(1,0)$,即,若将声誉转化系数设置为 0.5,此时管理者不仅对供给者声誉激励所用的成本最小,且供给者提供高质量微政务信息的动力也没有明显减弱,演化博弈的最终结果为供给者自觉提供高质量微政务信息。

当供给者声誉水平 E 较低时,管理者无论扩大还是缩小标准声誉惩罚系数($FK=1$)的数值,供给者行为的演化博弈曲线的稳定点都是 $F_1(0,1)$,此时声誉惩罚机制无法发挥正向作用,即使微政务信息管理者选择监管策略,供给者依然会提供低质量的微政务信息。

当供给者声誉水平 E 较高时,若管理者将声誉惩罚系数 FK 设置为 1.4,此时的稳定点可近似看作是 $F_1(0,1)$。由于惩罚过重,无法对供给者起到正向引导作用;若将 FK 设置为 0.2 到 0.8 之间,此时到达的稳定点坐标值完全一致,可以近似看作是 $F_3(1,0)$,声誉惩罚机制不仅可以发挥正向作用,而且所达到的效果也完全相同;若将 FK 设置为 1.1,此时的稳定点可近似看作是 $F_3(1,0)$,声誉惩罚机制可以发挥正向作用,且达到的效果也是显著的。

微政务信息公开过程中,静态激励相较单一,引入声誉效应后的动态激励为优化上级政府对下级政府的监管机制做出了重要贡献。其中,声誉的内部效应在提升下级政府努力程度的同时,能够降低下级政府对激励补偿的需求;声誉的外部效应带动了下级政府的信息公开积极性,促使下级政府进一步提升努力程度。

对此,本文提出以下建议。

第一,重视声誉机制建设,降低寻租机会。为了正向引导供给者的行为,减少寻租行为的发生,首先应提高公众的反腐意识,可以设立相应的奖励措施,鼓励群众曝光寻租行为的发生;同时,对选择寻租行为的供给者和包庇供给者的管理者都应适当加大惩罚力度;最后,通过完善信息系统、健全信息公开法律及监管制度，可以提高政务信息发布的公开性和透明度，为民众监管政务工作提供方便、快捷的通道，从根本上降低供给者的寻租机会。

第二，合理设置声誉转换系数，降低管理者激励成本。在引入声誉机制后，随着微政务管理者设置的声誉转化系数的提高，其付出的为引导供给者行为正向发展的成本也会有所提升。考虑到管理者能提供的资金有限，为了使管理者在付出最小激励成本的同时依然能保证供给者自觉主动地提供高质量微政务信息，必须设置合理的声誉转换系数。本章通过实证研究发现，当管理者将声誉转化系数设置为 0.5 时，供给者可以获得相应的财政和政策上的补贴，其提供高质量的微政务信息的动力并没有减弱，而此时管理者所需付出的激励成本却降到了最低。

第三，提升声誉水平，注重声誉惩罚实效。在声誉机制建设和声誉激励的推动下，声誉水平的提升势在必行。与此同时，对于不同声誉水平的微政务信息供给者而言，管理者需要设置合理的声誉惩罚系数。本章通过实证研究发现，当供给者声誉水平 E 较高时，管理者设置的声誉惩罚系数应该略微大于标准声誉惩罚系数（$FK=1$），即针对较高声誉水平的供给者，应该适当加重对供给者的惩罚，此时声誉惩罚发挥的正向作用更加显著，同时微政务信息供给者提供高质量微政务信息的动力也略微有加强。

第四，制定动态声誉激励契约，改善内部"激励错位"现象。上级政府已有的监管措施中，采用的激励方式多为显性激励，其评判标准较为单一，易造成"激励错位"，进而形成监管漏洞。基于推论 2 和推论 3，在微政务信息公开过程中，内部声誉效应对下级政府最优努力水平、补偿激励系数的正向作用明显。为此，从统筹兼顾微政务信息公开监管的角度出发，上级政府应在已有监管措施的基础上，考虑不同阶段下下级政府的风险偏好、公开能力等的变化，实施动态的声誉激励手段。例如，上级政府应定期考察，合理评定下级政府内部声誉，并阶段性调整激励契约，将短期激励与长期激励、显性激励与隐性激励相结合,从而改善"激励错位"现象,同时推动下级政府减少投机行为,促使其提高自身努力。

第五,构建大数据评价体系,优化外部声誉评定机制。大数据时代的到来,推动了政务信息向数字化、标准化方向演变,亦改变了现有的微政务信息公开的监管评价体系。根据推论2,外部声誉效应对下级政府努力水平的正向作用明显。公众及媒体对于微政务信息公开质量的评价,在一定程度上反映政府的公信力水平。为此,上级政府应改进现有评价指标,构建基于大数据的微政务信息评价体系,根据下级政府在微政务信息公开范围、时效、内容、平台建设及运营等方面的综合展示,制定合理评定下级政府外部声誉值的长效机制。

第六,树立大局观,打造微政务信息服务品牌。同级政府的竞争、上级政府的指标、群众的期望,皆推动着下级政府转变思想观念,帮助其树立大局观,打造微政务信息公开平台的品牌。根据推论1,声誉效应对下级政府的行为选择存在明显正向激励作用。为此,下级政府应与时俱进,立足于构建政府声誉效应,从用户、内容、场景和关系出发,树立微政务信息公开平台运营的产品化思维,创新服务的供给与体验模式,注重亲民、互动与个性化,从而打造最经济的高效益、高价值、高声誉的微政务信息公开平台。

第六章 微政务信息公开质量激励分析

当前,我国微政务信息公开施行方(下级政府)的行为易受外部环境、公平心理等因素的影响,且"激励缺失""激励错位"等严重影响着委托代理主体(上级政府与下级政府)的行为选择,使得下级政府信息披露意识差、意愿弱,甚至引发"披露拖沓""虚假披露""选择性披露"等质量问题。因此,如何协同上级政府与下级政府,充分利用信息传递模式,影响下级政府信息公开的各个阶段,推动下级政府优化信息公开质量,不断优化现有的质量激励模式,已成为当前的发展目标。本章采用定性与定量相结合的分析方法,摒弃传统的线性激励模型,依托 Cobb-Douglas 函数①,展开对微政务信息公开主体(上级政府与下级政府)的分析,进而探寻主体行为对微政务信息公开质量的作用机制,构建多任务目标下的微政务信息公开质量优化的激励模型。

6.1 微政务信息公开质量激励的相关研究工作

信息全球化大背景下,我国政府的信息化程度正在不断加深,微政务信息公开已然成为公民评价政府服务水平的重要标准,信息的公开化、透

---

① 陈勇强,傅永程,华冬冬. 基于多任务委托代理的业主与承包商激励模型 [J]. 管理科学学报,2016,19(4):45-55.

明化逐渐成为影响政府声誉的关键因素之一。纪雪梅、朱晓峰等、张琳等基于文献计量法，对已有微政务信息公开的研究主题、发展脉络等进行了分析梳理，发现关于微政务信息公开的研究主要是对政府微政务信息公开平台、信息公开范围的界定，基本不涉及信息公开的质量问题。①②③

随着反腐倡廉工作的逐步推进，学者们开始将思路转向微政务信息公开的质量研究，正如 F. Sá 等所论述的，"微政务服务效率、效益、质量是决定电子政府项目失败或成功的关键问题之一"④。

起初，学者们的研究聚焦于公开信息质量的概念界定、影响因素及维度分析。A. Lee、Y. Levy 等对关键信息质量要素进行了分类⑤⑥；莫祖英等基于已有的信息质量述评，深入分析并归纳了影响政务信息公开的核心质量维度⑦；T. Ludwig 等归纳了 Twitter、微博等政务信息平台的特性，提出了基于紧急舆情的动态质量度量的概念⑧；C. Reuter 等在前期研

---

① 纪雪梅. 我国高校电子政务学位论文计量分析 [J]. 图书情报工作，2012，56 (13)：24 - 28.

② 朱晓峰，崔露方，陆敬筠. 国内外政府信息公开研究的脉络、流派与趋势——基于 WOS 与 CNKI 期刊论文的计量与可视化 [J]. 现代情报，2016, 36 (10)：141 - 148.

③ 张琳，倪超，朱晓峰. 基于计量与可视化的国内外微政务对比研究 [J]. 现代情报，2017, 37 (12)：138 - 143.

④ Sá F, Álvaro Rocha, Cota M P. Potential dimensions for a local e-government services quality model [J]. Telematics & Informatics，2016，33 (2)：270 - 276.

⑤ Lee A. An empirical investigation of the role of information quality in citizens' trust in e-government systems. [J]. Dissertations & Theses-Gradworks，2011 (1)：149 - 156.

⑥ Levy Y, Lee A. The effect of information quality on trust in e-government systems' transformation [J]. Transforming Government People Process & Policy，2014，8 (1)：76 - 100 (25).

⑦ 莫祖英，白清礼，马费成. "政府公开信息质量"概念及内涵解析 [J]. 情报杂志，2015, 34 (10)：151 - 155.

⑧ Ludwig T, Reuter C, Pipek V. Social haystack：dynamic quality assessment of citizen-generated content during emergencies [J]. ACM Transactions on Computer-Human Interaction，2015，22 (4)：1 - 27.

究的基础上，设计了基于微政务信息公开的可跟踪质量评价服务①。

随着对微政务公开质量问题的进一步深入研究，学者们渐渐将研究焦点转向因素间的内在关联及质量的评价分析。杨峰等基于用户对于信息表达、内容及效用层面的认知，对政务微博的信息质量进行模糊综合评价②；李宗富等则立足于政务微信服务质量的影响因素进行了关联分析③；张晓娟等和李志刚等设计了基于用户满意度的"三微一端"服务质量评价模型，以期通过实证研究提升微政务信息公开水平④⑤。

目前，已有研究大多为定性分析，叶佳、同杨萍等基于微政务服务质量、绩效指标构建进行了理论探索⑥⑦；或是部分考虑政府信息公开质量的定量研究，如 J. Wu 等、王学军等实证探索了不同地区微政务信息公开的绩效，不过他们基于事后的绩效分析缺乏基于事前、事中的定量模型优化以及对微政务信息公开质量的提升⑧⑨。更为遗憾的是，现有的研究视

①　Reuter C，Ludwig T，Ritzkatis M，et al. Social-QAS：tailorable quality assessment service for social media content［J］. 2015，9083：156 - 170.

②　杨峰，史琦，姚乐野. 基于用户主体认知的政府社交媒体信息质量评价——政务微博的考察［J］. 情报杂志，2015，34（12）：181 - 185.

③　李宗富，张向先. 政务微信公众号服务质量的关键影响因素识别与分析［J］. 图书情报工作，2016，60（14）：84 - 92.

④　张晓娟，刘亚茹，邓福成. 基于用户满意度的政务微信服务质量评价模型及其实证研究［J］. 图书与情报，2017（2）：41 - 47.

⑤　李志刚，徐婷. 电子政务信息服务质量公众满意度模型及实证研究［J］. 电子政务，2017（9）：119 - 123.

⑥　叶佳. 基于因子分析的政务微博绩效评价模型研究［J］. 商，2015（9）：214 - 215.

⑦　同杨萍，高洁. 公众视角的政府电子信息服务质量评价概念模型构建［J］. 情报理论与实践，2017，40（8）：1 - 7.

⑧　Wu J，Guo D. Measuring e-government performance of provincial government website in China with slacks-based efficiency measurement［J］. Technological Forecasting & Social Change，2015，96：25 - 31.

⑨　王学军，王子琦. 政民互动、公共价值与政府绩效改进——基于北上广政务微博的实证分析［J］. 公共管理学报，2017（3）：31 - 43.

角多立足于单一任务,局限于线性优化,忽视了政府在微政务信息公开过程中面临的多方位、全面性要求,与下级政府微政务信息公开面临的多任务、多目标的实际情况不能完全契合。

综上,本章引入 Cobb-Douglas 函数,定量分析在多任务情况下,微政务信息公开中的主体(上级政府与下级政府)的选择行为对微政务信息公开质量的作用机制,寻求更为有效的优化微政务信息公开质量的途径和手段,实现政府之间、政府社会之间的良性互动。

6.2　微政务信息公开质量优化的激励模型构建

本节将立足于定性研究,基于下级政府的信息传输过程,分析微政务信息公开行为的影响因素,确定并选取全面、合理的微政务信息公开质量指标,构建微政务信息公开质量评价基本框架;基于微政务信息公开质量评价基本框架,结合契约理论展开相关假设,构建考虑多任务的微政务信息公开质量优化的激励模型,求解得出最优努力水平与最优激励系数,为后续分析奠定基础。

6.2.1　微政务信息公开质量优化的概念框架构建

(一) 微政务信息公开过程分析

下级政府的信息公开行为与我国政府信息披露有相似之处,可理解为一个信息传输过程,借鉴 Lasswell 提出的基础信息传输 5W 模型[①],下级政府在信息传输过程中,需确定信息传播者、信息内容、传播信道与接收者等基本传输要素(图 6 - 1)。

---

① 郭媛媛. 构建"阳光国企":非上市国有企业信息披露制度研究［M］. 中国社会科学出版社,2015.

图 6 - 1　基础信息传输模型

信息公开作为信息传输的一种形式,虽仅涉及下级政府的行为,但往往包含公众、企业等多个利益主体。当前微政务信息公开的主要矛盾皆起源于利益主体间的利益冲突,即下级政府的自利倾向与公众的知情权间的冲突。如果说微政务信息公开是国家行政权力透明化的重要载体,那么微政务信息公开(信息社会化)是下级政府全方位将其政府行为通过披露方式向广大公众传递的过程。基于此,本章对信号理论进行分析,并参照信息传输模型构建了基于微政务信息公开的信息传输模型。如图 6 - 2 所示,下级政府在传输信息过程中,主要涉及以下主体:下级政府(信息传播者)、公众(信息接收者)、上级政府(信息监管者)。

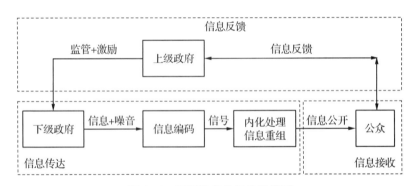

图 6 - 2　下级政府信息传输模型

基于图 6 - 2,可以整合出微政务信息公开的信息传输过程,具体而言,第一个环节为信息传达环节,在该环节,下级政府作为信源(信息传播者),将未经处理的非标准下级政府信息,进行脱敏处理和信息重组,翻译成客观、简明、清晰、易懂的文字、语言或图像,选择传播信道,实施信息外部化,及时传递给公众。然而,在信息传达过程中,下级政府极有可能受到"噪声"干扰,即下级政府管理层为保证自身利益最优,释放"扰乱信号"，造成传递的信息存在有效性、真实性、及时性欠缺的情况。第二个环节为信息接收环节，在该环节，公众作为信宿（信息接收者），在信息不对称情况下，基于下级政府披露的运营信息、重大事项等，实施信息分析、选择、转化，进一步整合为自己能够理解的内容。第三个环节为信息反馈环节，公众作为信宿（信息接收者），经信息接收环节后，对下级政府所披露的信息做出综合评价，并将信息反馈给上级政府（信息监管者），上级政府进行信息核实，整合内外部的下级政府信息，评价下级政府的信息公开绩效，进而对下级政府实施督促披露、行为监管与优化激励行为。

众所周知，在下级政府信息社会化过程中，下级政府、上级政府、公众等行为主体，存在"公众—上级政府—下级政府"的委托代理关系。其中，考虑到上级政府对下级政府信息公开行为的实际监管、激励作用，且微政务信息公开与上级政府、下级政府的行为选择息息相关，本节将"上级政府—下级政府"的委托代理关系作为研究的落脚点，进一步分析影响上级政府与下级政府行为选择的因素。

（二）微政务信息公开行为影响因素分析

基于图 6-2 的下级政府信息传输模型，同时根据微政务信息公开中存在上级政府委托、下级政府代理的关系，本节将上级政府划为微政务信息公开行为的监管方，将下级政府划为微政务信息公开行为的施行方。更准确地说，微政务信息公开过程可归纳为上级政府作为微政务信息公开的监管方，对处于微政务信息公开施行方的下级政府落实监管、激励等行为，促使下级政府在综合考虑公开成本、公开激励等影响因素后，选择优化现有信息公开质量，最终实现系统效益最大化的目标。

然而，在上级政府与下级政府信息公开的委托代理关系中，推进下级政府优化其信息公开质量的策略需建立在对下级政府合理、有效的激励机制上。激励机制的构建，则需立足于对行为主体充分了解的基础上，因此对影响主体行为的主要因素进行梳理至关重要。本节基于已有研究，对影响政府信息公开过程的因素进行分析,进而归纳、梳理出影响微政务信息公开监管方与施行方行为的主要因素(图6-3)①。

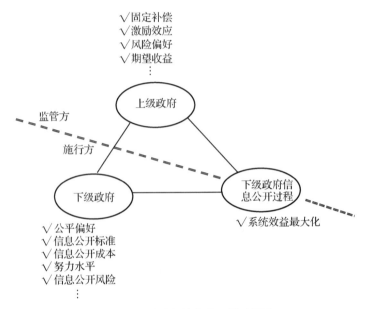

图 6-3　微政务信息公开影响因素

学者们基于下级政府选择行为影响因素的相关研究,为本节提供了更多的思考空间,参照已有研究,本节进一步拓展思路,确定并选取了影响微政务信息公开行为的多种因素,就相关影响管理方与实施方行为的因素展开详细论述。

• 下级政府微政务信息公开行为影响因素

在微政务信息公开过程中,下级政府行为主要影响因素可概括为三部分。

下级政府的公平偏好:参照已有研究,下级政府对公平的偏好将直接影响行为主体的积极性与最终的行为选择。对于下级政府而言,作

---

① 崔露方,朱晓峰,赵柳榕. 大数据时代的上下级政府信息公开行为研究 [J]. 图书馆,2017 (10):6-12.

为微政务信息公开行为的施行方，下级政府实施长期、高质量的微政务信息公开，必然需要投入大量人力、物力及时间，且将压缩"信息寻租"带来的巨大利益空间，在一定程度伤害下级政府管理者的潜在个人利益乃至潜在集体利益，实施成本高。作为"经济人"，下级政府将更重视现有的激励措施是否公平以及未来的收益是否有所提升。因此，本节将下级政府的公平偏好心理纳入影响因素考量。对于上级政府而言，作为微政务信息公开行为的监管方与激励方，上级政府承担激励与约束下级政府行为、督促下级政府实施微政务信息公开的责任，上级政府的性质决定了其对收益公平的低敏感度。因此，本节认定上级政府的公平偏好较下级政府弱，即无公平关切。

下级政府的产出收入：在微政务信息公开的委托代理过程中，下级政府为履行信息公开施行方的职责，实施更及时、有效、真实的微政务信息公开，以期达成上级政府委托的信息公开质量目标，从而放弃一部分潜在的自身利益。结合已有研究，可认定上级政府与下级政府间就信息公开展开了博弈，当下级政府在信息公开过程中获取更多的收益（如上级政府的强激励、公众的高评价等）时，下级政府将选择更高的投入，以期获取更丰厚的利益报酬；当下级政府认为投入高于收益，其将选择"信息寻租"而非信息公开。本节中，对微政务信息公开质量目标的评价主要基于以下几个衡量标准：一是下级政府自身的质能转换因子，即下级政府将已有的资源（如人力资源、专业技术等）转化为有效信息公开的能力，质能转换因子代表的是下级政府在信息公开过程中的综合应用能力；二是下级政府努力水平；三是微政务信息公开任务完成度。此外，也需将一些随机影响因素纳入目标测评范围，如外部环境因素。

下级政府的公开成本：在委托代理关系中，首先是一方主体基于合作共赢理念，给出合理收益分配方案，委托另一方主体完成指定任务，期望实现总体效益最优的目标。在微政务信息公开过程中，当下级政府接受委托，意味着其将付出相应的成本来实现产出以获取"收入"，因此公开成本应被纳入影响微政务信息公开行为的主要因素。实际上,根据信息公开过程具体内容,下级政府的公开成本包含获取信息成本、保存信息成本、加工信息成本、传播信息成本、表达成本等。具体而言,下级政府的公开成本包含智能化数据库等软硬件设备费用、网络公开下级政府建设费用、管理运营人员工资等。本节认为,下级政府实际付出的公开成本与其信息公开努力程度紧密相连,即下级政府对于公开成本的支配能力是其实现高质量信息公开目标的重要支撑。为契合实际,本节将下级政府的公开成本行为纳入影响因素考量。

- 上级政府监管激励行为影响因素

在微政务信息公开过程中,上级政府行为的主要影响因素可概括为三部分。

上级政府的激励因素:作为微政务信息公开行为的监管方,上级政府的主要职责是贯彻党中央深化下级政府改革、落实微政务信息公开的决策部署,通过构建有效激励机制,推动下级政府实施高质量、可良性循环的微政务信息公开。在上级政府实施对下级政府的激励行为时,一方面,上级政府通过对下级政府管理层的激励,减少来自下级政府管理层的"噪声",抑制"信息寻租"行为,确保下级政府实施微政务信息公开,并落实对实施低质量微政务信息公开下级政府的惩罚;另一方面,上级政府通过给予下级政府一定的微政务信息公开补偿,落实对实施高质量微政务信息公开下级政府的奖励,并进一步依据微政务信息公开的不同阶段,调整激励强度,推动微政务信息公开整体质量的提升。为契合实际,本节将上级政府的激励行为纳入影响因素考量。

上级政府的预期成本:作为微政务信息公开行为的监管方,上级政府肩负监管、约束下级政府行为,激励微政务信息公开的职责,因此在上级政府与下级政府的委托代理关系中,上级政府的主要成本为激励成本,包含固定补偿、激励比例、质量考核成本等。此外,上级政府作为"非营利性组织",承担完善下级政府经营者激励体系及约束机制的任务,有义务约束下级政府微政务信息公开行为,激励其落实高质量、可良性循环的微政务信息公开。与此同时,上级政府对下级政府的激励行为受到激励成本的约束。为契合实际,本节将上级政府的预期成本纳入影响因素考量。

上级政府的预期损失:虽然上级政府的职责是推动下级政府落实微政务信息公开行为,然而在信息公开过程中,下级政府存在的公平偏好倾向、成本关切及自利心理,皆将引发下级政府的高激励需求或不配合公开行为。与此同时,上级政府总体经费有限,出于对激励成本的考量,可能满足不了下级政府的要求,导致激励不足或公开不足现象出现,进而影响微政务信息公开整体质量。因此,本节将因实施低质量微政务信息公开而引发的信任危机及声誉危机视为上级政府的预期损失,将上级政府的预期损失纳入影响因素考量。

(三) 微政务信息公开质量的质量评价框架构建

理论上,下级政府的监管管理权属于上级政府,然而上级政府与下级政府间信息的极度不对称,导致当前微政务信息公开质量问题频发。因此,为保障公民利益,规避"道德风险",上级政府需构建合理、有效的激励机制。而合理的微政务信息公开质量评价基本框架构建,将为构建激励机制以提升微政务信息公开整体质量提供参考。

因此,本节立足于微政务信息公开过程分析,综合考量影响主体行为的多个因素,并进一步归纳、梳理已有文献,设计微政务信息公开质量的评价指标,选取契合下级政府的微政务信息公开任务,形成科学、可行的微政务信息公开质量评价基本框架。

• 微政务信息公开质量评价指标设计原则

相关性强的指标设计原则是微政务信息公开质量评价基本框架有效构建的前提,结合已有文献,本节基于科学性、全面性、真实性、合理性等共性原则,结合政府与上市公司的信息公开质量判定标准,综合考量微政务信息公开的特性,强调可行性、动态性和定性定量相结合的指标设计原则,选取微政务信息公开质量评价指标。

可行性原则:由于微政务信息公开在国内发展尚未成熟,微政务信息公开的制度也不规范,相关数据公开不及时,所以指标的选取首先要考虑数据的可获取性。在保证数据可获取的情况下,要考虑指标的实用性,使得出的结果对微政务信息公开工作具有正确推动、促进作用。

动态性原则:指标体系的设计,要有一定的灵活性,确保随着微政务信息公开工作的发展和相关政策的变化,指标也可做及时修改,体现政府工作的最新动态。此外,评价指标还应该可以进行横向比较(同时期不同微政务信息公开平台中的信息)和纵向比较(不同历史时期同类型微政务信息公开平台的信息、同一个微政务信息公开平台中不同阶段的信息)。

定性与定量相结合原则:在微政务信息公开的评价体系当中,有些指标是可以通过定量的方法来表现的,如微政务信息公开平台的响应速度;还有许多因素是定性的,如信息的真实性、时效性等。因此,需要定性评价与定量评价相结合,定性和定量指标都必须具有清晰的概念和确切的计算方法。

  • **微政务信息公开质量评价指标设计的思路**

切实可行的模型设计思路,是微政务信息公开质量评价基本框架有效构建的重要保障。本节通过四个步骤完成微政务信息公开评价指标的选取:首先,分析已有文献,本着客观、全面的原则,构建微政务信息公开质量评价的指标集;其次,立足于指标定义、特点,对类似指标进行归纳、筛选,保留科学、适用的指标;再次,合理设定微政务信息公开任务;最后,构建微政务信息公开质量评价基本框架,并对相关指标界定进行说明(图6-4)。

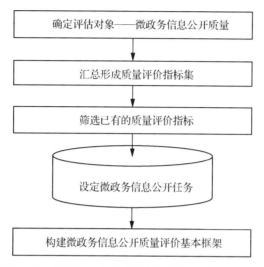

图 6-4　微政务信息公开质量评价指标的设计思路

- **微政务信息公开指标筛选**

　　利用对微政务信息公开相关文献的分析和整理,探究现有微政务信息公开质量评价指标,对已有关于微政务信息公开质量评价的文献进行归纳和总结,整理形成有参考价值的质量评价指标集(表 6-1)。

表 6-1　评价指标汇总表

研究学者/年份	评价对象	一级指标	二级指标
Ballou(1985)①	信息质量	—	准确性、完整性、一致性、及时性
Chutimaskul(2008)②	信息质量	—	保密性、完整性、服从性、可用性、有效性、可靠性

① Ballou D P, Pazer H L. Modeling data and process quality in multi-input, multi-output information systems [J]. Management Science, 1985, 31 (2): 150-162.

② Chutimaskul W, Funilkul S, Chongsuphajaisiddhi V. The quality framework of e-government development. [C] // International Conference on Theory & Practice of Electronic Governance. 2008: 105-109.

研究学者/年份	评价对象	一级指标	二级指标
Ally lee(2011)①	—	—	信息准确可靠性、完整获取性、外在表现性
张建斌(2012)②	信息质量	内容质量	有用性、客观性、准确性、完整性、连续性、安全性
		形式质量	可理解性
商兰芳(2013)③	—	可靠性	准确性、完整性、可验证性、时效性
		相关性	实质性、证明性
		—	周期、推送形式、信息量、充分性
剧晓红(2014)④	—	信息内容	增值性、及时性、完整性、准确性
沈平康、江文奇(2014)⑤	—	内容性	可靠性、针对性、完整性、新颖性、情报量
		可用性	时效性、合理性、保密性、易理解性
		成本投入	情报获取成本

① Lee A. An empirical investigation of the role of information quality in citizens' trust in e-government systems. [D]. Dissertations & Theses-Gradworks, 2011.

② 张建彬. 政府信息公开的信息质量研究 [J]. 情报理论与实践, 2012, 35 (11): 29 - 33.

③ 商兰芳. 高校财务信息公开存在的问题及对策——基于信息公开质量视角 [J]. 会计之友, 2013, 31 (12): 106 - 108.

④ 剧晓红, 李晶, 谢阳群. 政务微博的信息质量问题研究 [J]. 信息资源管理学报, 2014, 4 (4): 4 - 9.

⑤ 沈平康, 江文奇. 基于 FVIKOR 的企业竞争情报评价及应用 [J]. 情报杂志, 2014, 33 (09): 22 - 26 + 88.

续表

研究学者/年份	评价对象	一级指标	二级指标
陈峰、胡逸宬 (2015)①	—	形式维度	及时性、可靠性、情报量
		内容维度	准确性、新颖性、全面性
		用户需求维度	经济性、便利性、适用性
莫祖英(2015)②	公开信息 质量	信息质量	规范性、增值性、完备性、安全性、可靠性、可用性、可获取性、及时性、可理解性
		信息公开质量	客观性、完整性、及时性、方式多样性
王云娣(2016)③	信息公开 质量	—	及时性、全面性、准确性、便捷性、安全性
李宗富(2016)④	信息服务	信息质量	内容质量
		信息易用性	易用程度
高洁、杨欢 (2017)⑤	信息服务 质量	内容质量	专业性、整合性、丰富性、实用性、个性化
		下级政府质量	关怀性、合理性、安全性、技术保障性、多样性、清晰性
		结果质量	准确性、易获取性、及时性、多样性、时效性、针对性、可用性

①　陈峰，胡逸宬. 产业竞争情报源评价研究［J］. 情报杂志，2015，34（09）：1-5+67.

②　莫祖英，白清礼，马费成.“政府公开信息质量”概念及内涵解析［J］. 情报杂志，2015，34（10）：151-155.

③　王云娣. 我国政府信息公开质量保障机制研究［J］. 浙江师范大学学报（社会科学版），2016，41（6）：81-87.

④　李宗富，张向先. 政务微信公众号服务质量的关键影响因素识别与分析［J］. 图书情报工作，2016，60（14）：84-92.

⑤　高洁，杨欢. 基于公众需求的政府电子信息服务质量影响因素实证研究［J］. 情报理论与实践，2017，40（08）：13-18.

研究学者/年份	评价对象	一级指标	二级指标
李民(2017)①	信息内容	信息质量	准确性、实用性、可读性
		信息数量	丰富性、实时性、发布频率

　　基于表6-1可知,在评价体系的构建过程中,不同的作者会关注微政务信息公开的不同视角,对微政务信息公开质量的评价指标选择也有所不同。因此,本节结合微政务信息公开的特点,分析已有指标的相关性,在求同存异的基础上归纳合并类似指标,筛选去除与微政务信息公开相关性弱的指标(表6-2)。

表6-2　评价指标筛选表

二级指标	作　者
全面性	陈峰(2015)、王云娣(2016)
经济性、成本投入	沈平康(2014)、陈峰(2015)
及时性、实时性、时效性	Ballou(1985)、商兰芳(2013)、剧晓红(2014)、陈峰(2015)、莫祖英(2015)、王云娣(2016)、高洁(2017)、李民(2017)
可靠性、专业性、技术保障性	Chutimaskul(2008)、Ally lee(2011)、商兰芳(2013)、沈平康(2014)、陈峰(2015)、莫祖英(2015)、高洁(2017)
准确性、针对性、相关性	Ballou(1985)、Ally lee(2011)、张建斌(2012)、商兰芳(2013)、剧晓红(2014)、沈平康(2014)、陈峰(2015)、王云娣(2016)、李民(2017)、高洁(2017)
易获取性、可获取性	莫祖英(2015)、高洁(2017)
可理解性、可读性	张建斌(2012)、莫祖英(2015)、李民(2017)
完整性、充分性	Ballou(1985)、Chutimaskul(2008)、Ally lee(2011)、张建斌(2012)、商兰芳(2013)、剧晓红(2014)、沈平康(2014)、莫祖英(2015)

① 李民,谢丽彬. 服务型政府视角下政务微信公众平台服务质量评价研究［J］. 内蒙古财经大学学报,2017,15(4):85-89.

二级指标	作　者
可用性、有用性、有效性、增值性、合理性、实用性	Chutimaskul(2008)、张建斌(2012)、剧晓红(2014)、沈平康(2014)、陈峰(2015)、莫祖英(2015)、高洁(2017)、李民(2017)
保密性、安全性	Chutimaskul(2008)、张建斌(2012)、沈平康(2014)、莫祖英(2015)、王云娣(2016)、高洁(2017)
创新性、新颖性、个性化、多样性	沈平康(2014)、陈峰(2015)、莫祖英(2015)、高洁(2017)

已有的微政务信息公开质量的评价研究基本准确、详细地考虑了应当具备的指标体系，因此，本文基于已有理论成果，假设微政务信息公开质量的评价指标包括以下 11 项：全面性、及时性、经济性、可靠性、可用性、完整性、准确性、易获取性、保密性、可理解性、创新性。

（四）微政务信息公开质量评价基本框架构建

合理的微政务信息公开多任务设定，可为优化现有激励以提升微政务信息公开整体质量提供参考，而每一项任务的设定，皆应从实际需求出发，与微政务信息公开的各项评价指标相匹配，力求质量评价基本框架精简易懂。

考虑到任务设定的复杂性，本节参考莫祖英、白青礼、马费成等对政府公开信息质量概念及内涵的界定，基于上级政府对微政务信息公开质量的要求，将微政务信息公开质量分为公开质量 a 和信息质量 b，并将微政务信息公开任务设定为公开范围任务、公开时间任务、公开费用任务及公开内容任务四项。其中，公开质量包含公开范围任务、公开时间任务与公开费用任务，信息质量包含公开内容任务，任意一项任务的变动，必然会影响其他三项中的至少一项也发生变动。

与此同时，本节梳理了全面性、及时性等 11 项质量评价指标的定义，以便更好地实现任务与指标间的匹配（表 6 - 3）。

表 6-3 指标定义分析表

指标	定　义	所属任务
全面性	除法律、行政法规等规定的不予披露的信息外,下级政府应全面披露经营管理、财务状况、社会责任履行等信息	公开范围
及时性	对于已经发生的事项,下级政府应在一定时间内进行确认并披露,不得推迟信息公开的时间,以保证信息的时效性	公开时间
经济性	在信息公开过程中,下级政府试图以最少的资源损耗,实现最高的效率或换取最大的绩效	公开费用
可靠性	信息内容是否值得信任,主要通过公众对下级政府公开信息的满意度及信赖程度来衡量	公开内容
可用性	信息内容的可使用程度,即下级政府公开的信息是否能被公众有效使用,信息质量是否能使公众满意	
完整性	在传输信息过程中,下级政府向公众公开的信息,其内容未被篡改或删减	
准确性	信息内容的准确度,即下级政府向公众公开的信息是真实准确的	
易获取性	下级政府应通畅信息传输渠道,简化公众申请公开流程,在不违背保密性的基础上,保证下级政府信息易于被获取	
保密性	下级政府不对外公开在法律、行政法规等规定范围内的需要保密的信息	
可理解性	下级政府向公众公开的信息,其内容应在实现完整性的基础上,保证信息能被大部分公众理解	
创新性	下级政府在处理信息内容时,应寻求新的方式、方法去优化现有的信息公开	

　　立足于 11 项质量评价指标的定义,结合上级政府对微政务信息公开任务的要求,对定义进行分类归纳,并将全面性指标纳入公开范围任务,及时性指标纳入公开时间任务,经济性指标纳入公开费用任务,可靠性、可用性、完整性、准确性、易获取性、保密性、可理解性、创新性指标等 8 项

指标则纳入公开内容任务,本节构建微政务信息公开质量评价基本框架
(图 6-5)。

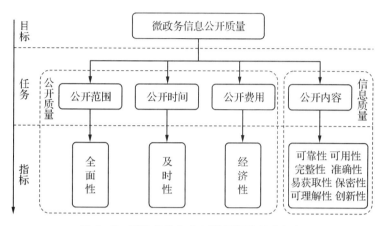

图 6-5　微政务信息公开质量评价基本框架

综上,根据下级政府的基础信息传输过程可知,激励模型主体应是上
级政府与下级政府,激励合同中应包含公开范围、公开时间、公开费用、公
开内容四项信息公开任务。与此同时,激励合同的构建,应参照影响主体
行为的因素,即应考虑下级政府对公平偏好、产出收入、公开成本等因素
的关切,且应重视上级政府对预期成本、预期损失等因素的关切。

6.2.2　微政务信息公开质量优化的激励模型构建

基于图 6-5 的微政务信息公开质量评价基本框架,结合影响主体行
为的因素,可设定模型的相关参数,进而构建微政务信息公开质量优化的
激励模型。

(一) 激励模型假设

参照微政务信息公开质量评价基本框架,激励模型应包含委托方(提
出微政务信息公开目标的上级政府)和代理方(需完成微政务信息公开目
标的下级政府)。在对微政务信息公开质量展开分析前,首先对分析中出

现的符号进行说明(表 6-4)。

表 6-4　符号说明

符号	具体描述
t_i	下级政府在微政务信息公开各项任务中付出的努力
c_i	下级政府信息公开任务的边际努力成本变化率
A	下级政府的质能转换因子
Q	下级政府实施微政务信息公开后给上级政府带来的收益
m	公开范围任务的相对重要性
n	公开时间任务的相对重要性
p	公开费用任务的相对重要性
q	公开内容任务的相对重要性
ε	外部环境对微政务信息公开造成的随机干扰
S	上级政府对下级政府优化微政务信息公开质量给予的补偿函数
α	上级政府对下级政府优化微政务信息公开质量给予的固定补偿
β	上级政府对下级政府优化微政务信息公开质量给予的激励系数
Q_0	下级政府实现基本质量目标后所带给上级政府的收益
μ	下级政府实施微政务信息公开的效用函数
w	下级政府实施微政务信息公开的实际质量绩效
ρ	下级政府的风险偏好程度
EV	下级政府将获得的确定性补偿
EU	上级政府的期望收益

假设 1:基于下级政府质量评价基本框架,假设下级政府微政务信息公开任务包含四项:公开范围任务、公开时间任务、公开费用任务及公开内容任务。

假设 2:用 t_i 表示下级政府在微政务信息公开过程中的总体努力。其中,t_1 表示下级政府在公开范围任务上付出的努力;t_2 表示下级政府在公开时间任务上付出的努力;t_3 表示下级政府在公开费用任务上付出的努力;t_4 表示下级政府在公开内容任务上付出的努力;$t_i > 0$ $(i=1,2,3,4)$。

假设3:将下级政府在微政务信息公开过程中大量的时间、人力、物力等投入等值为货币,假设为下级政府努力成本。微政务信息公开过程中,在任意一项任务上(如公开时间任务)投入的努力程度的提升,皆会使得下级政府在其他三项任务(公开范围、公开费用、公开内容)上投入的努力程度降低。然而,在其他三项任务上投入相同努力时,下级政府在其他三项任务上投入相同努力时需要投入的努力成本并非绝对会发生改变。

因此,考虑到质量优化激励模型的简洁性,在与微政务信息公开的现实背景相匹配的情况下,设定任务间的努力成本相互独立。此时:

$$C(t_1,t_2,t_3,t_4)=\frac{1}{2}(c_1 t_1{}^2+c_2 t_2{}^2+c_3 t_3{}^2+c_4 t_4{}^2) \quad (6-1)$$

其中,c_1、c_2、c_3、c_4 分别代表下级政府在公开范围、公开时间、公开费用、公开内容四项任务上的边际努力成本变化率,均大于 0,且 $C(t_1,t_2,t_3,t_4)$ 满足 $C_{ii}=\frac{\partial^2 C}{\partial c_i{}^2}>0$。

假设4:下级政府微政务信息的有效公开在一定程度上能够实现国有资产增值保值,因此假设上级政府的收益函数为:

$$Q(t_1,t_2,t_3,t_4)=A t_1{}^m t_2{}^n t_3{}^p t_4{}^{1-m-n-p}+\varepsilon \quad (6-2)$$

其中,A 为下级政府的质能转换因子,即下级政府将已有的资源(如人力资源、专业技术等)转化为有效信息公开的能力,质能转换因子代表的是下级政府在信息公开过程中的综合应用能力。

假设5:在不同类别、不同阶段的微政务信息公开中,下级政府对任务的重视程度不同,假设 m、n、p、q 分别代表公开范围、公开时间、公开费用、公开内容四项任务的相对重要性。此时,$q=1-m-n-p$;ε 是外部环境对下级政府微政务信息公开的随机干扰项,ε 服从正态分布(0,σ^2)。下级政府需最终完成范围、时间、费用、内容四项任务,且任何任务中的努力投入缺失都将造成微政务信息公开整体质量的严重受创。

假设 6:为激励下级政府,规范其微政务信息公开行为,上级政府在提出微政务信息公开任务的同时,将根据下级政府当前的微政务信息公开质量,给予下级政府固定补偿 α,确定相应的激励系数 β,并预先设定任务基准值 Q_0(Q_0 是上级政府与下级政府在合同中约定的下级政府需实现的微政务信息公开质量基本目标),同时上级政府可基于下级政府的微政务信息公开质量最终水平与基准值的差值给予奖惩。为增强激励机制的可参照性与实用性,补偿函数选择沿用传统的线性函数形式:

$$S = \alpha + \beta(Q(t_1, t_2, t_3, t_4) - Q_0) \qquad (6-3)$$

假设 7:基于已有的委托代理分析思维,假设上级政府不受风险影响,为风险中性;而下级政府则选择规避可能存在的风险,为风险规避型。此时,下级政府效用函数为:

$$\mu = -e^{-\rho w} \qquad (6-4)$$

其中,w 为下级政府的微政务信息公开质量实际绩效;ρ 为下级政府绝对风险规避系数。

(二) 激励模型构建

下级政府选择规避潜在的风险,遵循确定性等价的描述方法,下级政府将获得的确定性等价收入等于其实际获得补偿额的均值扣除努力成本与风险成本。已知下级政府的补偿函数为:

$$S = \alpha + \beta(Q(t_1, t_2, t_3, t_4) - Q_0) \qquad (6-5)$$

其中,$Q(t_1, t_2, t_3, t_4) = A\, t_1{}^m\, t_2{}^n\, t_3{}^p\, t_4{}^{1-m-n-p} + \varepsilon$,$\varepsilon$ 服从正态分布 $(0, \sigma^2)$。此外,在微政务信息公开过程中,一方面,需要考虑外部环境的不确定性有可能会引发下级政府隐私"外漏"风险;另一方面,需要考虑微政务信息公开可能引发行为与决策上的外部限制风险。因此,下级政府的风险成本为:

$$\frac{1}{2}\rho \text{Var}(S)=\frac{1}{2}\rho \text{Var}(\alpha+\beta(A\,t_1{}^m\,t_2{}^n\,t_3{}^p\,t_4{}^{1-m-n-p}+\varepsilon-Q_0))=\frac{1}{2}\rho\beta^2\sigma^2$$

$$(6-6)$$

此时,下级政府将获得的确定性等价收入为:

$$EV=\alpha+\beta(A\,t_1{}^m\,t_2{}^n\,t_3{}^p\,t_4{}^{1-m-n-p}+\varepsilon-Q_0)-$$

$$\frac{1}{2}(c_1\,t_1{}^2+c_2\,t_2{}^2+c_3\,t_3{}^2+c_4\,t_4{}^2)-\frac{1}{2}\rho\beta^2\sigma^2$$

$$(6-7)$$

上级政府期望收入为:

$$EU=E(Q(t_1,t_2,t_3,t_4)-S(t_1,t_2,t_3,t_4))$$

$$=A\,t_1{}^m\,t_2{}^n\,t_3{}^p\,t_4{}^{1-m-n-p}-\alpha+\beta(A\,t_1{}^m\,t_2{}^n\,t_3{}^p\,t_4{}^{1-m-n-p}+\varepsilon-Q_0)$$

$$(6-8)$$

上级政府提出下级政府质量目标是为了营造风清气正的微政务信息公开环境,推动微政务信息公开制度的发展,最大化社会福利。其给予下级政府的固定补偿 α,只影响到微政务信息公开带来的总收益在上级政府与下级政府间的分配。同时,α 的多寡取决于下级政府在补偿额度上的讨价还价能力及其保留效用。然而,α 并不直接作用于 β 和 (t_1,t_2,t_3,t_4),当 (t_1,t_2,t_3,t_4) 的值确定时,α 由下级政府的保留效用 $\bar{\mu}$ 决定。因此,上级政府的主要任务转变为如何确定给予下级政府的激励补偿系数 β,进而有效地实现确定性等价公众福利 TCE 的最大化。此时:

$$TCE=A\,t_1{}^m\,t_2{}^n\,t_3{}^p\,t_4{}^{1-m-n-p}-\frac{1}{2}(c_1\,t_1{}^2+c_2\,t_2{}^2+c_3\,t_3{}^2+c_4\,t_4{}^2)-\frac{1}{2}\rho\beta^2\sigma^2$$

$$(6-9)$$

在主体间信息不对称情况下,下级政府在面对上级政府提出的信息公开质量目标时,是选择投入努力行为还是采用"信息寻租"行为,上级政府皆无法观测。因此,为实现确定性等价社会福利的最大化目标,上级政府激励行为的选择必须满足下级政府激励相容约束条件(IC),即求解最优化问题(R):

$$\max_{\beta} TCE = A\, t_1{}^m\, t_2{}^n\, t_3{}^p\, t_4{}^{1-m-n-p} - \frac{1}{2}(c_1\, t_1{}^2 +$$

$$c_2\, t_2{}^2 + c_3\, t_3{}^2 + c_4\, t_4{}^2) - \frac{1}{2}\rho\beta^2\sigma^2$$

$$s.t\ (t_1, t_2, t_3, t_4) \in \arg\max\Big(\alpha + \beta(A\, t_1{}^m\, t_2{}^n\, t_3{}^p\, t_4{}^{1-m-n-p} - Q_0) -$$

$$\frac{1}{2}(c_1\, t_1{}^2 + c_2\, t_2{}^2 + c_3\, t_3{}^2 + c_4\, t_4{}^2) - \frac{1}{2}\rho\beta^2\sigma^2\Big)\quad (6-10)$$

（三）激励模型求解

在微政务信息公开过程中，t_i 严格为正，给定激励补偿系数 β 的值，则公式（6-10）的激励相容约束是关于 (t_1, t_2, t_3, t_4) 的极值问题。计算后得到 IC 的驻点 $M(t_1, t_2, t_3, t_4)$，满足

$$\begin{cases} \beta Am\, t_1{}^{m-1}\, t_2{}^n\, t_3{}^p\, t_4{}^{1-m-n-p} = c_1 t_1 \\ \beta An\, t_1{}^m\, t_2{}^{n-1}\, t_3{}^p\, t_4{}^{1-m-n-p} = c_2 t_2 \\ \beta Am\, t_1{}^m\, t_2\, t_3{}^{p-1}\, t_4{}^{1-m-n-p} = c_3 t_3 \\ \beta A(1-m-n-p) t_1{}^m\, t_2{}^n\, t_3{}^p\, t_4{}^{-m-n-p} = c_4 t_4 \end{cases} \quad (6-11)$$

求解可得驻点 $M(t_1, t_2, t_3, t_4)$，其中，

$$\begin{cases} t_1^* = \beta A\left(\frac{c_1}{m}\right)^{-\frac{1+m}{2}}\left(\frac{c_2}{n}\right)^{-\frac{n}{2}}\left(\frac{c_3}{p}\right)^{-\frac{p}{2}}\left(\frac{c_4}{1-m-n-p}\right)^{-\frac{1-m-n-p}{2}} \\[2mm] t_2^* = \beta A\left(\frac{c_1}{m}\right)^{-\frac{m}{2}}\left(\frac{c_2}{n}\right)^{-\frac{1+n}{2}}\left(\frac{c_3}{p}\right)^{-\frac{p}{2}}\left(\frac{c_4}{1-m-n-p}\right)^{-\frac{1-m-n-p}{2}} \\[2mm] t_3^* = \beta A\left(\frac{c_1}{m}\right)^{-\frac{m}{2}}\left(\frac{c_2}{n}\right)^{-\frac{n}{2}}\left(\frac{c_3}{p}\right)^{-\frac{1+p}{2}}\left(\frac{c_4}{1-m-n-p}\right)^{-\frac{1-m-n-p}{2}} \\[2mm] t_4^* = \beta A\left(\frac{c_1}{m}\right)^{-\frac{m}{2}}\left(\frac{c_2}{n}\right)^{-\frac{n}{2}}\left(\frac{c_3}{p}\right)^{-\frac{p}{2}}\left(\frac{c_4}{1-m-n-p}\right)^{-\frac{2-m-n-p}{2}} \end{cases}$$

$$(6-12)$$

考虑到满足下级政府激励相容约束条件(IC)的目标函数,在驻点$M(t_1,t_2,t_3,t_4)$为连续可导状态,可导出其二阶矩阵(H),进一步计算得出$H(M)$,如式($6-13$)所示。

$$H(M)=\begin{pmatrix} (m-2)c_1 & c_1^{\frac{1}{2}}c_2^{\frac{1}{2}}m^{\frac{1}{2}}n^{\frac{1}{2}} & c_1^{\frac{1}{2}}c_3^{\frac{1}{2}}m^{\frac{1}{2}}p^{\frac{1}{2}} & c_1^{\frac{1}{2}}c_4^{\frac{1}{2}}n^{\frac{1}{2}}(1-m-n-p)^{\frac{1}{2}} \\ c_1^{\frac{1}{2}}c_2^{\frac{1}{2}}m^{\frac{1}{2}}n^{\frac{1}{2}} & (n-2)c_2 & c_2^{\frac{1}{2}}c_3^{\frac{1}{2}}n^{\frac{1}{2}}p^{\frac{1}{2}} & c_2^{\frac{1}{2}}c_4^{\frac{1}{2}}n^{\frac{1}{2}}(1-m-n-p)^{\frac{1}{2}} \\ c_1^{\frac{1}{2}}c_3^{\frac{1}{2}}m^{\frac{1}{2}}p^{\frac{1}{2}} & c_2^{\frac{1}{2}}c_3^{\frac{1}{2}}n^{\frac{1}{2}}p^{\frac{1}{2}} & (p-2)c_3 & c_3^{\frac{1}{2}}c_4^{\frac{1}{2}}p^{\frac{1}{2}}(1-m-n-p)^{\frac{1}{2}} \\ c_1^{\frac{1}{2}}c_4^{\frac{1}{2}}m^{\frac{1}{2}}(1-m-n-p)^{\frac{1}{2}} & c_2^{\frac{1}{2}}c_4^{\frac{1}{2}}n^{\frac{1}{2}}(1-m-n-p)^{\frac{1}{2}} & c_3^{\frac{1}{2}}c_4^{\frac{1}{2}}p^{\frac{1}{2}}(1-m-n-p)^{\frac{1}{2}} & (-m-n-p-1)c_4 \end{pmatrix}$$

$$(6-13)$$

考虑到$(m,n,p,q)\in(0,1)$,计算$H(M)$的四阶顺序主子式H_1、H_2、H_3、H_4得出驻点$M(t_1,t_2,t_3,t_4)$即为(IC)的最大值点,将其代入最优化问题,解得最优激励系数:

$$\beta^*=\frac{1}{1+\rho\sigma^2A^{-2}\left(\frac{c_1}{m}\right)^m\left(\frac{c_2}{n}\right)^n\left(\frac{c_3}{p}\right)^p\left(\frac{c_4}{1-m-n-p}\right)^{1-m-n-p}}$$

$$(6-14)$$

此时,在公开范围、公开时间、公开费用、公开内容四项任务上的最优努力水平分别为:

$$t_1^*=\frac{A\left(\frac{m}{c}\right)^{\frac{m+1}{2}}\left(\frac{c_2}{n}\right)^{\frac{n}{2}}\left(\frac{c_3}{p}\right)^{\frac{p}{2}}\left(\frac{c_4}{1-m-n-p}\right)^{\frac{m+n+p+1}{2}}}{c_4+c_4\frac{m+n+p}{1-m-n-p}+\rho\sigma^2A^{-2}\left(\frac{c_1}{m}\right)^m\left(\frac{c_2}{n}\right)^n\left(\frac{c_3}{p}\right)^p\left(\frac{c_4}{1-m-n-p}\right)^{2-m-n-p}}$$

$$t_2^*=\frac{A\left(\frac{m}{c_1}\right)^{\frac{m}{2}}\left(\frac{c_2}{n}\right)^{\frac{n+1}{2}}\left(\frac{c_3}{p}\right)^{\frac{p}{2}}\left(\frac{c_4}{1-m-n-p}\right)^{\frac{m+n+p+1}{2}}}{c_4+c_4\frac{m+n+p}{1-m-n-p}+\rho\sigma^2A^{-2}\left(\frac{c_1}{m}\right)^m\left(\frac{c_2}{n}\right)^n\left(\frac{c_3}{p}\right)^p\left(\frac{c_4}{1-m-n-p}\right)^{2-m-n-p}}$$

$$t_3^*=\frac{A\left(\frac{m}{c_1}\right)^{\frac{m}{2}}\left(\frac{c_2}{n}\right)^{\frac{n}{2}}\left(\frac{c_3}{p}\right)^{\frac{p+1}{2}}\left(\frac{c_4}{1-m-n-p}\right)^{\frac{m+n+p+1}{2}}}{c_4+c_4\frac{m+n+p}{1-m-n-p}+\rho\sigma^2A^{-2}\left(\frac{c_1}{m}\right)^m\left(\frac{c_2}{n}\right)^n\left(\frac{c_3}{p}\right)^p\left(\frac{c_4}{1-m-n-p}\right)^{2-m-n-p}}$$

$$t_4^* = \cfrac{A\left(\cfrac{m}{c_1}\right)^{\frac{m}{2}}\left(\cfrac{c_2}{n}\right)^{\frac{n}{2}}\left(\cfrac{c_3}{p}\right)^{\frac{p}{2}}\left(\cfrac{c_4}{1-m-n-p}\right)^{\frac{m+n+p}{2}}}{c_4+c_4\cfrac{m+n+p}{1-m-n-p}+p\sigma^2 A^{-2}\left(\cfrac{c_1}{m}\right)^m\left(\cfrac{c_2}{n}\right)^n\left(\cfrac{c_3}{p}\right)^p\left(\cfrac{c_4}{1-m-n-p}\right)^{2-m-n-p}}$$

$$(6-15)$$

满足:

$$t_1^* = \sqrt{\frac{c_4 m}{c_1(1-m-n-p)}}\, t_4^*$$

$$t_2^* = \sqrt{\frac{c_4 n}{c_2(1-m-n-p)}}\, t_4^* \qquad (6-16)$$

$$t_3^* = \sqrt{\frac{c_4 p}{c_3(1-m-n-p)}}\, t_4^*$$

综上,可进一步展开对微政务信息公开质量优化激励模型的分析,深入探究质能转换因子、任务相对重要程度、边际努力成本、绝对风险规避系数、外部随机干扰因素等关键性要素对上级政府及下级政府行为的影响。

6.3 微政务信息公开质量优化激励分析

本节运用 MATLAB 仿真软件,对上一节中考虑微政务信息公开质量优化的激励模型进行模拟仿真。首先,讨论微政务信息公开过程中,质能转换因子、任务相对重要程度、边际努力成本、绝对风险规避系数、外部随机干扰因素等关键性要素对微政务信息公开主体(上级政府与下级政府)的作用机制;其次,模拟在微政务信息公开的不同阶段,下级政府面对微政务信息公开质量优化任务(公开范围、公开时间、公开费用、公开内容任务)时,其选择在各项任务上投入的最优努力水平的变化;最后,参照上一节的质量评价框架,进行算例仿真,以便更为直观地了解影响下级政府的激励因素。期望基于上述的分析与仿真,能够对指导主体行为、推动微政务信息公开质量的优化产生一定的借鉴作用。

6.3.1 微政务信息公开质量优化的激励分析

(一)下级政府努力投入分析

命题 6.1:在微政务信息公开过程中,下级政府最优努力水平与下级政府质能转换因子 A 呈正相关,与下级政府边际努力成本变化率 c_i 呈负相关。

证明:基于式(6-15)可知,$\frac{\partial t_1^*}{\partial A}>0$,$\frac{\partial t_2^*}{\partial A}>0$,$\frac{\partial t_3^*}{\partial A}>0$,$\frac{\partial t_4^*}{\partial A}>0$,且 $\frac{\partial t_1^*}{\partial c_1}<0$,$\frac{\partial t_2^*}{\partial c_2}<0$,$\frac{\partial t_3^*}{\partial c_3}<0$,$\frac{\partial t_3^*}{\partial c_4}<0$,因此,当下级政府的综合信息管理能力进一步提升,如引进专业人才、加大资金投入、更新专业设备,下级政府的质能转换因子 A 将得到进一步增强。此时,下级政府的努力转化成高质量微政务信息公开水平的可操作性更强。对下级政府自身而言,为实现微政务信息公开"复利",加快投入成本的回收,其将考虑进一步提升努力水平,以期获取公众与上级政府的认可,进而获取更高的激励,并基于此形成质量优化与收益增长的良性循环。

当微政务信息公开任务的边际努力成本变化率 c_i 增高,此时下级政府在投入大量的设备、人员等努力后,仍未能获取相应的收益,下级政府内部将产生认为激励合同不公平、不合理的消极情绪,受该类情绪影响,下级政府扩大微政务信息公开范围、增强微政务信息公开质量的积极性降低,随之将选择降低在四项公开任务上的努力水平。

基于命题 6.1,本节根据微政务信息公开质量优化的激励模型中各参数的限制条件,对参数进行赋值,并以此做数值算例,进一步验证质能转换因子与边际努力成本变化率对下级政府选择努力程度的影响。

假设 $\rho=0.6$、$\sigma^2=1$，分析质能转换因子 A 对各任务的最优努力水平的正向影响过程（表 6-5）。

表 6-5 质能转换因子 A 对最优努力水平的正向作用

质能转换因子 A	0.1	0.2	0.3	0.4	0.5	0.6	0.7	0.8
公开范围最优努力 t_1^*	0.002	0.009	0.029	0.100	0.122	0.208	0.259	0.343
公开时间最优努力 t_2^*	0.002	0.012	0.041	0.077	0.145	0.296	0.349	0.852
公开费用最优努力 t_3^*	0.002	0.013	0.061	0.159	0.157	0.403	0.346	0.482
公开内容最优努力 t_4^*	0.002	0.015	0.083	0.212	0.292	0.301	0.335	0.573

此外，假设 $\rho=0.5$、$\sigma^2=0.9$，分析下级政府边际努力成本变化率 c_i 对各任务努力水平 t_i 的负向影响过程（表 6-6）。

表 6-6 边际努力成本变化率 c_i 对最优努力水平的负向作用

公开范围努力成本 c_1	0.05	0.1	0.15	0.2	0.25	0.3	0.35	0.4
公开时间努力成本 c_2	0.1	0.1	0.1	0.1	0.1	0.1	0.1	0.1
公开费用努力成本 c_3	0.3	0.3	0.3	0.3	0.3	0.3	0.3	0.3
公开内容努力成本 c_4	0.55	0.5	0.45	0.4	0.35	0.3	0.25	0.2
公开范围最优努力 t_1^*	1.384	0.759	0.533	0.416	0.345	0.297	0.264	0.240
公开时间最优努力 t_2^*	0.489	0.380	0.327	0.294	0.273	0.257	0.247	0.240
公开费用最优努力 t_3^*	0.599	0.465	0.400	0.360	0.334	0.315	0.302	0.294
公开内容最优努力 t_4^*	0.361	0.294	0.267	0.255	0.252	0.257	0.271	0.294

基于表 6-5、表 6-6 可知，下级政府最优努力水平与下级政府质能转换因子 A 呈正相关，与下级政府边际努力成本变化率 c_i 呈负相关。

命题 6.2：在微政务信息公开过程中，下级政府最优努力水平的比重与任务相对重要性 (m,n,p,q) 呈正相关，与相对边际努力成本变化率呈负相关（其证明过程如下文关于下级政府努力投入的算例仿真所示）。

（二）上级政府最优激励静态分析

命题 6.3：在微政务信息公开过程中，最优激励系数 β^* 与下级政府质

能转换因子 A 呈正相关,与绝对风险规避系数 ρ 及外部随机干扰因素 σ 呈负相关。

证明:假设 $F=\left(\dfrac{c_1}{m}\right)^m\left(\dfrac{c_2}{n}\right)^n\left(\dfrac{c_3}{p}\right)^p\left(\dfrac{c_4}{1-m-n-p}\right)^{1-m-n-p}$,则 $\beta^*=\dfrac{1}{1+\rho\sigma^2 A^{-2}F}$,其中,$\rho$、$\sigma^2$、$A^{-2}$ 皆恒大于 0。又因 $\dfrac{\partial\beta^*}{\partial\rho}=-\dfrac{\sigma^2 A^{-2}F}{(1+\rho\sigma^2 A^{-2}F)^2}<0$,$\dfrac{\partial\beta^*}{\partial\sigma^2}=-\dfrac{\rho A^{-2}F}{(1+\rho\sigma^2 A^{-2}F)^2}<0$,$\dfrac{\partial\beta^*}{\partial A}=-\dfrac{2\rho\sigma^2 F}{(1+\rho\sigma^2 A^{-2}F)^2 A^3}>0$。基于此,可得最优激励系数 β^* 与质能转换因子 A、风险偏好程度 ρ、外部随机干扰因素 σ 间的关系。即最优激励系数 β 将随质能转换因子 A 的增强而提升,在绝对风险规避系数 ρ 和外部随机干扰因素 σ 影响下而降低。

基于命题 6.3,根据微政务信息公开质量优化的激励模型中各参数的限制条件,对参数进行赋值,并以此作为数值算例,进一步验证质能转换因子、风险偏好程度、外部随机干扰因素对上级政府激励的影响。

假设 $\rho=0.2$、$\sigma^2=1$,验证质能转换因子 A 对最优激励系数 β^* 的正向影响过程(表 6-7)。

表 6-7　质能转换因子 A 对最优激励系数 β^* 的正向作用

质能转换因子 A	0.10	0.20	0.30	0.40	0.50	0.60	0.70	0.80
最优激励系数 β^*	0.05	0.18	0.33	0.47	0.58	0.67	0.73	0.78

假设 $A=0.2$、$\sigma^2=1$,验证风险偏好程度 ρ 对最优激励系数 β^* 的负向影响过程(表 6-8)。

表 6-8　风险偏好程度 ρ 对最优激励系数 β^* 的负向作用

风险偏好程度 ρ	0.10	0.20	0.30	0.40	0.50	0.60	0.70	0.80
最优激励系数 β^*	0.31	0.18	0.13	0.10	0.08	0.07	0.06	0.05

假设 $A=0.2$、$\rho=0.2$,验证外部随机干扰因素 σ 对最优激励系数 β^*

的负向影响过程(表 6 - 9)。

表 6 - 9 外部随机干扰因素 σ 对最优激励系数 β^* 的负向作用

外部随机干扰因素 σ	0.10	0.20	0.30	0.40	0.50	0.60	0.70	0.80
最优激励系数 β^*	0.96	0.85	0.71	0.58	0.47	0.38	0.31	0.26

基于表 6 - 7～表 6 - 9 可知，最优激励系数 β^* 与下级政府质能转换因子 A 呈正相关，与绝对风险规避系数 ρ 及外部随机干扰因素 σ 呈负相关。

命题 6.4： 在微政务信息公开过程中，当公开质量 a(范围、时间、费用任务)与信息质量 b(内容任务)的相对重要性与极值点条件相契合，任务边际努力成本变化率 c_i 之和越高，上级政府给予下级政府的激励越低。

证明： 基于模型求解，已知 $\beta^* = \dfrac{1}{1 + \rho \sigma^2 A^{-2} F}$，最优激励系数 β^* 随 F 的增大而减小，此时，对 F 求一阶偏导：

$$F_1 = \frac{\partial F}{\partial m} = \left(\frac{c_1}{m}\right)^m \left(\frac{c_2}{n}\right)^n \left(\frac{c_3}{p}\right)^p \left(\frac{c_4}{1-m-n-p}\right)^{1-m-n-p} \times \ln \frac{c_1(1-m-n-p)}{c_4 m}$$

$$F_2 = \frac{\partial F}{\partial n} = \left(\frac{c_1}{m}\right)^m \left(\frac{c_2}{n}\right)^n \left(\frac{c_3}{p}\right)^p \left(\frac{c_4}{1-m-n-p}\right)^{1-m-n-p} \times \ln \frac{c_2(1-m-n-p)}{c_4 n}$$

$$F_3 = \frac{\partial F}{\partial p} = \left(\frac{c_1}{m}\right)^m \left(\frac{c_2}{n}\right)^n \left(\frac{c_3}{p}\right)^p \left(\frac{c_4}{1-m-n-p}\right)^{1-m-n-p} \times \ln \frac{c_3(1-m-n-p)}{c_4 p}$$

令 $F_1 = F_2 = F_3 = 0$，解得 F 的极大值点：

$$(m^*, n^*, p^*) = \left(\frac{c_1}{c_1+c_2+c_3+c_4}, \frac{c_2}{c_1+c_2+c_3+c_4}, \frac{c_3}{c_1+c_2+c_3+c_4}\right)$$

对 F 求二阶偏导，得到 (m^*, n^*, p^*) 为 F 的极大值点。此时，$F^* = c_1 + c_2 + c_3 + c_4$，且在微政务信息公开过程中，最优激励系数 β^* 将随 F 的增大而减小，当 F 值达到最大时，最优激励系数 β^* 将取极小值。

因此，当微政务信息公开任务(公开范围、公开时间、公开费用、公开内容任务)的相对重要性与极值点条件相契合时,高边际努力成本变化率 c_i 对应着低激励强度。

命题 6.5: 在微政务信息公开过程中,当 ρ、σ^2 值确定,任务的相对重要性 (m,n,p,q) 与任务的边际努力成本变化率 c_i 占变化率之和的值相近时,上级政府给予下级政府的最优激励为弱激励。

证明: 下级政府在上级政府的激励下,以微政务信息公开质量优化为现阶段目标,并基于任务选择努力程度,而上级政府则根据下级政府微政务信息公开的表现决定激励水平。基于命题 6.4,F 的极大值点为 $(m^*,$

$n^*, p^*) = \left(\dfrac{c_1}{c_1+c_2+c_3+c_4}, \dfrac{c_2}{c_1+c_2+c_3+c_4}, \dfrac{c_3}{c_1+c_2+c_3+c_4} \right)$,则 $1-$

$m^*-n^*-p^* = \dfrac{c_4}{c_1+c_2+c_3+c_4}$,即在微政务信息公开过程中,当公开质量 a(范围、时间、费用任务)与信息质量 b(内容任务)的相对重要性 $(m,$ $n,p,q)$ 与任务的边际努力成本变化率 c_i,两者占任务变化率之和的比重相等时,F 值最大,上级政府设定的最优激励系数值最小。

进一步分析后,不难发现在 F 的极值点周围激励系数低、边际成本高,形成了一个激励盲区,且激励盲区将影响微政务信息公开主体行为的选择。

此处的激励盲区是指当某一任务相对不重要且下级政府选择投入大量努力时,低质量优化绩效将使得上级政府选择给予下级政府弱激励,下级政府获得的激励额度远远低于其努力投入,进而使得上级政府与下级政府陷入"低激励—低努力"的恶性循环的现象(证明过程如下文关于上级政府激励的算例仿真所示)。

基于命题 6.2、命题 6.4、命题 6.5,可知任务的相对重要性对微政务信息公开主体的行为选择影响深远,为更深入了解任务的相对重要性对下级政府最优努力水平及上级政府最优激励的影响,在下文展开下级政府努力投入与上级政府激励的算例仿真。

6.3.2 微政务信息公开质量优化的激励仿真

（一）下级政府努力投入仿真

已有研究多是基于单因素或双因素的分析，且局限于线性优化。为贴近现实情况，更好地反映研究对象的规律与特征，将信息质量与公开质量细分为公开范围、公开时间、公开费用、公开内容四个任务，以深入探究上级政府与下级政府在多任务作用下的行为选择过程。

基于式（6-16），下级政府在激励相容条件约束下，面对微政务信息公开质量优化任务（公开范围、公开时间、公开费用、公开内容任务），其选择在各项任务上投入的最优努力水平的比例分别为 $t_1^* = \sqrt{\dfrac{c_4 m}{c_1(1-m-n-p)}}\, t_4^*$、$t_2^* = \sqrt{\dfrac{c_4 n}{c_2(1-m-n-p)}}\, t_4^*$、$t_3^* = \sqrt{\dfrac{c_4 p}{c_3(1-m-n-p)}}\, t_4^*$。假设下级政府最优的微政务信息公开状态为多任务均衡发展，该阶段单一任务的相对重要程度相同，下级政府仅需平均分配努力即可实现微政务信息公开的优化，此时 $t_1^* = t_2^* = t_3^* = t_4^*$。

然而，考虑到我国微政务信息公开不均衡发展的现状，应假设随着微政务信息公开目标的转变，单一任务的相对重要程度也一直不断发生变化，且随着微政务信息公开质量的提升，在某一阶段、某一信息公开任务的相对重要程度可能趋近于零。

因此，为区别于已有的双因素仿真，立体地展现下级政府的努力变化，本节将模拟微政务信息公开质量优化的全过程，立足于以下三种情况展开对主体努力投入行为的深入研究。第一种情况，微政务信息公开前期，假设在上级政府的引导下，下级政府选择将工作重心放在范围、时间、费用三项任务，暂时不需考虑内容任务；第二种情况，微政务信息公开中期，已实现微政务信息公开的全面性目标，假设此时下级政府选择将工作重点转移至时间、费用、内容三项任务;第三种情况,微政务信息公开后期,假设该阶段下级政府已获取充分激励,有足够的资金落实微政务信息公开,此时工作重心转移至优化范围、时间、内容三项任务。

• 范围、时间、费用任务努力投入仿真

假设在微政务信息公开前期,下级政府基于微政务信息公开质量优化战略视角,决定在当前阶段的质量优化核心为公开质量 a,并将其努力投入于范围、时间、费用三个任务。为契合微政务信息公开前期的现实情境,当前分析暂不考虑公开内容任务。

上级政府的收益取决于下级政府在范围、时间、费用任务中的努力投入,即 $Q(t_1, t_2, t_3) = A\, t_1{}^m\, t_2{}^n\, t_3{}^{1-m-n} + \varepsilon$,因此,下级政府在范围、时间、费用任务上所付出最优努力水平间的比例为 $t_1^* = \sqrt{\dfrac{c_3 m}{c_1(1-m-n)}}\, t_3^*$、

$t_2^* = \sqrt{\dfrac{c_3 n}{c_1(1-m-n)}}\, t_3^*$。$t_1^* = \lambda t_3^*$,$t_2^* = \psi t_3^*$,假设 $\lambda = \sqrt{\dfrac{c_3 m}{c_1(1-m-n)}}$、

$\psi = \sqrt{\dfrac{c_3 n}{c_2(1-m-n)}}$,得到 $t_1^* = \lambda t_3^*$、$t_2^* = \psi t_3^*$,此时,$\lambda(m, n; c_1, c_3)$ 及 $\psi(m, n; c_1, c_3)$ 可视为在 (t_1, t_2, t_3) 值确定后关于 (m, n) 的函数。作 $c_1 = c_3$、$c_2 = c_3$ 时的图像,得到图 6-6~图 6-8,以分析基于公开质量 a 的多任务相对重要性 (m, n, p) 变化。

由图 6-6 可以看出,在微政务信息公开过程中,当 m 的值趋近于 0,即公开范围任务趋于低重要性时,下级政府选择投入在微政务信息公开范围上的努力也趋近于 0。随着 m 的值逐渐增大(假设此时 n 的值无变化),λ 的值将随 m 的值逐渐增大而不断增加,当 m 的值趋近于 1,此时公开质量 a 中的公开范围任务的重要程度不断提升,下级政府在提升信息全面性上的努力投入亦随之不断扩大。

现实生活中,微政务信息公开前期应致力于提升自身质能转换能力,并综合考量公开时间、公开费用等信息公开任务,选择相应公开范围,避免

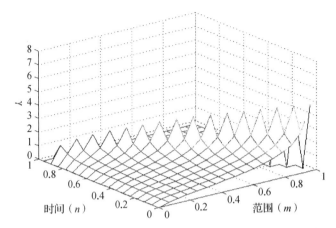

图 6 - 6 $c_1 = c_3$ 时下级政府相对于公开费用付出的最优公开范围努力水平

因强行扩大公开范围引发的公开成本超支、公开信息冗余、信息公开滞后等
情况,从而防止出现因过度重视单一任务而影响整体信息公开质量的情况。

　　由图 6 - 7 可以看出,在微政务信息公开过程中,当 n 的值趋近于 0
时,下级政府选择投入在微政务信息公开时间上的努力也趋近于 0。当
微政务信息公开时间任务重要性不断提升,此时下级政府对及时性的重
视度相对于全面性不断增高,下级政府在提升信息传播速度上的努力投
入远高于其他任务,以期实现信息的及时、有效传播。

　　现实生活中,下级政府将基于公开信息的全面性与经济性,结合信息
的准确性、完整性、可靠性等保证信息质量的基础特质,选择其在最优公
开时间上的努力程度。为保证公开信息的质量,下级政府不得不选择适
当延长信息的公开时间。

　　合并图 6 - 6 和图 6 - 7 可得图 6 - 8。下级政府在公开质量 a(范围、
时间、费用任务)上的努力投入随着任务相对重要性(m, n, p)的变化而
发生改变。在下级政府投入费用一定的情况下,微政务信息公开质量的
优化必然建立在合理的公开范围、公开时间努力分配上,以期实现当前阶
段微政务信息公开绩效的最大化。

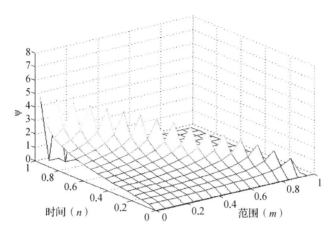

图 6 - 7　$c_2=c_3$ 时下级政府相对于公开费用付出的最优公开时间努力水平

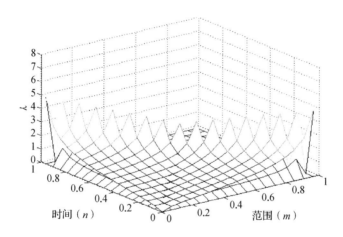

图 6 - 8　$c_1=c_2=c_3$ 时下级政府相对于公开费用付出的
最优公开范围、时间努力水平

- **时间、费用、内容任务努力投入仿真**

　　随着微政务信息公开的进一步发展,微政务信息公开的任务重心应逐步发生转移。假设此时为微政务信息公开中期的某一阶段,下级政府已基本实现微政务信息公开的全面性目标,公开范围的相对重要性趋近于 0,下级政府工作重心转移至公开质量 a(时间、费用任务)、信息质量 b(内容任务)。

上级政府的收益取决于下级政府在时间、费用、内容任务上的努力投入,即 $Q(t_2,t_3,t_4)=At_2{}^n t_3{}^p t_4{}^{1-n-p}+\varepsilon$,下级政府在时间、费用、内容任务上所付出最优努力水平间的比例为 $t_2^*=\sqrt{\dfrac{c_4 n}{c_2(1-n-p)}}\,t_4^*$、$t_3^*=$

$\sqrt{\dfrac{c_4 p}{c_2(1-n-p)}}\,t_4^*$。$t_2^*=\lambda t_4^*$、$t_4^*=\psi t_4^*$,假设 $\lambda=\sqrt{\dfrac{c_4 n}{c_2(1-n-p)}}$、$\psi=$

$\sqrt{\dfrac{c_4 p}{c_2(1-n-p)}}\,t_4^*$,得到 $t_2^*=\lambda t_4^*$、$t_3^*=\psi t_4^*$,此时,$\lambda(n,p;c_2,c_4)$ 及 $\psi(n,p;c_2,c_4)$ 可视为在 (t_2,t_3,t_4) 值确定后关于 (n,p) 的函数。为更好观测最优努力水平的变化,作 $c_4=2c_2$、$c_4=c_3$ 时的图像,如图 6-9~图 6-11 所示。

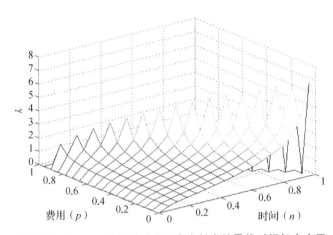

图 6-9　$2c_2=c_4$ 时相对于公开内容付出的最优时间努力水平

该阶段,下级政府在公开质量 a(公开时间、公开费用任务)与信息质量 b(内容任务)任务上,付出的最优努力水平的比重与任务相对重要性 (m,n,p) 呈正相关。下级政府将在综合考量外部环境、质能转换能力等因素的基础上,根据任务的相对重要程度调整最优努力水平。

由图 6-9 可以看出,当 p 趋近于 1 时,下级政府由于内部的人力、资金有限,此时公开费用相对其他任务更为重要,为节约公开成本,下级政府不得不减少其短期内在公开时间、公开内容等信息质量优化任务上的

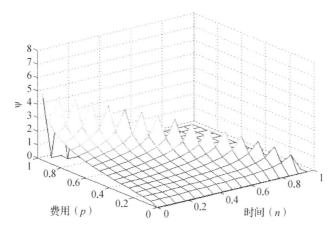

图 6－10　$c_3＝c_4$ 时相对于公开内容付出的最优费用努力水平

努力,转而增加其在有效缩减公开成本上的努力。当 p 趋近于 0 时,下级政府内部资金充裕,上级政府激励到位,公开成本对公开时间、公开内容的影响极小,且公众对及时性、准确性、可获取性等方面的要求越来越高,督促下级政府全力投入,尽快实现公开质量 a 与信息质量 b 的优化。

合并图 6－9 和图 6－10 可得图 6－11。下级政府基于微政务信息公开质量优化战略,参照上级政府给出的微政务信息公开标准,调整现有微政务信息公开质量优化的目标。当前阶段,下级政府在公开费用、公开时间、公开内容任务上的努力分配,必然建立在下级政府对自身综合能力的合理认知上,也立足于下级政府对任务相对重要性的把控与调整上。

在微政务信息公开过程中,应把握时代脉搏,响应国家号召,对于国家发展战略规划中要求强化公开的板块,必须提升对公开时间、公开内容任务的重视程度,加大其在及时性、可靠性、真实性、易获取性等方面的努力投入。与此同时,下级政府应避免形式主义的微政务信息公开,合理调配资源,杜绝透支成本、信息虚假等情况的出现,推动信息更快更好地公开。

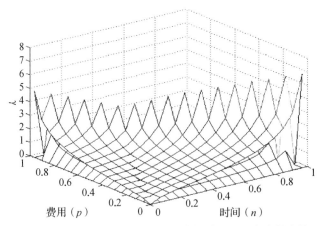

图 6-11　$2c_2 = c_3 = c_4$ 时下级政府相对于公开内容付出的
最优公开时间、费用努力水平

- **范围、时间、内容任务努力投入仿真**

　　假设在微政务信息公开后期的某一阶段,微政务信息公开激励系统正逐步完善,下级政府已大体完成上级政府要求的微政务信息公开质量优化任务,且多次获得来自上级政府的有效激励。在该阶段,已形成运作良好的微政务信息公开团队,对于公开费用的管控也已渐趋成熟,下级政府逐渐转向思考如何在限定的成本内提供更高质量的信息。可假设此时公开费用的相对重要性趋近于 0,信息公开的任务重心转变为公开质量 a(公开范围、公开时间任务)、信息质量 b(内容任务)。

　　上级政府的收益取决于下级政府在范围、时间、内容任务上的努力投入,即 $Q(t_1, t_2, t_4) = A\, t_1^{\,1-n-q} t_2^{\,n} t_4^{\,q} + \varepsilon$,下级政府在范围、时间、内容任务上所付出最优努力水平间的比例为 $t_2^* = \sqrt{\dfrac{c_1 n}{c_2(1-n-q)}}\, t_1^*$、$t_4^* = $

$\sqrt{\dfrac{c_1 q}{c_4(1-n-q)}}\, t_1^*$。$t_2^* = \lambda t_1^*$,$t_4^* = \psi t_1^*$,假设 $\lambda = \sqrt{\dfrac{c_1 n}{c_2(1-n-q)}}$、$\psi = $

$\sqrt{\dfrac{c_1 q}{c_4(1-n-q)}}$,得到 $t_2^* = \lambda t_1^*$、$t_4^* = \psi t_1^*$,此时,$\lambda(n,q;c_1,c_2)$ 及 $\psi(n,q;$
$c_1,c_2)$ 可视为在 (t_1, t_2, t_4) 值确定后关于 (n,q) 的函数。为更好观测最优努

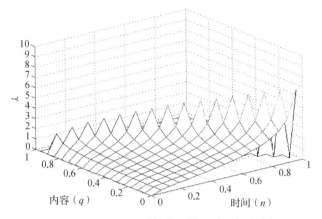

图 6 - 12　$2c_2 = c_1$ 时付出的最优时间努力水平

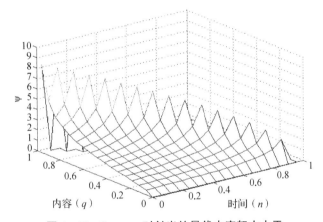

图 6 - 13　$3c_4 = c_1$ 时付出的最优内容努力水平

力水平的变化,作 $c_1 = 2c_2$、$c_1 = 3c_4$ 时的图像,如图 6 - 12~图 6 - 14 所示。

　　由图 6 - 12、图 6 - 13 可以看出,当前阶段,下级政府根据公开质量 a(公开范围、公开时间任务)与信息质量 b(内容任务)任务的相对重要性设定微政务信息公开目标。当 q 趋近于 1,下级政府极为重视信息质量 b中的内容质量,公开内容任务相对其他任务的重要性随之提升,下级政府投入大量努力,以期提升公开信息的可用性、完整性、准确性、易获取性、保密性、可理解性及创新性;随着信息内容质量的逐步优化,其相对重要性随之下降,下级政府开始逐渐将有限的成本转移至信息全面性的进一

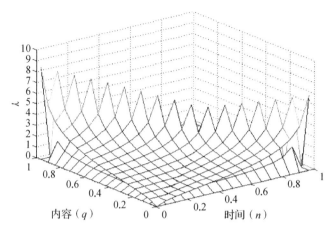

图 6-14　$2c_2＝3c_4＝c_1$ 时下级政府相对于公开范围
付出的最优公开时间、内容努力水平

步优化，或是转为进一步提升热点信息的传播速度。

　　合并图 6-12 和图 6-13 可得图 6-14。基于图 6-14，可更为清晰地了解微政务信息公开最优努力水平是如何随着任务重要性的变化而变化。此外，当 $c_1≠c_4$、$c_2≠c_4$、$c_2≠c_4$ 时，图像以 $\sqrt{\dfrac{c_4}{c_1}}$、$\sqrt{\dfrac{c_4}{c_2}}$、$\sqrt{\dfrac{c_4}{c_3}}$ 为比例在纵轴上调节，比例越大，下级政府在公开范围、公开时间、公开费用上付出的努力相比公开内容任务上的努力越高。

　　综上，为进一步规范上级政府与下级政府的行为，推动全面、实用微政务信息公开体系的构建，优化现有微政务信息公开质量，下级政府应把握时代脉搏，了解国家发展规划，并结合下级政府所处的每一阶段，立足于自身质能转换能力，了解外部竞争环境，分析公开范围、公开时间、公开费用、公开内容四项微政务信息公开任务的相对重要性，合理规划自身的努力投入，进而降低单一任务的边际努力成本，实现整体绩效的优化。

（二）上级政府激励仿真

　　在上级政府与下级政府的委托代理关系中，下级政府的任务为实现微政务信息公开质量的优化,而上级政府则参照下级政府对激励的要求、下级政府的微政务信息公开行为及公众的反馈来确定激励契约,以期实现"上级政府有效激励—下级政府高微政务信息公开质量"的良性循环。

根据命题 6.3,上级政府给予下级政府的最优激励系数与质能转换因子 A 呈正相关,与绝对风险规避系数 ρ 和外部随机干扰因素 σ 都呈负相关。根据命题 6.4 及命题 6.5 可知,在微政务信息公开过程中,最优激励系数 β^* 将随 F 的增大而减小,且在 F 的极值点周围形成一个激励盲区,此时 F 值较高,最优激励系数 β^* 值较小。为更好地验证命题 6.4 及命题 6.5,本节参照微政务信息公开质量评价基本框架,结合下级政府努力投入仿真中的三种情况,对微政务信息公开过程中的公开质量 a 与信息质量 b 进行了仿真,进而直观地了解并尝试规避激励盲区。

- **范围、时间、费用任务下的激励盲区仿真**

基于微政务信息公开质量优化战略视角,假设微政务信息公开前期的某一阶段,下级政府决定在当前阶段的质量优化核心为公开质量 a,并将其努力投入公开范围、公开时间、公开费用三个任务。为契合微政务信息公开前期的现实情境,当前分析暂不考虑公开内容任务。

在范围、时间、费用三个任务相互作用时,在 F 的极值点附近形成了相应的激励盲区。为方便观测,ρ 取固定值 0.2;σ^2 取固定值 0.5,并给出两组 c_1、c_2、c_3 值。当 $c_1 = c_2 = c_3 = 1$ 时,激励盲区分散在 $m = n = \dfrac{1}{3}$ 周边;当 $c_1 = 1$、$c_2 = 2$、$c_3 = 3$ 时,激励盲区分散在 $m = \dfrac{1}{6}$、$n = \dfrac{1}{3}$ 周边。此时范围、时间、费用三个任务的相对重要性与任务的边际努力成本变化率 c_i 占变化率之和的值相近,下级政府需在任务上投入大量努力,却不能获得来自上级政府的高激励(图 6 - 15、图 6 - 16)。

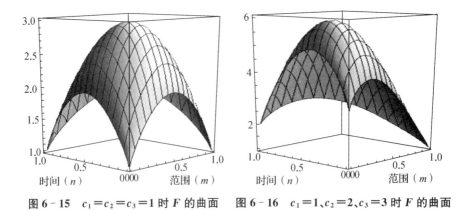

图 6-15　$c_1=c_2=c_3=1$ 时 F 的曲面　　图 6-16　$c_1=1$、$c_2=2$、$c_3=3$ 时 F 的曲面

• 时间、费用、内容任务下的激励盲区仿真

假设在微政务信息公开中期的某一阶段,下级政府基本实现优化公开范围的基本目标,且任务重心随着微政务信息公开的发展而发生转移。此时,全面性已基本满足需要,下级政府的任务重心从公开范围任务转移至其他三项,即公开质量 a(时间、费用任务)、信息质量 b(内容任务)。

在这一阶段,当范围、时间、费用三个任务相互作用时,激励盲区随着边际努力成本的变化而不断转移。当 $c_2=c_3=c_4=1$,激励盲区分散在 $n=p=\dfrac{1}{3}$ 周边;当 $c_2=2$、$c_3=3$、$c_4=1$ 时,激励盲区分散在 $n=\dfrac{1}{3}$、$p=\dfrac{1}{2}$ 周边(图 6-17、图 6-18)。

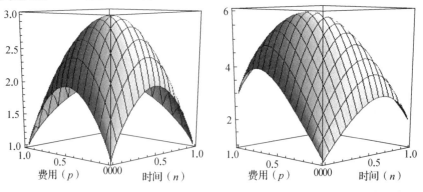

图 6-17　$c_2=c_3=c_4=1$ 时 F 的曲面　　图 6-18　$c_2=2$、$c_3=3$、$c_4=1$ 时 F 的曲面

· 范围、时间、内容任务下的激励盲区仿真

假设在微政务信息公开后期的某一阶段，下级政府已多次获得来自上级政府的有效激励，对于微政务信息公开工作已有全局性意识，此时的任务已转向思考如何在限定的成本内提供更高质量的信息。此时，微政务信息公开的主要任务转变为公开质量 a（范围、时间任务）、信息质量 b（内容任务）。

当 $c_1 = c_2 = c_4 = 1$ 时，激励盲区分散在 $n = q = \dfrac{1}{3}$ 周边；当 $c_1 = 3$、$c_2 = 2$、$c_4 = 1$ 时，激励盲区分散在 $n = \dfrac{1}{2}$、$q = \dfrac{1}{3}$ 周边（图 6 - 19、图6 - 20）。

由图 6 - 19、图 6 - 20 可知，在微政务信息公开过程中，如某一任务的相对重要性 (m, n, p, q) 高，且只需付出较少的努力，上级政府将考虑给予高激励系数以鼓励下级政府优先完成该任务；反之，则陷入激励盲区。因此，当 ρ、σ^2 值确定，下级政府应重视公开质量 a（范围、时间、费用任务）、信息质量 b（内容任务）的相对重要性 (m, n, p, q) 与任务的边际努力成本变化率 c_i 占变化率之和的值，及时根据数值的变化调整在不同任务上的努力投入，以此规避激励盲区。

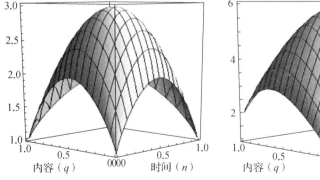

图 6 - 19　$c_1 = c_2 = c_4 = 1$ 时 F 的曲面　图 6 - 20　$c_1 = 3$、$c_2 = 2$、$c_4 = 1$ 时 F 的曲面

6.4　本章小结

综上，新时代下，上级政府应根据下级政府对待风险的不同态度采取不同的激励措施。

参照 Wang 等总结的影响代理人风险态度的主要因素，本章认为，省域经济发展较好的地区，如浙江、广东等经济发达省份，其下级政府微政务信息公开体系更完善、微政务信息公开意识更强、外部环境风险更低，位于此类区域的下级政府，拥有优越的外部环境与高质能转换能力，亦拥有丰富的微政务信息公开平台运作经验，这些都将增强下级政府对风险的承受力；反之，省域经济欠发达地区，思想观念落后，外部环境风险高，且位于此类区域的下级政府质能转换能力弱，趋于保守，厌恶承担风险。

错综复杂的外部环境将加剧上级政府与下级政府间的信息不对称，使得上级政府难以判定下级政府在微政务信息公开质量提升中的努力投入量。微政务信息公开质量的提升，可能源于下级政府的高强度努力投入与高质能转换能力，也有可能源于不断变化的外部环境带来的"福利"。因此，当下级政府外部环境错综复杂时，下级政府的努力投入与微政务信息公开质量的优化绩效关联性差，此时，强激励未必能实现激励下级政府努力工作的目标。

微政务信息公开质量优化作为一个阶段性、长期性的工程，在不同阶段，其质量优化任务的相对重要性会随着下级政府所处区域、规模、外部环境等相关因素的变化而变化。因此，上级政府在制定激励措施时，应综合考虑观念、能力、经验、外部环境等影响下级政府对待风险的态度的相关因素，选择更有针对性的激励手段，努力扭转微政务信息公开质量的区域发展不均衡状况。

第七章　微政务信息公开模式构建

本书第二章到第六章，分别从协同共生与质量优化两个视角对微政务信息公开服务各利益主体行为进行研究，发现除了调整原有公开模式的影响因素，使之在一定范围内最优之外，设计顺应时代需求的新型微政务信息公开模式才是标本兼治的方法。

本章通过优化个体、促进合作、协同共进，即基于单方进阶的优化规范模式和多方互惠的合作共赢模式，构建微政务信息公开新模式。基于单方进阶视角，通过研究微政务意见领袖行为规范，探索微政务信息公开的优化新模式；基于多方互惠视角，通过上下级政府的质量改善以及营造融洽民政关系，探索微政务信息公开的合作新模式。

7.1　微政务意见领袖行为规范研究

众所周知，微政务意见领袖（Opinion Leader，以下简称微政务 OL）具有巨大的影响力，但是不等于他们具有巨大的自制力。为此，政府通过法律条例管理微政务 OL，但是过于粗放、实时性差、可实施性不足；通过推广实名制规范微博意见领袖，但是效果有待验证，且世界各国对实名制的态度差异巨大；通过删帖、沉帖等方式管理微博意见领袖，对敏感词汇"一刀切"，但是方式过于简单粗暴，且效率不高，效果堪忧。自由和控制，总是随着技术发展而互有进退,人们总是能够找到交流信息的渠道,将关于敏感话题的讨论逼回私人领域,这样风险更大,也更难监控。①

　　本节从信息学视角出发,详细分析微政务意见领袖行为规范的形成、影响因素和彼此的关联。首先,从信息—知识转换角度构建微政务意见领袖行为规范的理论模型;其次,从信息伦理学角度构建微政务意见领袖行为规范的影响力框架;再次,对构建的理论模型和影响力框架进行关联,验证彼此的关系;最后,对相关问题进行讨论与分析。

7.1.1　微政务 OL 的相关研究工作

　　从信息传播的角度而言,微博是"一种基于互联网的交换工具,允许用户之间交换短篇如句子、图片等内容"②;从技术应用的角度来看,微博是一个"集合了手机传感器、无线网络、信息处理和空间可视四个要素的多媒体博客"③。微博开启了互联网媒介的新时代,也为新兴意见领袖的行为带来了新的特点。

　　网络社会中同样存在意见领袖④,只不过相关特征发生了明显的变化⑤。意见领袖是社会热点事件、促销信息等类别的主要生产者和主导者,这些

---

　　① 孟睿思,杨一婧,王倩. 后大 V 时代的网络生态 [J]. 中国经济报告,2014 (4):89 - 91.

　　② Kaplan A M, Haenlein M. Users of the world, unite: the challenges and opportunities of social media [J]. Business Horizons, 2010, 53 (1):59 - 68.

　　③ Gaonkar S, Choudhury R. Micro-Blog: map-casting from mobile phones to virtual sensor maps [C] //ACM. Proceedings of the 5th international conference on embedded networked sensor systems. Australia: Sensys, 2007:401 - 402.

　　④ Agarwal N, Liu H, Tang L, et al. Identifying the influential bloggers in a community [C] //ACM. Proceedings of the 2008 International Conference on web search and data mining. New York: ACM. 2008:207 - 218.

　　⑤ Rhee J W, Kim E, Kim H. Exploring online opinion leadership: a validity test of the concept in the digital age [C] //ICA. Proceedings of the annual meeting of the International Communication Association. San Francisco: TBA. 2007.

人通常也拥有线下的现实社会话语权,通过认证将线下的话语权"平移"到微博话语场域①。

微博意见领袖不等于"异见领袖",不等于"非官方",更不等于"与官方对立"。有研究表明,微博转发次数超过1万或评论数超过3000,就可能会从微博场域"溢出"到社会话语场域,从网络影响现实。② 微政务OL应该是"官方舆论场"和"民间舆论场"之间双向互动的桥梁、交集。所以,规范微博意见领袖,并不是要求他们必须"同腔同调"、不能有批评质疑的声音,而是督促微博OL作为特殊网民,更加自律,具有更强责任心。

另外,微博意见领袖从构成而言,由政府微博、机构微博和个人微博组成。其中,政府微博包括政府部门专门开设的微博账号和政府公务员出于工作需要开设的微博账号;机构微博包括媒体等各类机构及其工作人员出于工作需要开设的微博账号,本节所提及的微政务OL实际指政府微博演化成为微博意见领袖。

(一) 微博与微政务 OL

微博正深刻影响和改变着世界,究其原因,第一,从微博的作用而言,微博可以更有力地传播信息③,是对整个社会事实的反应、从中可以窥探社会这个庞大集体④;第二,从微博的互动方式而言,微博具有丰富的交互功能⑤,

① 李彪. 微博中热点话题的内容特质及传播机制研究 [J]. 中国人民大学学报,2013 (5):10-17.

② 范承刚,周华蕾,刘志毅,张瑞. 大V近黄昏? [N]. 南方周末,2013-9-12 (7).

③ OraJohn R,David D. Online social media and political awareness in authoritarian regimes [J]. British Journal of Political Science,2015,45 (1):29-51.

④ Savage N. Twitter as medium and message [J]. Communication of the ACM,2011,54 (3):18-20.

⑤ Ray D. Overcoming cross-cultural barriers to knowledge management using social media [J]. Journal of Enterprise Information Management,2014,27 (1):45-55.

并逐渐成为协作工具①②,同时微博可以在社会范围中形成互动,有助于多元化观点的交流,从而产生积极的社会效果③;第三,从微博的交流内容而言,与传统大众媒体相比,微博更容易整合各种形式的讨论④。

关于意见领袖行为的研究,从研究方法而言,有内容分析法、网络分析法、文本挖掘法、调查法和典型案例法等。从研究内容而言,可以归纳为三个方面:第一,对意见领袖行为影响力进行研究,涉及影响力的定义⑤、影响力的评价指标⑥;第二,对意见领袖行为目的进行了研究,认为基本目的可以分为共享信息、交流对话、日常唠嗑和发表新闻四种⑦,或者认为获取注意力是人们发布 Twitter 内容的重要动机⑧;第三,将行为作为一个比较

---

① Honeycutt C, Herring S C. Beyond microblogging: conversation and collaboration via Twitter [C] // Proceedings of the 42nd Hawaii International Conference on System Sciences. Los Alamitos, CA: IEEE Press. 2009: 1 - 10.

② Graham M W. Government communication in the digital age: social media's effect on local government public relations [J]. Public Relations Inquiry, 2014, 3 (3): 361 - 376.

③ Yardi S, Boyd D. Dynamic debates: an analysis of group polarization over time on Twitter [J]. Bulletin of Science, Technology & Society, 2010, 30 (5): 316 - 327.

④ Storsul T. Deliberation or self-presentation? young people, politics and social media [J]. NORDICOM Review: Nordic Research on Media and Communication, 2014, 35 (2): 17 - 28.

⑤ Leavitt A, Burchard E, Fisher D, et al. The influences: new approaches for analysing influence on Twitter [J]. Web Ecology Project, 2009, 4 (2): 1 - 18.

⑥ Cha M, Haddadi H, Benevenuto F, et al. Measuring user influence in Twitter: the million follower fallacy [C] //Proceedings of international AAAI Conference on Weblogs and Social, 2010: 10 - 17.

⑦ Java A, Song X D, Finin T, et al. Why we Twitter: understanding microblogging usage and communities [C] //ACM. Procedings of the Joint 9th WEBKDD and 1st SNA-KDD Workshop. New York: ACM, 2007: 56 - 65.

⑧ Wilson R E, Gosling S D, Graham L T. A review of Facebook research in the social sciences [J]. Perspectives on Psychological Science, 2012, 7 (5): 203 - 220.

的量度,考察不同群体使用同一社交媒体的使用差异,研究集中在社会过程模式、原因和结果、社会网络监管、孤独感与社会资本的感知等方面[1][2]。

(二) 微政务 OL 的行为失范

微政务 OL 的行为失范是指由于相关规范不足导致的混乱状态,即无序或社会不平衡的地方,执政行为的规则已经失去了他们的品位和力量。[3] 当微政务 OL 巨大的社会影响力与自身的实力不对称、不平衡时,必然会导致其行为失范,主要表现为微博语言暴力、微博谣言和真假难辨的个人主义言论;当微政务 OL 巨大粉丝群和社会影响力同自身的实力不对称、不平衡时,必然会导致一个脆弱的结果——行为失范[4]。

微博语言暴力,是在微博中使用谩骂、诋毁、蔑视、嘲笑等侮辱歧视性的语言,致使他人在精神上和心理上遭到侵犯和损害,属精神伤害的范畴。通过对一般微博 OL 发布的微博进行抓取,显示其"脏话率"大于千分之三点八,显著高于一般网友。[5] 微博谣言,作为人们共享信息和思想的重要方式,是所有易于引发诸如恐慌和骚乱之类更为复杂的集合行为的初级阶段。[6] Twitter 上名人"被死亡"的虚假信息非常多,甚至已成为

---

① 吴英女,沈阳,周琴. 微博意见领袖网络行为——"净网"前后的数据分析 [J]. 新闻记者,2014 (1):29 - 35.

② Shafiq M Z, Ilyas M U, Liu A X, et al. Identifying leaders and followers in online social networks [J]. Selected Areas in Communications, 2013, 31 (9), pp. 618 - 628.

③ Merton R K. Anomie, anomia, and social interaction: contexts of deviant behaviour [M]. New York: Free Press of Glencoe, 1964:226.

④ 罗东,大 v 商业链 [J]. 记者观察,2013 (12):54 - 55. (Luo Dong, The commercial chain of Big V. Reporter observed,2013 (12):54 - 55).

⑤ 刘兴凯. 大 V 的网络生态乱象及其规制 [J]. 内蒙古社会科学 (汉文版),2014,35 (5):155 - 159.

⑥ Bieber J. Tops in Twitter celberity death rumors [EB/OL]. [2015 - 06 - 19]. http://www. justinbieberzone. com/2013/08/justin-bieber-tops-in-twitter-celebrity-death-rumors-die-of-drugs-overdose.

Twitter 传播的特色之一①。以"波士顿马拉松爆炸"为例,在 Twitter 上最具影响力的信息群中,谣言和虚假信息比例要大于准确的真实信息。②个人主义言论的产生是因为微政务 OL 既是信息的供给者,也是信息的收集者,他们不仅仅传递信息,还加入了主观甚至是带有个人情感的评论阐释,导致真假难辨。

(三) 微政务 OL 行为规范的进展

● 已有的行为规范

微政务 OL 需要遵守的规范分为通用型行为规范和专用型行为规范两种;通用型行为规范包括法律法规、IT 行业自治规范等,针对所有微博用户;专用型行为规范专门针对特定岗位、特定职业的微政务 OL。例如,英国政府发布的《政府部门 Twitter 使用指南》③④、美国政府推行的《政府开放令》⑤、美联社《美联社工作人员社交媒体使用守则》、华尔街日报《WSJ 社会化媒体行为政策》⑥、英国广播公司《BBC 社会化媒体使用指南》⑦、路透

---

① Sunstein C. Democracy and the internet in information technology and mmoral philosophy [M]. Cambridge UK: Cambridge University Press,2008:93-110.

② Gupta A,Lamba H,Kumaraguru P. ＄1.00 per RT ＃BostonMarathon ＃PrayForBoston: analyzing fake content on Twitter [R/OL]. [2015-07-10]. http://precog. iiitd. edu. in/Publications _ files/ecrs2013 _ ag _ hl _ pk. pdf.

③ 崔学敬. 我国政务微博的现状、问题和对策 [J]. 党政干部学刊,2011 (11):51-53.

④ 单冠玉. 英国颁布《政府部门 Twitter 使用指南》规范微博管理 [EB/OL]. [2015-05-02]. http://news. jcrb. com/worldview/GOVWEIBO/usatwitter/picp1/201112/t20111213 _ 772036. html.

⑤ 和讯网站. 奥巴马政府加入 Twitter 革命 [EB/OL]. (2015-05-12). http://insurance. hexun. com/2009-04-27/117097251. html.

⑥ 张博. 国内记者微博的使用规范研究 [D]. 辽宁:辽宁大学,2014:14.

⑦ BBC 和 CNN 等出台限定 Twitter 用法 [J]. 青年记者,2012 (3):74.

社《网络报道守则》①、道琼斯公司的《道琼斯雇员的行为准则》②。专用型的规范,实质上就是一种员工守则。这些守则基本是在鼓励的前提下,确定了向上级备案、报道必须客观中立等行为规范。

● **实名制的实施与争论**

微博实名是指用户在注册微博账号时必须使用真实身份信息,在注册完毕后使用微博服务时,并不需要使用真实身份,即"后台实名,前台自愿"的原则。关于实名制的效果,存在截然相反的观点。

支持者认为,从技术决定论的视角而言,"自我关注取向型"媒介会导致个人身份的或社会身份的自我关注的改变,这种改变对心理和行为有着可预期的影响③。因此,在微博实名制后,通过真实的姓名等信息,可以使微博用户之间的交流更加规范。同时,微博是社会关系发展的一个重要平台,一个在微博关系中各个维度居于中心的人在社会关系中不可能处在边缘。④ 使用真实的姓名、真实的头像可提高关注度,社会关系也在微博的互动中得以加深。

反对者认为,交流媒介在某种程度上减少面对面交流时可利用的社会背景线索,人们的注意力会从其他方面转向信息本身,交流将变得更加自由。⑤ 微博实名制,也可能促使用户出于自我保护的需要,在发言时会有更多的顾虑,从而减少了网络参与,在微博环境里,只有在匿名情况下

---

① 路透社. 路透社网络报道守则 [EB/OL]. [2015-05-02]. http://news. Xinhuanet. com/new_media/2010-07/14/c12330576. htm.

② 道琼斯. 道琼斯行为规范 [EB/OL]. [2015-05-03]. http://www. mofei. com. cn/h/489854_2. shtml.

③ Markus M L. Finding a happy medium: explaining the negative of effects of electronic communication on social life at work [J]. ACM Transactions on Information Systems, 1994 (12): 119-149.

④ 黎悦. 微博关系与现实社会网络关系的比较研究——基于社会网络分析的视角 [D]. 桂林:广西大学,2012:68.

⑤ Gibbons F X. Social comparison and depression: company's effect on misery [J]. Journal of Personality and Social Psychology, 1986 (1): 140-148.

平民声音才能获得平等传播①。另外,实名制对"微博谣言""微博暴力"收效甚微,反而抑制了正常沟通,也容易导致用户隐私的大规模泄露。虚拟世界是现实世界的延伸与折射,反对者认为真实的世界往往是糟糕的、混乱的和匿名的,互联网最好也保持这个状态②,而且从成本—效益角度而言,实名制得不偿失③。

(四) 微政务 OL 行为规范的意义

在微博客平台上,传播活动的不平等参与仍旧存在,也依旧存在"二八"法则甚至"90—9—1"法则。意见领袖作为媒介信息和影响的中继和过滤环节,对大众传播效果产生重要的影响。④ 据研究统计结果显示,平时有大约 300 名全国性的意见领袖影响着互联网的议程设置⑤,规范微政务 OL 的行为,等同于规范了微博主流用户的行为。

微博是个多元的舆论场⑥,它在发展过程中本身具有自净化功能,微博不是制造谣言的地方,而是粉碎谣言的地方⑦。相关实证也证明了微博的自我澄清机制,即虚假信息(谣言)在事件发生后的几个小时内的传播速度

---

① 黄烨,史燕君. 实名制:解百病的灵丹妙药? [N]. 国际金融报,2012 - 03 - 20 (2).

② Pfanner E. Naming Names on the Internet [N/OL]. The New York Times,2011 - 11 - 4 (14). [2015 - 07 - 12]. http://www. nytimes. com/2011/09/05/technology/naming-names-on-the-internet. html? _ r＝0.

③ 顾理平,徐尚青. 微博实名制:"错装在政府身上的手"——兼论基于"成本—收益"分析的网络空间规制理念与管理战略 [J]. 新闻与传播研究,2013 (9):65 - 81,127.

④ 郭庆光. 传播学教程 [M]. 北京:人民大学出版社. 2009:38.

⑤ 人民网. 2013 年中国互联网舆情分析报告 [EB/OL]. [2015 - 06 - 15] http://yuqing. people. com. cn/n/2014/0318/c364391 - 24662668. html.

⑥ 陈力丹. 以自律解决微博传谣问题 [J]. 青年记者,2011 (28):45 - 46.

⑦ 喻国明. "微博辟谣"是个伪命题 [N]. 中国经济时报,2012 - 1 - 6 (9).

和广度要远远大于真实信息,但在几个小时之后被真实信息迎头赶上。[①]
不过,微博的自澄清机制在复杂事件中具有滞后性,除非有关键型的意见领
袖介入并引起广泛的讨论和举证,否则大部分的谣言最终不一定能够得到澄
清。因此,规范微政务 OL 行为可以加强微政务信息公开的自净功能。

本章试图从信息—知识转换以及信息伦理两个角度,研究微政务
OL 行为规范并构建两者的联系,从而提高理论研究的有效度和可信度,
以确保微政务 OL 能够正确发挥自己的影响力。

7.1.2　微政务 OL 行为规范形成的理论框架

行为规范是一种知识,因此从信息学角度而言,微政务 OL 行为规范
的形成是一个信息—知识的转换过程。即,微政务 OL 接收众多信息,只
有某些信息经过转换变成行为规范。从信息到知识,社会学研究的理论
与框架已经比较充足。[②] 在 E. Husserds 的现象学、Max Weber 的解释
社会学以及 A. Schutz 的日常生活世界观的基础上,Berger 与 Luckman
建立了一个综合性的知识社会学理论体系。如果信息发生了沉积,则称
信息发生了内化,被内化的信息终将成为知识。

基于已有的理论研究,参考 D. Diemers 提出的信息知识转换模型,
本节认为,通过理解层、内化层和评价层三层,可以实现将微政务 OL 接
收到的信息转换成自身的行为规范(图 7 - 1)。

如图 7 - 1 所示,在理解层,微政务 OL 的动机(兴趣)、信息的表达方
式和信息的质量(有无缺失、有无逻辑错误等),直接决定了信息是否容易

---

① Gupta A, Lamba H, Kumaraguru P. $1.00 per RT ♯ BostonMarathon ♯
PrayForBoston: analyzing fake content on Twitter [R/OL]. [2015 - 07 - 10]. http: //
precog. iiitd. edu. in/Publications _ files/ecrs2013 _ ag _ hl _ pk. pdf.

② Diemers D. On the social dimension of information quality and knowledge
[EB/OL]. [2015 - 03 - 10] http: //www. diemers. net/sub/doc/pdf/diemers _
informationqualityknowledge. pdf.

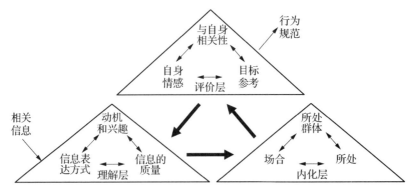

图 7 - 1　微政务 OL 行为规范生成的理论模型

被理解。因此,相关的信息必须直观、有逻辑性,以方便微政务 OL 的认知与处理。为了使微政务 OL 更容易理解接收到的信息,可以通过三个方面实现:第一,对相关信息进行规范化,使之符合人的认知心理;第二,对相关信息进行可视化,借助图形等方式,利用模拟、隐喻等方法使之符合人的认知心理;第三,对相关信息进行通用化,借助微博世界语言的语法,使信息符合微博世界的通用表达方式。

在内化层,微政务 OL 是否能够将接收的信息顺利转换成行为规范,依赖于已经沉积的认知结构、所处的群体和所处的场合。因此,应当采用各种方法,帮助微政务 OL 实现相关信息的沉淀:方法之一,重复,一旦某个行为被重复执行,就会产生某种习惯,即行为人会沉淀某种技术、技能或知识①;方法之二,设置合适的场合,这个场合可以是物理的(如办公室、工作间等)、虚拟的(如知识库、数据库等)或者是精神的(如共享经验、交换思想等)。在 Berger 和 Luckmann 的理论中,内化被称为社会化,是一个将外部世界作为有意义的社会现实加以体验的过程。因此,

---

① Schutz A. The structures of the life-world [M]. Evans Dayton: Northwestern University Press. 1973: 61.

通过设置合适的场合,知识构成了人们据以理解和对待他人的典型化图式。①

在评价层,微政务 OL 的自身情感、与被内化信息的相关度、个人目标以及可参考的目标等,都是最终决定规范生成的影响因素。解决评价层问题的一个可行方法是加强微政务 OL 的交互学习,同时采取措施,如标杆管理(Benchmarking)中的最佳实践等方式,不断分析、调整微政务 OL 的评价倾向。

7.1.3　微政务 OL 行为规范的影响力框架

行为规范并非自然形成,其是在众多因素的影响下逐渐形成的。已有诸多理论提及行为规范的影响因素,如理性行为理论、计划行为理论。关于网络空间里的行为规范存在两种典型框架,一种认为法律、社会规范、市场和架构四类要素规范人的行为②;另一种则认为,内在于人性、对人类繁荣必不可少的知性之善,在规范网络空间方面起着结构性的或指导性的作用③。结合 L. Lessig 和 R. Spinello 的论述,同时将社会规范分为文化规范和规章制度,将代码具体为软件工具平台与关键技术,那么微政务 OL 行为受到 8 个方面因素的影响(图 7-2)。

上述规范力及其相互作用,构成了微政务 OL 行为规范的影响力框架(图 7-3),即在核心道德价值、标准与规范、理论与方法、文化规范的支持下,利用软件工具与支持平台、关键技术,按照一定的规章制度实现行为规范。在实施过程中,评价体系不断检验行为规范的效率和效果。

---

① Berger P L, Luckmann T. The social construction of reality [M]. New York: Doubleday, 1966: 194.

② Lessig L. Code: and other laws of cyberspace [M]. New York: Basic Books. 2000: 239.

③ Spinello R. Cyberethics: morality and law in cyberspace (fifth edition) [M]. 2010: 6.

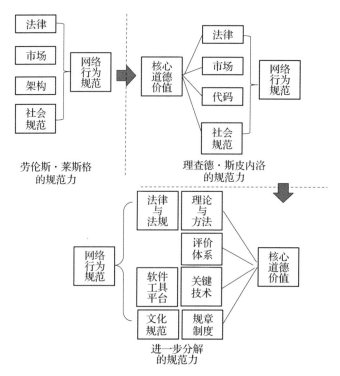

图 7-2　网络行为的规范力

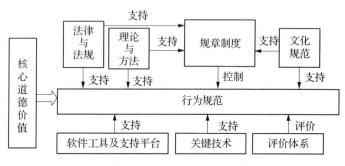

图 7-3　微政务 OL 行为规范的影响力框架

● **核心道德价值**

核心道德价值是指人们在从事的某种社会活动中,具有指示和教导意义的意识,它具有行动指针和行动导向的性质。关注的首要道德价值观是隐私、所有权、信任和信息传达的准确性。① 2011 年 8 月份,伦敦骚乱让英国人对以 Twitter 为代表的社交媒体在网络公共事件中的利弊进行了深刻反思,提出了五条建议:第一,除非亲眼确认,否则不要发布;第二,"我害怕"和"我知道"不是一回事;第三,如对传闻有怀疑,直接求证;第四,看到谣言积极指正,发布消息前先克服某些冲动;第五,关注那些你信任的微博②。

- **法律与法规**

法律与法规是微政务 OL 行为规范的重要基础。俄罗斯关于博客的新法规规定,日访问量超过 3000 次的知名博主被视为等同新闻工作者,在写博客时须遵守相关规定和限制,其中包括应检查信息真实性,不利用博客从事泄露国家机密、传播包含宣扬实施恐怖活动或美化恐怖主义的信息、传播色情或暴力内容的活动。③

- **理论与方法**

理论与方法是指人们从事某种社会活动的系统化的知识基础,它是人们立论的知识依据,可以确保人们顺利地达成自己的目标。例如,微政务 OL 在发表言论的时候,可以借助心理学、符号学、传播学的知识,让他人更容易了解、接受自己的观点。

- **文化规范**

文化规范是指由媒介发布的信息形成的一种规范力量④,是一种变

---

①　Sullins J. Information technology and moral values [EB/OL]. The Stanford Encyclopaedia of Philosophy (Spring 2014 Edition) http：//plato. stanford. edu/archives/spr2014/entries/it-moral-values/.

②　Vis F. Twitter as a reporting tool for breaking news [J]. Digital Journalism,2013,1 (1)：27 - 47.

③　李亚龙. 柳直. 俄罗斯"反恐法"正式生效：大 V 须遵守媒体规定 [N/OL]. 环球时报,2014 - 8 - 4 (8).

④　DeFleur M L, Ball-Rokeach S. Theories of mass communication (5th ed.) [M]. New York：Longman, 1989：245.

化迅速的社会行为指南。一方面，它完全依赖于特定的文化环境或社会环境；另一方面，它通过作用于文化环境或者社会环境，进而改变人的兴趣。例如在新浪微博中，"追求声望"成为该平台的一种文化规范。

● **规章制度**

规章制度是面对本单位员工的相关规则、规定的总称。无论是国内的《新浪微博社区公约（试行）》，还是 BBC 的《BBC 社会化媒体使用指南》，都属于此列。

● **软件工具及支持平台**

软件工具及支持平台是微政务 OL 重要的环境基础，无论是微博的界面还是微博的功能，都直接影响着微政务 OL 的行为。例如，就微博平台提供的"♯"和"链接"功能而言，Twitter 中 20％的推文含有"♯"，使用量是新浪微博的 3.2 倍；Twitter 中 29.1％的推文含有"链接"，使用量是新浪微博的 1.97 倍。[①] 另外，适用于 Twitter 的客户端软件 Twitsper，可以为用户提供精细化控制以保护个人隐私，并保证了 Twitter 的商业利益。[②] "爆米花机"（Popcorn Maker）、Magnify、"故事包"（Storify），可以根据时间或因果逻辑，整理新闻梗概，快速"聚合"有新闻价值的微博信息，有效规范微政务 OL 行为。

● **关键技术**

一方面，关键技术可以向微政务 OL 提供更便捷的服务，另一方面，这些技术可以管理、监督微政务 OL 的行为。在大数据发挥越来越重要作用的时代，技术是一项硬条件，可以通过实时监测、重点分析、信息处理等各个环节来规范微政务 OL 传播恶意言论，涉及的关键技术主要包括

---

① Gao Q, Abel F, Houben G, et al. A Comparative study of users' microblogging behavior on Sina Weibo and Twitter [J]. Lecture Notes in Computer Science, 2012（7）：88 - 101.

② Singh I, Butkiewicz M, Madhyastha H V. Twitsper: tweeting privately [J]. IEEE Security ＆ Privacy, 2013, 11（3）：46 - 50.

元数据技术、语料库技术、海量信息存储与压缩技术、信息可视化技术、图像检索技术、语言检索技术、人机界面技术、多语言浏览器、跨语言信息检索、自然语言理解、人工智能、大规模真实文本处理、自动抽词、自动索引、自动分类、自动文摘、概念分类、信息安全和保护技术等。

● 评价体系

评价体系指评价微政务 OL 行为的相关指标与评价方法，用于不断检验、判断微政务 OL 的行为。例如，新浪微博推出了用户信用积分的概念，反映用户信用等级，如果信用积分低于 60，用户的相关页面将显示"低信用"图标，积分为零则将被删除账号。

7.1.4　微政务 OL 行为规范形成与行为规范影响力之间的关联

由表 7 - 1 可以看出，在微博行为规范形成过程的每一个阶段，8 个影响力均起到各自的作用。

表 7 - 1　微政务 OL 行为规范的生成与行为规范的影响力之间的关联

		核心道德价值	法律法规	理论方法	文化规范	规章制度	软件工具与平台	关键技术	评价体系
理解层	动机/兴趣	●	●		●	●	●		
	表达方式			●	●		●	●	●
	信息质量	●	●	●	●		●		●
内化层	所处群体	●	●		●		●		●
	认知方式			●	●		●	●	●
	所处场合	●	●			●			●
评价层	个人相关性	●			●		●	●	●
	自身情感	●	●		●				●
	可参考目标	●	●	●	●				●

● 理解层

在理解层，核心道德价值首先影响着微政务 OL 的动机（兴趣），如公正原则、行善原则;其次影响着信息的质量,如真实原则。法律与法规影响着微政务 OL 的动机(兴趣),如甄别微政务 OL 出于商业目的的行为;同时也影响着信息的质量,如果故意传播谣言,将被追究法律责任。理论与方法帮助微政务 OL 采用更好的信息表达方式(如图片等),不断提高信息的质量(如提供链接证明自己)。文化规范一方面可以引导微政务 OL 的动机(兴趣),使其通过各种方式提高自己的知名度;另一方面,也可以帮助微政务 OL 采用更好的信息表达方式(如新浪微博中表情符号),不断提高信息的质量。规章制度直接影响微政务 OL 的动机(兴趣),如不可以为了出名而肆意传播谣言;也影响着信息的表达方式(如禁止抄袭他人博文)和信息的质量(如禁止发布色情图片)。软件工具及支持平台一方面通过相关功能(如新浪微博的"热门微博"),直接引导微政务 OL 的动机(兴趣);另一方面,通过相关服务(如新浪微博的"风云榜"),直接推动微政务 OL 不断改进信息表达方式,提高信息质量。关键技术既影响了信息的表达方式(如通过图片方式躲避关键词过滤),也影响了信息的质量(如谣言的辨别、信息的可视化)。评价体系直接影响了信息的表达方式和信息的质量,违规的信息表达方式和信息都将被记录在案。

● **内化层**

在内化层,核心道德价值首先影响着微政务 OL 所处群体,确定群体正确的价值观;其次影响着微政务 OL 所处场合,如遵守社会公共秩序。法律与法规直接影响着微政务 OL 的所处群体和所处场合,如甄别群体的合法性;也规范了微政务 OL 的认知方式,避免违法的信息加工方式。理论与方法可以帮助微政务 OL 采用更好的认知方式(如采用长微博减少认知的片面性)。文化规范一方面可以引导微政务 OL 所处群体确定"造谣可耻、信谣可悲"的共识和氛围;另一方面,也可以帮助微政务 OL 采用更好的认知方式(如加强沟通和对话,避免冲动型认知)。规章制度直接影响微政务 OL 的认知方式(如通过权威发布制度,避免错误认知);

也直接影响了微政务 OL 的所处场合(如规定突发事件中多传播一些事实类信息,少传播一点情感类信息)。软件工具及支持平台一方面通过相关功能(如 Twitter 的"Instant Timeline")直接确定微政务 OL 所处群体;另一方面,通过相关服务(如新浪微博的"一键转发")直接推动微政务 OL 不断改进认知方式。关键技术既影响了微政务 OL 的认知方式(如关键词过滤技术屏蔽特定信息),也影响了微政务 OL 所处群体和所处场合(如图片、视频共享)。评价体系通过鼓励微政务 OL 之间的共享与沟通,直接影响了微政务 OL 的所处群体和认知方式。

● **评价层**

在评价层,核心道德价值首先影响着微政务 OL 的与自身相关性(如"除非亲眼确认,否则不要发布"),也直接影响着微政务 OL 的自身情感(如"'我害怕'和'我知道'不是一回事")和目标参考(如"关注那些你信任的微博")。法律与法规明文规定了什么是规范的行为,从而直接影响着微政务 OL 的自身情感和目标参考。理论与方法可以帮助微政务 OL 确定可参考目标,如采用标杆分析法,通过对比已有的规范行为,规范自身行为。文化规范一方面可以直接制约微政务 OL 的自身情感,并帮助微政务 OL 判断与自身的相关性(如简单追求知名度对于自身而言是否合适);另一方面,也可以帮助微政务 OL 更好地选择参考目标(如判别可信的微政务 OL)。规章制度直接影响微政务 OL 的目标参考,如"把关人(gatekeeper)"制度,避免错位行为的出现和蔓延。软件工具及支持平台一方面通过相关功能(如新浪微博"好友关注"),直接确定了是否与自身相关;另一方面,通过相关服务(如新浪微博的"黑名单")确定规范的微政务 OL,帮助实现目标参考。关键技术直接影响了微政务 OL 判断是否与自身相关(如 Twitter 的"While You Were Away")。评价体系通过相应的评价指标,直接帮助微政务 OL 判断相关信息与自身的相关性,同时也直接影响了微政务 OL 的自身情感和目标参考。

综上,本节的研究内容一方面树立了正确的微政务 OL 行为规范的认知和了解，另一方面也揭示了微政务 OL 行为规范的影响因素和实现途径，从而扩展了政府、社会、微博平台对微博秩序管理和调控的可选工具、方法和手段。

7.1.5 微政务 OL 行为规范的理解与认知

众所周知，微政务信息公开依托互联网利弊并存，既提供了便捷与自由，同时又制造了失控与无序，微博实际上是一个涉及用户、社会、技术的生态系统。因此，需要从个体维度出发，规范微政务 OL 的行为，以维持微博正常使用秩序，平衡各方利益诉求，维护公共利益，帮助微政务信息公开顺利实施。

- **规范微政务 OL 行为是一个动态的过程**

就微政务 OL 行为规范的形成而言，行为规范是一个不断调整的过程；从微政务 OL 行为规范的影响力而言，8 个方面的影响因素均发挥各自作用；从影响因素本身而言，其是在不断发展变化的，尤其是软件平台和关键技术，因此规范微政务 OL 行为不可能是一劳永逸的工作，应该是一个不断变化、动态发展的过程。对于政府而言，并不是简单地颁布某个法律法规就可以高枕无忧；对于微博平台而言，也必须不断更新相关技术和工具。

- **实名制等单一的制度和手段很难真正规范微政务 OL 行为**

实名制有可能对行为规范形成过程中的信息质量、表达方式、可参考目标等产生明显的影响，但是其完全无益于动机（兴趣）等其他方面，因此也很难真正规范微政务 OL 的行为。微博真正的自净包括"硬"的方面的规则，如法律法规等；也包括"软"的方面的规则，如文化等。因此，只有政府、社会、用户、微博平台共同发挥作用，并且持之以恒地进行调控，才可能有效减少微博生态系统的失控与无序，实现真正的稳定与和谐。

- **技术主导型的人机系统可以很好地规范微政务 OL 行为**

微博世界中，每天的信息数以亿计，面对海量、异构的实时数据，人工方式很难去伪存真。只有依托微博平台,通过必要的软件工具和关键技术进行智能处理和科学分析,才能对微政务 OL 行为进行准确分析,及时预警;只有将技术贯穿于微政务 OL 行为的整个流程,才可能真正规范其行为。

7.2　微政务信息公开共生模式演进与实证分析

随着微政务信息公开的深入,参与各方(供给者、管理者、使用者)分工合作和利益分配问题日益突出,正逐渐成为学术界关注的热点。近年来,国内外的相关研究内容主要包括通过研究微博与政府、公众合作,优化社会治理机制,明确了微政务各方合作的功能与价值①②③④;探讨微政务信息公开中与政府合作的动因和阻碍⑤⑥⑦;界定微政务信息公开中的

---

① 梁丽. 政务微博助力推进政府信息深入公开探析 [J]. 情报资料工作,2014,(05):69-73.

② 王焕. 美国政府社交媒体研究——以美国联邦政府总务管理局的政府社交媒体应用体系为例 [J]. 情报资料工作,2015,(06):103-109.

③ Cheng H,Zhang J. Evaluation of the government urban and rural information based on Choquet integral [M]. Geneva:Inderscience Publishers,2016:237.

④ 杨蕾. 对作为一种非实体性组织的纪检监察政务微博的功能考察——基于省、市(县、区)的 12 个微博样本 [J]. 电子政务,2016,(06):58-71.

⑤ Cuadradoballesteros B,Friasaceituno J,Martínezferrero J. The role of media pressure on the disclosure of sustainability information by local governments [J]. Online Information Review,2014,38 (1):114-135.

⑥ 唐梦斐,王建成. 突发事件中政务微博辟谣效果研究——基于"上海外滩踩踏事件"的案例分析 [J]. 情报杂志,2015,34 (8):98-103.

⑦ Ramos-Vielba I,Sánchez-Barrioluengo M,Woolley R. Scientific research groups' cooperation with firms and government agencies:motivations and barriers [J]. The Journal of Technology Transfer,2016,41 (3):558-585.

各种利益问题,如公共利益界定①②③、不同政府部门的利益合作与分配④⑤⑥⑦⑧。

显然,已有研究大多侧重于从单方自利角度研究政务合作或者利益分配问题,鲜有从整体公平视角去探讨微政务信息公开各方的利益均衡和竞合关系。考虑到微政务信息公开参与各方关系密切且相互作用,即微政务信息公开参与各方按照某种共生模式共同运作⑨,因此本节将微政务信息公开参与各方作为一个整体,运用共生理论,从过程性公平和结果性公平两个方面⑩,分析公平偏好下的微政务供给者、管理者、使用者合作关系和利益分配,并基于《新浪微博政务调查报告(2011—2016)》进行实证研究,挖掘

①　王欢喜. 基于利益相关者理论的政府信息公开绩效评价模式研究 [J]. 情报科学,2013,31 (05):46‐50.

②　王敬波,Guangyan L. 政府信息公开中的公共利益衡量(英文)[J]. Social Sciences in China,2015,(03):37‐55.

③　徐光,白明莹,高阳,杨洋. 基于公众需求的政府信息公开程度 ANP 评价研究 [J]. 情报科学,2016,34 (08):89‐93.

④　Zhu X. Mandate versus championship:vertical government intervention and diffusion of innovation in public services in authoritarian China [J]. Public Management Review,2014,16 (1):117‐139.

⑤　Yang T M,Wu Y J. Exploring the effectiveness of cross-boundary information sharing in the public sector:the perspective of government agencies [J]. Information Research,2015,20 (3):481‐504.

⑥　崔露方,翟利鹏,朱晓峰. 基于演化博弈的同级政府间信息公开研究 [J]. 情报理论与实践,2016,39 (6):56‐60.

⑦　Gil-Garcia J R,Sayogo D S. Government inter-organizational information sharing initiatives:understanding the main determinants of success [J]. Government Information Quarterly,2016,33 (3):572‐582.

⑧　朱晓峰,崔露方,潘芳. 基于公平关切的微政务信息公开收益共享契约研究 [J]. 现代情报,2017,37 (1):31‐36.

⑨　袁纯清. 共生理论:兼论小型经济 [M]. 北京:经济科学出版社,1998:53.

⑩　彭建仿. 供应链环境下龙头企业与农户共生关系优化研究——共生模式及演进机理视角 [J]. 经济体制改革,2010,(03):93‐98.

我国微政务信息公开共生模式的发展现状和演进趋势。

7.2.1　微政务信息公开共生模式演进

微政务信息公开的管理者、供给者、使用者间的共生关系是一个动态发展的过程,具体表现为不同共生模式下公平程度的不一。从公平偏好的视角来看,微政务信息公开组织共生模式反映的是过程性公平,即通过接触、参与以及互动合作增进认同[①],促进各方公平度的提升;而行为共生模式则反映的是结果性公平,主要通过利益分配的优化来推动公平演进。

(一) 微政务信息公开组织共生模式演进

微政务信息公开组织共生模式的演进通过供给者、管理者和使用者的相互接触、了解以及合作优化共生体,协调各方的分工协作,从而提升过程性公平(图 7-4)。

由图 7-4 可知,在点共生阶段,微政务信息公开的供给者、管理者和使用者一次性合作,随机性强,公平度较低;在间歇共生阶段,三方加大合

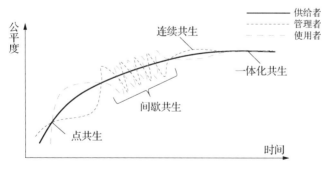

图 7-4　微政务信息公开共生组织模式演进中的公平度变化

---

① 张苗苗,毕达宇,娄策群. 警务情报共享中共生利益形成机制及优化对策研究 [J]. 图书情报工作,2016,60 (14):135-141.

作频率,形成具有某种不确定规律的间歇性作用,公平度有所提高;在连续共生阶段,微政务信息公开由杂乱无章逐渐转为聚合有序,形成稳定规律,公平度进一步提高;在互惠共生阶段,三方形成利益整体,在微政务信息公开的过程中始终共同作用,公平度达到极值。

- **点共生模式**

点共生是共生关系的萌芽阶段,反映的是微政务信息公开管理者、供给者和使用者之间的随机性作用。政府、新浪(腾讯)和公众之间相互孤立,无明确分工,三方几乎不会通过相互接触、互动合作来增进认同,均各行其是,无法相互合作,并凭借各自职能各取所需(各方所取收益大小由各自职能而定),公平性低。

- **间歇共生模式**

随着微政务信息公开各方的信息交流加深,逐渐形成了以多个点共生模式构成的集合,即间歇共生模式。此模式下,政府、新浪(腾讯)与公众因为各自业务需要或从各自发展角度出发,形成了较为松散的合作关系。此外,共生界面上开始呈现出多重共生介质,如政府与微政务信息公开平台的关系、公众偏好、APP 的功能、技术以及公开信息的价值等。这种多介质的界面能够有效地优化分工与合作①,如政府擅长搜集并提供核心信息,新浪(腾讯)在微政务信息公开平台及管理方面更具优势,公众则偏向使用信息发挥其社会价值。初步的分工协作均衡了各方的工作成本,有效地提高了各方的满意度和公平性。

- **连续共生模式**

随着微政务信息公开的供给者、管理者和使用者的相互开放度提高,共生界面不断优化,深层次的合作关系催化出具有更高公平度的连续共生模式。此模式下,政府、新浪(腾讯)和公众之间形成了稳定的管理和运

---

① 张小峰,孙启贵. 区域创新系统的共生机制与合作创新模式研究 [J]. 科技管理研究,2013,(05): 172-177.

行机制,微政务信息公开持续作用,相互之间的合作关系已经形成了常态化和制度化。如政府与新浪(腾讯)、公众建立伙伴关系并达成契约,政府按规定有规律地公开信息,新浪(腾讯)持续改进微政务信息公开平台,用户获取信息并提供反馈(留言、点赞、转发)。此共生模式下,三者在保持各自独立性的基础上,达成对利益共享的一致,内部分工更为协调,公平度更高。

● 一体化共生模式

当各主体继续深化合作,微政务信息公开的管理者、供给者和使用者相互开放水平达到极值时,三者将完全内化为一个完整的组织结构,达成一体化共生。此模式下,政府、新浪(腾讯)、公众间形成了完全制度化和规律化的微政务信息公开体制,组织效率极高,工作分配合理,且任一主体利益的提升只依赖于整体利益的扩大,不存在私自谋利的现象,各方的稳定性和公平性均达到极值。

综上,通过对比微政务信息公开组织模式的现实表征可知,微政务组织共生模式的演进,实质上是通过提升和扩大供给者、管理者和使用者之间的合作频率、范围和程度,提高公平度的过程(表7-2)。

表7-2　微政务信息公开组织共生模式的现实表征

组织共生模式	彼此关系	分工与协作	工作成本	公平性
点共生	政府、新浪(腾讯)、公众间相互孤立,几乎无工作交流	三方间无分工协作,信息公开一次性作用	各主体孤立作业,工作效率低下,耗费大量工作成本	低
间歇共生	三方间逐渐开始合作,交流机制不稳定	三方形成松散的合作关系,分工不够明确	三方开始合作,工作效率有所提高	低
连续共生	各主体间形成某种规律,并按照其作业	三方形成规律性合作,相互分工明确	三方密切合作,工作成本大幅降低	高

组织共生模式	彼此关系	分工与协作	工作成本	公平性
一体化共生	相互完全内化,在整体中形成制度化规律	各主体无独立性,相互完全信赖,分工合理	三方形成整体合作,成本达到最低	最高

(二) 微政务信息公开行为共生模式与公平度演进

微政务信息公开行为共生模式的演进,通过优化供给者、管理者和使用者之间的利益分配,提升结果性公平(图 7-5)。

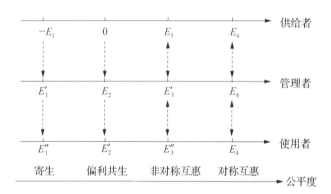

图 7-5 微政务信息公开行为共生模式与公平度演进

由图 7-5 可知,在公平度演进的不同阶段,供给者、管理者和使用者间的能量流向不一,对应的收益也不同。在寄生阶段,三者之间能量单向流动,供给者损利 E_1,管理者获益 E'_1,使用者获益 E''_1,三者共生关系并不公平;在偏利共生阶段,供给者获利为 0,管理者和使用者分别获利 E_2、E'_2,共生关系依旧不公;在非对称互惠共生阶段,能量由单向流动变为双向流动,参与各方分别获利 E_3、E'_3、E''_3,共生体开始具备公平性;在对称互惠共生阶段,各主体获利均为 E_4,公平度达到极值。

通过对比微政务信息公开行为共生模式,可从利害状况、利益分配情况和新能量产生情况来描述其公平性的演进情况(表 7-3)。

表 7-3 微政务信息公开行为共生模式对比

行为共生模式	利害状况	利益分配情况	新能量产生情况	公平性
寄生	损人利己	$\times$	$\times$	不公平
偏利共生	利己不损人	$\times$	$\checkmark$	不公平
非对称互惠共生	三方获利	$\times$	$\checkmark$	具有公平性
对称互惠共生	三方获利	$\checkmark$	$\checkmark$	完全公平

由表 7-3 可知,在微政务信息公开行为共生模式的演化过程中,偏利共生标志着新能量的产生,互惠共生标志着能量公平分配的形成,其中对称互惠共生标志着利益的均衡分配,达成完全公平。因此,随着行为共生模式的演化,公平度将逐渐提升并到达极值。

7.2.2 微政务信息公开共生模式演进实证分析

基于微政务信息公开的供给者(政务微博)和使用者(政务微博用户)的相关数据,从过程性和结果性公平的角度分别验证共生模式的演进。

(一)质参量选择与数据获取

基于质参量兼容原理[①],以微政务信息公开的供给者和使用者的内在联系为质参量(Z),各方的投入值(成本)和产出值(收益)能够相互转换且满足 $Z_A = f(Z_B)$。

为了研究政务微博和微博用户之间的共生公平性关系,以政务微博的粉丝量为质参量 Z_A,以政务微博用户可阅读的政务微博量为质参量 Z_B。数据来自 2011~2016 年新浪政务微博报告榜单中入围前十名次数最多的五家政务微博,即"平安北京""南京发布""公安部打四黑除四害""成都发布""广州公安",通过计算他们每年粉丝量的均值和微博量的均

---

① 冯锋,肖相泽,张雷勇. 产学研合作共生现象分类与网络构建研究——基于质参量兼容的扩展 Logistic 模型 [J]. 科学学与科学技术管理,2013,(02):3-11.

值得到质参量数据(表7-4)。

表7-4 政务微博数与微博用户质参量数据

年份	2011	2012	2013	2014	2015	2016
Z_A(粉丝量)	1137716	3460281	5010807	7382739	9142023	10701207
Z_B(微博量)	3953	11068	20047	30790	41210	48808

数据来源:新浪政务微博报告(2011—2016)

(二)微政务信息公开组织共生模式演进结果

质参量兼容的过程决定了微政务信息公开的组织共生模式。随机函数对应点共生模式,不连续函数对应间歇共生模式,连续函数对应连续共生模式或一体化共生模式。为了便于分析,运用SPSS软件绘制政务微博粉丝量和微博用户可阅读微博量的质参量散点图(图7-5)。

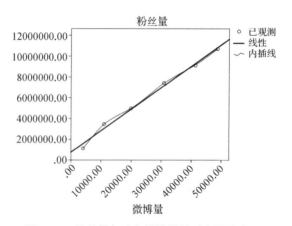

图7-6 粉丝量与政务微博量的质参量散点图

从图7-6中可看出,两者具有显著的线性关系,在此基础上对粉丝量与微博量进行拟合和参数估计,通过对质参量进行模型汇总,对相关参数进行估计(表7-5)。

表 7 – 5 模型汇总和参数估计

方程	模型汇总					参数估计	
	R^2	F	df1	df2	Sig.	常数	b1
线性	.993	536.213	1	4	.000	791492.568	205.842

微博量与粉丝量的 R^2 为 0.993,说明此模型的拟合度高;通过方差分析可得,$F = 536.213$,大于 $F_{0.05}(1,4) = 7.709$,表明此模型的线性关系在 95% 的置信水平下显著成立,因此可得:

$$Z_A = 205.842 Z_B + 791492.568 \qquad (7-1)$$

通过对粉丝量和微博量的质参量实证研究,发现两者之间存在强度很高的线性关系,这说明政务微博与微博用户之间能够形成共生关系,而由 $Z_A = f(Z_B)$ 为连续函数可知其组织共生模式可能为连续共生或一体化共生。进一步,通过图 7 – 5 比较散点的内插线和直线可知,估计直线与实际曲线存在一定差距,所以并未达到一体化共生,因此其处于连续共生状态。不过直线与曲线之间的拟合度随着时间的推移越来越高,散点由最初不在直线上到渐渐向直线靠拢并最终与直线重合,说明连续性不断增强,正不断向一体化模式发展。

综上,以"平安北京""南京发布""公安部打四黑除四害""成都发布""广州公安"为代表的我国政务微博与微博用户,正处于连续共生模式阶段,并不断向一体化模式演进,即双方不断深化合作,公平度水平不断向极值发展。

(三)微政务信息公开行为共生模式演进结果

质参量兼容的结果决定了微政务信息公开的行为共生模式。鉴于政务微博与微博用户之间的质参量具有成本与收益的关系,质参量的相互表达结果将会与公平性密切相关。因此,引入共生分析法,通过共生度描述不同时间点下双方的投入与产出水平,并将两者共生度比值作为公平度的判断依据。

根据共生度分析法，政务微博对微博用户的共生度、微博用户对政务微博的共生度的表达式分别为：

$$\delta_{AB} = \frac{\mathrm{d}Z_A/Z_A}{\mathrm{d}Z_B/Z_B} \qquad\qquad (7-2)$$

$$\delta_{BA} = \frac{\mathrm{d}Z_B/Z_B}{\mathrm{d}Z_A/Z_A} \qquad\qquad (7-3)$$

两者的共生模式会随着共生度的不同而变化。若 $\delta_{AB}\delta_{BA}<0$，政务微博与微博用户处于寄生状态；若 δ_{AB} 和 δ_{BA} 一个等于 0、一个不等于 0，二者处于偏利共生状态；若 $\delta_{AB}\neq\delta_{BA}>0$，双方处于非对称互惠共生状态；当 $\delta_{AB}=\delta_{BA}>0$，双方处于对称互惠共生状态。

由式(7-1)～式(7-3)计算可得表 7-6。

表 7-6　2011～2016 年我国政务微博与微博用户共生模式和公平度评判

年份	δ_{AB}	δ_{BA}	两者共生模式评判	公平度(δ_{AB}/δ_{BA})
2011	0.71	1.44	$\delta_{AB}\neq\delta_{BA}>0$，二者处于非对称互惠共生	0.50
2012	0.65	1.56	$\delta_{AB}\neq\delta_{BA}>0$，二者处于非对称互惠共生	0.42
2013	0.82	1.25	$\delta_{AB}\neq\delta_{BA}>0$，二者处于非对称互惠共生	0.66
2014	0.85	1.20	$\delta_{AB}\neq\delta_{BA}>0$，二者处于非对称互惠共生	0.72
2015	0.92	1.11	$\delta_{AB}\neq\delta_{BA}>0$，二者处于非对称互惠共生	0.84
2016	0.93	1.09	$\delta_{AB}\neq\delta_{BA}>0$，二者处于非对称互惠共生	0.86

注：以"平安北京""南京发布""公安部打四黑除四害""成都发布""广州公安"为例

由表 7-6 可知，2011～2016 年，以"平安北京""南京发布""公安部打四黑除四害""成都发布""广州公安"为代表的我国政务微博与微博用户，始终呈非对称互惠共生模式，且不断向对称互惠共生的方向发展。随着政务微博与微博用户投入产出的渐渐平衡，两者相对共生度也逐渐接近，相互公平度稳步提升(图 7-7)。

由图 7-7 可知，随着时间的推移，政务微博对微博用户的共生度 δ_{AB}

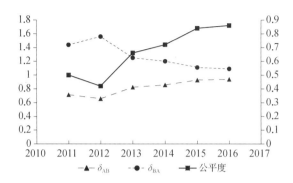

图 7-7 政务微博与微博用户共生度与公平度时间序列图

有上升趋势且逐渐趋近于 1,而微博用户对政务微博的共生度 δ_{BA} 有下降趋势且逐渐趋近于 1。同时,伴随着 δ_{AB} 与 δ_{BA} 不断接近,公平度稳步提升,这意味着共生体内部能量分配逐渐均衡,共生模式正由非对称互惠共生向对称互惠共生演进,对应政务微博与微博用户各自成本和收益渐渐平衡。

为了进一步研究公平演进的趋势,将求解共生度与时间的函数,并预测以"平安北京""南京发布""公安部打四黑除四害""成都发布""广州公安"为代表的我国政务微博与微博用户达到对称互惠共生的时间。假设时间 $t\,(t=1,2,\cdots,6)$ 表示 2011 年、2012 年……2016 年,运用 SPSS 软件分别对 t 与 δ_{AB}、δ_{BA} 的函数进行曲线估计,估计模型包括二次项、立方、对数和指数分布(图 7-8)。

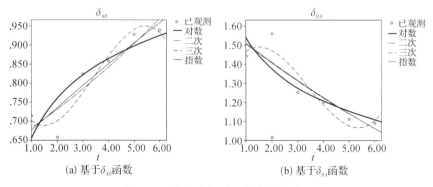

(a) 基于 δ_{AB} 函数   (b) 基于 δ_{BA} 函数

图 7-8 共生度与时间的曲线估计图

由图 7-8 可知,存在二次项、立方、指数和对数分布能够很好地拟合共生度随时间发展的曲线,进一步可得出各曲线模型汇总和参数估计(表7-7)。

表 7-7 模型汇总和参数估计

方程	模型汇总					参数估计			
	R^2	F	df1	df2	Sig.	常数	b1	b2	b3
对数(δ_{AB})	.767	13.142	1	4	.022	.656	.150		
二次(δ_{AB})	.854	8.773	2	3	.056	.617	.062	−.001	
三次(δ_{AB})	.925	8.178	3	2	.111	.828	−.204	.087	−.008
指数(δ_{AB})	.825	18.908	1	4	.012	.638	.070		
对数(δ_{BA})	.729	10.753	1	4	.031	1.540	−.242		
二次(δ_{BA})	.807	6.268	2	3	.085	1.620	−.113	.003	
三次(δ_{BA})	.888	5.267	3	2	.164	1.247	.357	−.152	.015
指数(δ_{BA})	.836	20.409	1	4	.011	1.615	−.070		

由表 7-7 可知,对于 δ_{AB} 与 t 的函数,当曲线为三次函数时,R^2 最大为 0.925,$F=8.178$,大于 $F_{0.05}(1,4)=7.709$,表明此模型在 95% 的置信水平下成立;对于 δ_{BA} 与 t 的函数,曲线选取指数函数,R^2 为 0.836,$F=20.409$,大于 $F_{0.05}(1,4)=7.709$,表明此模型在 95% 的置信水平下成立。因此,δ_{AB}、δ_{BA} 关于 t 的函数分别为:

$$\delta_{AB} = -0.008t^3 + 0.087t^2 - 0.204t + 0.828 \qquad (7-4)$$

$$\delta_{BA} = 1.615\,e^{-0.07t} \qquad (7-5)$$

进一步,利用 SPSS 非线性回归分析对非线性模型(7-4)、(7-5)进行优化检验,使其残差平方和达到最小。其中 δ_{AB} 与 t 的函数初始值为 $a=-0.008$、$b=0.087$、$c=-0.204$、$d=0.828$;δ_{BA} 与 t 的函数初始值为 $e=1.615$、$f=-0.070$。迭代结果如表 7-8 所示。

表 7 - 8　非线性优化迭代

迭代数	参数							
	δ_{AB} 与 t					δ_{BA} 与 t		
	残差平方和	a	b	c	d	残差平方和	e	f
1.0	.013	$-.008$	.087	$-.204$	.828	0.034	1.615	$-.070$
1.1	.005	$-.008$	.087	$-.204$	.828	0.034	1.621	$-.071$
2.0	.005	$-.008$	.087	$-.204$	.828	0.034	1.621	$-.071$
2.1						0.034	1.621	$-.071$
3.0						0.034	1.621	$-.071$
3.1						0.034	1.621	$-.071$

由表 7 - 8 可知,当 δ_{AB}、δ_{BA} 与 t 的函数分别经历了 2.0 和 3.1 次迭代,残差平方和达到最小,函数的优化结果为:

$$\delta_{AB} = -0.008t^3 + 0.087t^2 - 0.204t + 0.828 \tag{7-6}$$

$$\delta_{BA} = 1.621\, e^{-0.071t} \tag{7-7}$$

令 $\delta_{AB} = \delta_{BA} > 0$,根据式(7-6)和式(7-7)可求得政务微博与微博用户对称性互惠共生的时间 $t \approx 7$,即以"平安北京""南京发布""公安部打四黑除四害""成都发布""广州公安"为代表的我国政务微博与微博用户预计在 2017 年可实现对称性互惠共生,达成结果性公平。

显然,微政务信息公开的管理者、供给者、使用者间的共生关系是一个动态发展的过程,表现为不同共生模式下公平关切程度的不一。借助共生分析法,本节通过共生度描述不同时间点下双方的投入与产出水平,并基于《新浪微博政务调查报告(2011—2016)》进行实证研究,将两者共生度比值作为公平度的判断依据,建立公平关切的度量标准。研究表明:第一,微政务信息公开的组织共生模式演进,受到彼此关系、分工与协作、工作成本三个因素的影响;第二,微政务信息公开的行为共生模式演进,由利害状况、利益分配情况、新能量产生情况制约；第三，代表了我国微政务信息公开最佳水平的五个政务微博——"平安北京""南京发布""公安部打四黑除四害""成都发布""广州公安"，正处于非对称互惠连续共生模式，预计2017年就可以实现对称性互惠的一体化共生模式，实现过程性公平和结果性公平。

综上，为了探索微政务信息公开参与各方的合作关系和利益分配，本节运用共生理论，从过程性公平和结果性公平两个方面，分析公平偏好视角下，微政务信息公开组织共生模式的演进历程；接着，采用相关性分析与共生度分析，在《新浪微博政务调查报告（2011—2016）》的基础上进行实证研究，揭示了我国微政务信息公开组织共生模式的发展现状和演进趋势。微政务信息公开组织共生模式反映的是过程性公平，即通过接触、参与以及互动合作增进认同，激励各方公平度的提升，因此，需要从多维度借助共生理论，从过程性公平研究微政务信息公开的组织共生模式的演进历程。

7.3　本章小结

首先，本章基于单方进阶视角，通过研究微政务OL行为规范，探索微政务信息公开的优化新模式；其次，基于多方互惠视角，通过研究如何统筹政府、微政务信息公开平台、公众的利益均衡关系，探索微政务信息公开的共赢新模式。

（一）单方进阶的微政务信息公开优化新模式

单方进阶的微政务信息公开优化新模式是指从个体层面，探索如何优化微政务信息公开模式。本章针对微政务信息公开供给者——微政务意见领袖，开展深入研究。

由于微博是一个涉及用户、社会、技术的生态系统，为使用者提供了便捷与自由。只有规范微政务意见领袖的行为，才能维持微博正常使用秩序,平衡各方利益诉求,维护公共利益。当前微政务意见领袖行为出现的问题主要是一种行为失范,表现为微博语言暴力、微博谣言和真假难辨的个人主义言论等,而已有的行为规范,诸如实名制等单一的制度和手段,很难真正规范意见领袖的行为,因为行为规范并非自然形成,其必然是在众多因素的共同影响下逐渐形成的。所以,本章首先参考了有关行为规范影响因素的相关基础理论,如理性行为理论、计划行为理论,以寻找其中符合微政务信息公开主体的行为规范影响因素;然后结合两类典型框架的论述,得出微政务意见领袖行为受 8 个方面因素影响,具体包括核心道德价值、法律与法规、理论与方法、文化规范、规章制度、软件工具及支持平台、关键技术、评价体系,从而构建了微政务意见领袖行为规范的影响力框架;接着,对构建的理论模型和影响力框架进行关联分析,验证了彼此的关系;最后,文章认为技术主导型的人机系统可以帮助人们很好地规范意见领袖行为。

(二) 多方互惠的微政务信息公开合作新模式

多方互惠的微政务信息公开合作新模式是指管理者、供给者、使用者探索如何在互惠互利中开展微政务信息公开合作,即基于共生理论与模型,探索微政务信息公开各利益主体间的共生演化模式和现实表征。具体而言,运用共生理论探索微政务信息公开参与各方的合作关系和利益分配,从过程性公平分析公平偏好视角下,微政务信息公开组织共生模式的演进历程;采用相关性分析与共生度分析,在《新浪微博政务调查报告(2011—2016)》基础上进行实证研究,揭示了我国微政务信息公开共生模式的发展现状和演进趋势。从公平偏好的视角来看,微政务信息公开组织共生模式反映的是过程性公平,即通过接触、参与以及互动合作增进认同,促进各方公平度的提升。

结语 主要工作与观点

本书在微政务信息公开相关文献资料梳理和现状调研的基础上,从协同共生和质量优化两个视角切入,构建微政务信息公开理论模型,并开展实证研究,同时对微政务信息公开模式进行了研究(图 8-1)。

具体而言,本书研究了五个内容:

第一,协同共生视角下的支撑理论研究。共生视角下的微政务信息公开研究,即基于共生理论分析微政务信息公开中的共生单元、共生环境和共生模式,探索微政务信息公开各方的共生行为特性;从共生网络、共生模式两个层面进行微政务信息公开共生演化的稳定性分析,这些研究为后续微政务信息公开的理论研究与实证分析奠定了理论基础。

第二,质量优化视角下的支撑理论研究。质量优化视角下的微政务信息公开研究聚焦微政务信息公开各个主体(管理者、供给者、使用者)彼此关系,从质量监管和质量激励两个维度分析微政务信息公开的被动优化和主动优化。

第三,共生演化视角下的微政务信息公开模型构建与实证分析。基于共生理论,对微政务信息公开共生演化的稳定性和种群演化进行分析。具体而言,借助共生网络,从微政务信息公开的管理者、供给者与使用者之间的结合方式,探索微政务信息公开的组织过程;借助共生模式,从主体间利益分配的角度剖析微政务信息公开的行为过程。进而,引入

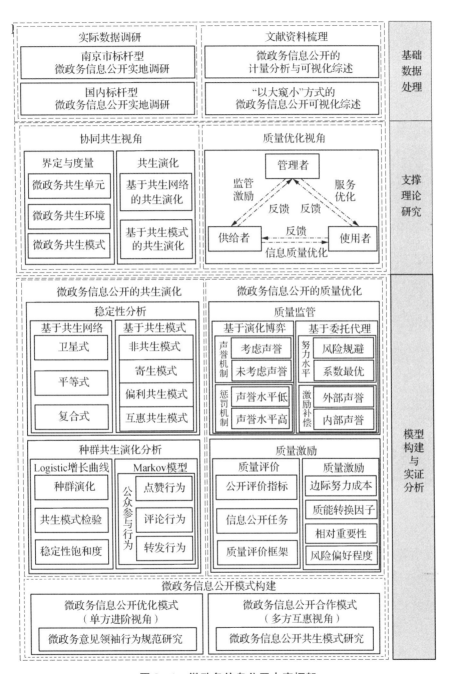

图 8-1 微政务信息公开内容框架

增长曲线,从种群视角分析微政务信息公开的共生演化过程;融合
Logistic 方程与 Markov 模型,探索微政务信息公开公众参与行为随时间
变化的趋势。

第四,质量优化视角下的微政务信息公开模型构建与实证分析。分
析微政务信息公开的质量监管与质量激励,运用演化博弈模型分析了微
政务信息公开的声誉机制和惩罚机制,运用委托代理模型分析了微政务
信息公开的努力水平和激励补偿。进而构建微政务信息公开的质量评价
框架,探寻主体行为对微政务信息公开质量的作用机制,构建多任务目标
下的微政务信息公开质量优化激励模型。

第五,微政务信息公开模式构建。为了形成微政务信息公开的标准
模板,本书从单方进阶视角进行微政务意见领袖行为规范研究,构建了微
政务信息公开的优化模式;从多方互惠视角分析微政务信息公开组织共
生模式,构建了微政务信息公开的合作模式。

基于前述研究,本书得出以下结论。

● **公平、共生的理念不应该局限于政府部门,应该包括公众、微政务
信息公开平台等整个社会;不应该局限于简单制度,应该致力于利益均衡**

在公平、共生理念深入人心的时代,作为微政务信息公开的各参与
方——政府、微政务信息公开平台和公众的依存关系日益紧密。因此,必
须提升和扩大微政务信息公开供给者、管理者和使用者之间的合作频率、
范围和程度,进而协调各方的分工协作,并通过合理的分工均衡各主体的
公开成本,优化各主体的公开效率,将微政务信息公开供给者、管理者和
使用者之间的利益由单向流通转为双向流通,不懈推进各主体间的利益
分配,使之趋于平衡。只有如此,才能完全体现公平、共生,推动微政务信
息公开的健康发展。

一般而言,微政务信息公开共生系统尚未达到最优的原因有三点:

第一,共生单元间的利益不对称。政府、微政务信息公开平台和公众
均可被视为理性经纪人,都会追求自身利益最大化。当各自获利不均时,

劣势方会设法获取利益,优势方会设法保存利益,因此造成单元内部相互竞争现象的出现。对于我国而言,上下级政府之间、同级政府之间、政府与微政务信息公开平台之间、新浪与腾讯之间、微政务信息公开平台和公众之间、政府与公众之间,若两方利益不均,必然导致利益纠纷。

第二,共生介质间的竞争。共生介质的不唯一会导致竞争,降低共生体稳定性。也就是说,为了推广品牌和建立更大用户群,腾讯和新浪都希望政府所提供的信息能给自身带来更大的价值。一旦公众偏好于从某一方去获取政务信息,那另一方就会在信息公开的过程中处于劣势。因此,两方必然会形成一定的对立关系,影响共生体的协同发展。

第三,共生能量的浪费。社会的生存与发展取决于政府对社会所提供的各种信息资源,公众通过信息获利。然而,公众在社会事务中承担的责任相对有限,很大一部分人依然游离于政府监管体系之外,并未真正发挥政府公开信息的价值,这使得政府从公众中得到的反馈不高,会造成政府业务的失效和信息资源的浪费,并影响政府进行微政务信息公开的积极性。

● 微政务信息公开的质量激励和优化是一个长期、动态的阶段性工程

首先,相较单一的静态激励而言,在微政务信息公开过程中引入声誉效应,可为优化上级政府对下级政府的监管机制做出重要贡献。其中,声誉的内部效应在提升下级政府努力程度的同时,能够降低下级政府对激励补偿的需求;声誉的外部效应则带动了下级政府的微政务信息公开积极性,促使下级政府进一步提高努力程度。

其次,微政务信息公开质量优化在不同阶段,其质量优化任务的相对重要性会随着下级政府所处区域、规模、外部环境等相关因素的变化而变化。因此,上级政府在制定激励措施时,应综合考虑观念、能力、经验、外部环境等会影响下级政府对待风险态度的相关因素,选择更有针对性的激励手段,努力扭转微政务信息公开质量区域发展不均衡的状况。

● 微政务信息公开利益主体间的关系,无论横向(管理者、供给者、使用者两两之间)还是纵向(上下级政府之间),都应秉持精诚协作原则

横向主体间,微政务信息公开要避免闭门造车,积极营造政务信息公开主体间的共生关系,做到政府广泛引导、平台努力实施、公众积极响应,不计前期投入,努力促进共生合作。因此,政府要加强监管,出台相关政策;微政务信息公开平台要提升技术、运营水平,把控舆情传导方向;公众要妥善运用政务信息,扮演好自身公共事业角色,塑造"政府—平台""平台—公众""政府—公众"多维度横向共生关系。

纵向主体间,上级政府应构建更精确的能力评判体系,完善互助与监督体制,做好引导工作,避免单一指标,明确任务要求,根据地域、层级、机构、阶段,灵活构建可行性高的微政务信息公开质量指标体系。此外,还应树立大局观,重视激励系数的调节作用,合理运用奖惩手段,分级、分层、分段设置微政务信息公开质量目标。下级政府应积极响应上级政府的监督和激励,将自身的努力转化为有效的微政务信息公开,推动政府微政务信息公开全面化、资源利用最优化,防微杜渐,避免自身陷入激励盲区,实现纵向关系双赢。

● 规范微政务意见领袖的行为是一个单主体优化的动态过程,技术主导型的人机系统是规范微政务意见领袖行为比较有效的方法,对微政务提高服务水平有积极的推动作用

本书分析了影响微政务意见领袖行为的 8 个影响因素,以更加全面地研究其行为表现,但是就影响因素本身而言,其也是在不断发展变化的。因此,规范微政务意见领袖行为不可能是一劳永逸的工作,而是一个不断变化、动态发展的过程。微政务在不断发展的过程中也会产生海量的数据,通过技术主导型的人机系统进行智能处理和科学分析,将技术贯穿微政务意见领袖行为的整个流程,才能对微政务意见领袖行为进行准确分析、及时预警,才可能真正规范其行为。